외우지 않고 통으로 이해하는

통아시아사 2

외우지 않고 통으로 이해하는

통아시아사 ②

김상훈 지음

다산
초당

세계사를 크게 두 부분으로 나누면 동양사와 서양사가 될 것입니다. 유럽 대륙과 아메리카 대륙의 역사는 모두 서양사에 포함됩니다. 동양사는 아시아의 역사입니다. 그렇습니다. 아시아사가 세계사의 절반을 차지하고 있는 것입니다.

그러나 많은 사람들이 서양의 역사를 더 기억하고 있는 것 같습니다. 그리스 신화, 로마 제국의 영웅담, 중세 유럽 기사들의 무용담, 수많은 아내를 둔 바람둥이 영국 왕, 철혈재상 비스마르크, 악의 화신 히틀러…. 미국 할리우드는 서양사의 사건과 인물을 소재로 수많은 영화를 만들어 왔습니다. 그래서일까요? 로마의 사소한 일화까지 세세하게 기억하는 한국인도 꽤 많은 것 같습니다.

반면 아시아에 대해 우리는 얼마나 알고 있을까요? 영토가 가장 넓고, 인구가 가장 많은 대륙이란 정도? 아랍과 유대인, 또는 이슬람과 기독교가 대립하는, 중동이란 화약고를 가진 대륙이란 정도? 중국과 인도가 풍부한 자원과 인구를 바탕으로 급성장하고 있는 대륙이란 정도?

고대 로마가 탄생하기 훨씬 이전에 이미 강력한 제국 페르시아가 서아시아에 존재했다는 사실을 아는 사람은 의외로 적은 것 같습니다. 칭기즈칸은 역사상 가장 넓은 영토를 정복한, 천 년에 한 번 나올까 말까 한 영웅이라는 점을 인정하는 사람도 적은 것 같습니다.

우리나라가 속해 있는 아시아 대륙의 역사는 우리가 생각한 이상으로 화려하고 웅장합니다. 특히 고대와 중세 시대, 아시아는 세계 그 자체였습니다. 안타까운 점은, 찬란했던 고대 아시아의 문화유산이 영국, 프랑스, 미국의 박물관에 사로잡혀 있다는 겁니다. 아시아의 문화유산을 보려면 영국의 대영박물관이나 프랑스의 루브르박물관을 찾아야 하는 게 현실입니다. 대한민국의 찬란했던 문화유산을 미국의 대형 박물관에서 봐야 하는 심정은 씁쓸할 수밖에 없습니다.

　아시아의 근대·현대사는 어두웠습니다. 15세기와 16세기에는 포르투갈과 에스파냐가, 그 이후에는 영국, 프랑스, 네덜란드, 러시아, 독일 등 유럽 열강들이 세계 역사를 주도했죠. 20세기부터는 미국이란 신생 강대국이 세계 역사를 이끌고 있습니다. "역사는 1등만을 기억한다"는 말이 있습니다. 이 시각에 따르면 식민지로 전락한 근대·현대의 아시아 역사는 기억할 필요가 없습니다. 파시즘으로 무장해 세계대전을 일으킨 일본 역사만이 유일한 아시아의 역사가 될 겁니다. 그러나 역사는 과거의 기록입니다. 과거가 존재하지 않는 미래는 있을 수 없습니다. 그 기록이 설령 우울하다 하더라도 반드시 기억해야 하는 이유가 여기에 있습니다. 과거의 아픈 기억과, 그 시련을 이겨낸 경험을 우리는 아시아사를 공부하면서 배우게 될 겁니다.

오늘날 전 세계는 테러의 위협에 직면해 있습니다. 그 배경 또한 아시아의 역사에서 찾을 수 있습니다. 한반도와 베트남에서 터진 전쟁은 냉전과 맞물려 있었고, 중동 전쟁은 아랍과 서방 세계의 갈등이 원인이었습니다. 중동의 비극은 열강들의 사기극에서 비롯됐다는 점도 알아둬야 합니다. 오늘날 테러가 끊이지 않는 이유는 무엇인지, 갈등을 해결하려면 어떻게 해야 하는지…. 이에 대한 해답도 아시아의 근대·현대사에 있습니다.

우리가 속해 있는 대륙 아시아를 이해하고 인류의 미래를 내다보기 위해《통아시아사》를 기획했습니다. 더불어 각 장의 마지막 부분에 '통박사의 한반도 넓게 보기' 코너를 통해 아시아 지역의 역사를 한반도 역사와 비교하도록 했습니다. 한반도의 자세한 역사는 간략하게 소개하되 같은 시대에 다른 지역에서는 어떤 역사가 이뤄졌는지 '통'으로 살펴볼 수 있을 것입니다.

일러둘 점이 있습니다. 사실 고대와 중세, 근대와 현대의 시대 구분은 서양사에 들어맞습니다. 엄밀하게 말하면 이 시대 구분법을 아시아에 그대로 적용할 수는 없습니다. 그러나 이 구분법은 역사를 이해하는 데 큰 도움이 됩니다. 따라서 이 책에서는 이 시대 구분법을 따르도록 하겠습니다.

김 상 훈

CONTENTS

아시아 대륙의 근대사, 세계의 중심에서 변방으로

우선 아시아가 어떤 대륙인지 개괄적으로 짚고 넘어가는 게 좋겠지?

아시아는 북쪽으로 북극해, 서쪽으로 우랄 산맥, 동쪽으로 태평양, 남쪽으로 인도양을 경계로 하는 대륙이야. 우랄 산맥을 넘어서면 유럽이지. 아시아 대륙의 면적은 약 4,400만 제곱킬로미터로, 전 세계 육지 면적의 30퍼센트를 차지하고 있어. 아시아의 극동과 극서 지방 사이의 시차는 11시간이나 되지. 정말 큰 대륙이지? 인구는 약 40억 명으로, 전 세계 인구의 60퍼센트 정도가 아시아에서 살고 있어. 1제곱킬로미터당 인구 밀도도 110명 정도로 모든 대륙에서 가장 높지.

인류의 4대 문명 가운데 3대 문명이 아시아에서 탄생했어. 기독교, 이슬람교, 불교, 유교 등 세계 4대 종교가 탄생한 곳도 아시아지. 중국의 진나라와 한나라, 이

오늘날의 아시아 대륙 세계에서 가장 큰 대륙으로, 50여 개의 국가가 있다. 아시아는 인구가 가장 많을뿐 아니라 인구 밀도도 가장 높은 대륙이다.

란의 페르시아 제국, 인도의 마우리아 제국, 그리고 세계를 호령했던 몽골 제국…. 우리가 기억하고 있는 고대와 중세 아시아의 모습이야. 당시 세계의 중심은 아시아였어.

국가 간의 교류가 적었던 고대와 중세 시대의 아시아 역사를 '통'으로 이해하려면 지역별로 먼저 살펴봐야 해. 작은 지역의 역사를 퍼즐처럼 엮어 전체 아시아 역사를 '통'으로 이해하는 거지. 그 시대에도 지역적으로는 교류가 이뤄졌기에 이런 방법이 당시 역사를 공부하는 데는 효과적이야. 이를 위해 아시아를 크게 동아시아, 북아시아, 중앙아시아, 남아시아, 동남아시아, 서아시아^{중동}로 분류해 살펴보는 게 도움이 되지.

16세기부터 아시아는 '세계의 중심' 자리를 서서히 유럽에게 넘겨주기 시작했어. 유럽 국가들은 서서히 아시아를 잠식했고, 그 결과 많은 아시아 국가들이 유럽의 식민지로 전락했지. 아시아의 근대 시대는 이처럼 우울하게 시작했단다.

근대 이후의 아시아 역사가 항상 우울한 것만은 아니야. 아시아 국가들이 유럽의 역사를 바꿔놓기도 했어. 오스만 제국은 동로마 제국의 숨통을 끊었어. 동로마 제국이 멸망했다는 것은 유럽의 중세 시대가 끝났다는 의미야. 5세기경, 게르만 민족의 이동으로 로마가 멸망하면서 중세가 시작됐지? 게르만족의 이동을 유발한 민족은 흉노족의 후예인 훈족이야. 그래, 유럽의 고대 시대를 아시아 민족이 끝냈듯이 중세 시대도 아시아 국가가 끝낸 거란다.

근대로 들어오면서 세계는 하나가 됐어. 아시아도 마찬가지야. 동아시아와 중앙아시아, 중앙아시아와 서아시아, 서아시아와 남아시아가 자기들끼리만 연결된 게 아니라 아시아 대륙이 통째로 유럽과 관계를 맺기 시작한 거지. 에스파냐와 포르투갈이 가장 먼저, 그 뒤를 이어 영국과 네덜란드가 아시아로 몰려왔어. 그 나라들은 동인도회사라는 것을 만들었어. 영국의 동인도회사는 인도와 실론^{현 스리랑카}, 그리고 버마^{현 미얀마}를 지배했어. 네덜란드는 동남아시아에 침을 발라놨지. 프랑스는 인도차이나 반도를 손에 넣었어.

근대의 후반부는 아시아 국가들에게는 굴욕의 역사로 기록되고 있어. 동아시아의 최대 강국이었던 중국^{청나라}이 유럽 국가들에게 무참하게 유린됐고, 유럽을 혼비백산하게 했던 오스만 제국은 누더기가 돼 '유럽의 병자'라는 놀림을 당해야 했지. 제국주의와 파시즘이 판치고 있을 때 일본은 군국주의의 길을 선택했어. 두 차례의 세계대전이 끝나자 아시아의 국가들은 대부분 독립을 쟁취했어. 이 무렵부터 현대가 시작됐다고 할 수 있지.

현대의 아시아는 무척 혼란스러워. 이념 대립으로 시작된 냉전은 아시아를 전쟁터로 만들었지. 중국에서는 국민당 정부가 무너지고 공산당 정부가 들어섰어. 한반도에서는 전 국토를 폐허로 만든 6·25 전쟁이 3년간 계속됐고, 인도차이나 반도에서는 세 차례의 인도차이나 전쟁이 터지기도 했어.

서아시아에서는 아랍인과 유대인의 갈등으로 인해 4차에 걸쳐 아랍·이스라엘 분쟁_{중동 전쟁}이 터졌어. 비非아랍계인 이란이 이라크와 전쟁을 벌이기도 했지. 이라크는 쿠웨이트를 공격해 점령했고, 미국은 그런 이라크를 폭격했어. 이슬람원리주의자들의 테러는 계속되고 있고, 서아시아의 혼란은 좀처럼 사라지지 않고 있지.

다시 세계의 중심으로 재도약하는 아시아

아시아의 근대사가 유럽 열강에게 정복당한 굴욕의 역사라면 현대 초기의 역사는 혼란의 역사라고 부를 수 있을 거야. 그러나 어두운 역사라 하더라도 엄연한 우리의 역사야. 지난날을 부정한들 현재의 삶이 더 좋아지는 것도 아니지. 오히려 어두운 과거를 타산지석 삼아 미래를 준비해야 희망을 품을 수 있어.

대한민국은 이런 점에서 아시아 국가들의 본보기라고 할 수 있어. 35년여의 식민 통치, 그리고 민족 간의 전쟁… 이런 비극을 모두 극복하고 1970년대에 '한강의 기적'을 일궈냈고, 2000년대 이후에는 사실상 선진국의 대열에 진입했어. 대한민국이 이런 위업을 이뤄낸 것은 그 고난의 세월을 겪으면서 어떤 민족보다도 더 탄탄하게 단련됐기 때문이 아닐까?

아시아의 근대·현대사를 공부해야 하는 첫 번째 이유가 바로 여기에 있어. 격

'아시아의 용'으로 떠오른 싱가포르 세계에서 네 번째로 큰 외환시장을 가진 싱가포르는 제2차 세계대전 이후 경제가 급성장한 아시아 4개국 중의 하나다.

동의 시대 속에서 아시아인들이 어떻게 고난을 헤쳐 나갔는지를 배울 수 있지. 어두운 역사라 하더라도 우리가 배울 점은 아주 많아. 식민 통치를 당했다고 해서 부끄러운 역사는 아니란다.

실제 앞으로의 아시아사는 희망의 역사가 될 것이라고 전망하는 전문가들이 많아. 생각해봐. 채 50년도 되지 않는 사이에 고도의 경제성장을 이룬 국가들이 아시아만큼 많은 대륙이 어디 있어? 우리나라를 비롯해 싱가포르와 홍콩, 타이완 등은 '아시아의 용' 소리를 들으며 성장했고, 최근에는 동남아시아의 국가들이 미래의 경제 강국으로 떠오르고 있어. 인도와 중국은 거대한 영토와 풍부한 자원, 넘치는 인구를 무기로 경제 강국으로 부상했어.

아시아 근대·현대사를 잘 알아둬야 할 이유는 또 있어. 이 역사가 현재에도 여전히 진행되고 있기 때문이야. 예를 들어볼까?

미국은 이란을 왜 '악의 축'으로 분류했으며 이라크를 왜 공격했는지, 미국으로부터 공격당하는 이란과 이라크는 왜 서로 싸웠는지…. 이런 문제들을 이해하려면 1950년대의 서아시아 역사를 먼저 알아야 할 거야. 중국이 사회주의 국가인데도 왜 자본주의 체제를 유지하는지 알려면 1970년대의 중국 역사를 이해하고 있어야지. 불교의 중흥지였던 아프가니스탄이 왜 오늘날 가장 여행하기 무서운 나라가 됐는지 이해하려면 1970년대와 1980년대에 아프가니스탄이 어떤 비극을 맞았는지 알고 있어야 해.

아시아의 일부 지역은 여전히 혼란스러워. 그러나 많은 지역에서 혼란이 가라앉고 있지. 그 땅에 희망이란 꽃을 피우는 것은 우리의 역할이야. 이제 아시아 근대·현대 역사를 왜 알고 있어야 하는지 잘 알겠지?

9장

세계로 팽창하는 아시아

(1350년경 ~ 1550년경)

13세기~14세기, 몽골 민족은 유럽까지 뻗어나갔어. 아시아 민족이 세계 전체를 지배한 큰 사건이었지. 더불어 강력한 중앙아시아의 유목민이 전 세계의 주목을 받았어.

몽골 민족은 14세기 중반 이후 급격하게 약해졌어. 이때부터는 오스만 제국의 세상이었다고 해도 크게 틀리지 않아. 오스만 민족도 투르크족의 후손이니, 중앙아시아 유목민의 힘은 아직도 강력한 셈이지? 오스만 제국은 1000년 이상 명맥을 유지해온 동로마 제국의 숨통을 끊어버렸고, 발칸 반도도 장악했어.

서아시아가 이처럼 팽창하는 순간, 중국에서도 세계적인 사건이 터졌어. 정화鄭和의 남해원정南海遠征이 바로 그거야. 중국의 함대는 아프리카까지 진출했어. 포르투갈과 에스파냐의 대항해 시대보다 최소한 10년은 앞선 쾌거였지. 안타깝게도 중국은 이때 세계를 지배할 기회를 걸어찼단다. 자, 몽골 민족이 물러난 14세기 중반 이후의 아시아 역사를 살펴볼까?

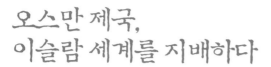

오스만 제국,
이슬람 세계를 지배하다

1299년 탄생한 오스만 제국은 불과 100년도 되기 전에 강력한 제국의 기틀을 다졌단다. 그 주역은 3대 술탄인 무라드^{무라트} 1세야. 무라드 1세가 술탄이 되고 2년이 지난 1362년, 오스만 군대는 트라키아의 아드리아노플^{현 에디르네}을 정복했어. 오스만 제국은 그 후로도 유럽의 문을 계속 두드렸어. 헝가리, 불가리아, 세르비아 같은 발칸 반도의 여러 나라들이 오스만 군대에 패했지.

발칸 반도의 나라들은 당장 오스만 제국의 식민 통치를 받지는 않았지만 모두 공물을 보내야 했어. 오스만 제국의 대승인 셈이지? 여러 전쟁 가운데 세르비아와의 전쟁, 즉 제1차 코소보 전투는 유명해. 오스만 제국이 유럽에 거점을 마련한 계기가 됐거든. 이 전투를 따라가 볼까?

유럽으로 뻗어 나가는 오스만 제국

1389년 유고슬라비아 남부의 코소보 고원에서 오스만 군대와 세르비아 군대가 충돌했어. 세르비아 군대에는 유럽의 여러 국가에서 보낸 지원군이 포함돼 있었어. 다른 기독교 국가들도 오스만 제국이 유럽 한복판으로 밀고 들어오는 게 겁났기 때문에 세르비아에 군대를 지원한 거지.

이 제1차 코소보 전투는 오스만 제국의 술탄 무라드 1세와 세르비아의 왕 라자르가 직접 군대를 지휘할 정도로 치열했단다. 결과는 오스만 제국의 승리였지. 오스만 제국은 발칸 반도를 지배하기 시작했어. 동로마 제국에게도 공물을 내놓으라고 요구할 만큼 강해졌지. 그러나 오스만 제국은 이 전투에서 위대한 무라드 1세를 잃었단다. 세르비아의 한 귀족이 그를 암살한 거야.

무라드 1세에 대해 좀더 살펴볼까? 그는 오스만 제국의 골격을 만든 주역이었어. 단지 영토만 넓힌 술탄이 아니란 얘기지. 게다가 그는 이슬람 칼리프로부터 오스만 제국의 술탄으로 인정받은 첫 공식 술탄이었어. 칼리프는 이슬람 세계의 정신적 지도자를 가리키는 말이야. 어? 칼리프는 몽골 군대가 아바스 왕조를 무너뜨릴 때 사라지지 않았냐고? 아니야. 당시 아바스 왕조의 칼리프 혈족이 이집트의 맘루크 왕조로 도피했었단다. 칼리프 왕조는 공식적으로는 사라졌지만 칼리프는 여전히 존재하고 있었던 셈이지. 무라드 1세는 바로 그 칼리프로부터 술탄의 지위를 인정받은 거야.

술탄 무라드 1세 오스만 제국의 골격을 잡은 술탄이다. 술탄의 정예부대인 예니체리를 창설했다.

무라드 1세는 샤리아라는 이슬람 법을 토대로 법과 제도를 손질하기도 했어. 국가 조직도 정비해 재상제도를 처음 도입했지. 그는 인재를 등용할 때도 종교를 따지지 않았어.

실제로 당시 지배층의 상당수가 기독교인이었다는구나. 다른 종교를 철저히 배척한 유럽과는 많이 다르지?

예니체리라는 무적의 군대를 만든 술탄도 무라드 1세였어. 신군新軍이라 번역되는 예니체리는 발칸 반도에 살던 기독교 소년들로 구성한 군대란다. 무라드 1세는 5년마다 발칸 반도의 여러 지역에서 20세 이하의 소년을 선발한 뒤 철저하게 이슬람 교육을 시켰어. 그 아이들은 오스만 제국에 충성하는 대신 최고의 대우를 보

술탄의 정예부대 예니체리 오스만 제국의 무라드 4세 황제(가운데)와, 황제 직속 정예부대인 예니체리. 이 부대는 발칸 반도의 기독교도 소년들로 구성됐다.

상받았지. 나중에 동로마 제국을 무너뜨린 주력부대가 바로 이 예니체리였어. 기독교의 본산인 동로마 제국이 한때 기독교도였던 소년들에게 무너진 셈이지? 흥미로운 대목이야.

무라드 1세의 뒤를 이어 왕이 된 인물은 그의 아들 바예지드 1세야. 바예지드 1세는 형제들을 모두 죽이고 1389년 4대 술탄에 올랐어. 그로부터 11년 후인 1400년, 한반도에서는 이방원이 형제들을 모두 죽이고 조선의 3대 왕 태종太宗이 되었지. 권력 앞에서는 핏줄도 소용없나봐. 소름이 끼치지?

바예지드 1세도 아버지의 뒤를 이어 유럽 공략에 나섰어. 유럽 국가들은 연합군

을 구성해 맞섰지만 오스만 군대를 이길 수는 없었어. 오스만 군대는 파죽지세로 유럽을 향해 돌진했어. 곧이어 발칸 반도의 대부분이 오스만 제국의 수중에 들어 갔단다.

그런데 뜻하지 않은 곳에서 방해자가 나타났어. 오스만 제국의 동쪽에 있던 티무르 제국이야. 몽골족의 후손인 티무르가 중앙아시아에 세운 바로 그 왕국이지. 티무르 제국은 세력을 키운 뒤 서쪽으로 영토를 확장해 나갔어. 1400년에는 소아시아의 아나톨리아 근처까지 진출했지. 마침 오스만 제국의 지배에 반발하던 여러 민족이 티무르에게 도움을 요청했어. 티무르는 바예지드 1세에게 모든 것을 원래대로 돌려놓으라고 명령했어. 땅을 내놓으라는 얘기인데, 바예지드 1세가 듣겠니?

바예지드 1세는 티무르 제국과의 전투를 준비하기 시작했어. 유럽 공격을 잠시 중단하고 동쪽 전선에 집중적으로 군대를 배치했지. 1402년 지금의 터키 앙카라에서 티무르와 오스만 군대가 격돌했어. 이 전투를 앙카라 전투라고 하는데, 오스만 제국의 참패였어. 바예지드 1세는 포로로 사로잡히기까지 했어. 그는 티무르 제국의 감옥에서 1403년 생을 마감했단다.

티무르는 바예지드 1세의 세 아들에게 오스만 제국의 땅을 나눠줬어. 이쯤 되면 오스만 제국이 사실상 티무르 제국의 속국이 됐다고 볼 수 있겠지? 이 무렵이 오스만 제국으로서는 최대의 위기였어.

2년 후 티무르가 세상을 떠나자 티무르 제국은 급속도로 약해지기 시작했어. 오스만 제국으로는 천만다행한 일이었지. 바예지드 1세의 아들 가운데 한 명인 메메드^{메흐메트} 1세가 재기에 나섰어. 그는 1413년 오스만 제국을 다시 통일하는 데 성공했고, 스스로 5대 술탄에 올랐단다. 이때 메메드 1세는 동로마 제국의 도움을 많이 받았어. 이를 계기로 두 나라는 동맹을 맺기까지 했어.

동로마 제국을 무너뜨리다

1421년 메메드 1세의 아들 무라드 2세가 6대 술탄이 됐어. 무라드 2세도 아버지의 뜻을 이어받아 동로마 제국과 사이좋게 지냈어. 그런데 얼마 지나지 않아 평화로운 관계는 깨지고 말았단다. 동로마 제국의 황제 요한네스 8세 팔라이올로고스가 오스만 제국의 내정에 간섭한 게 발단이 됐어.

아마도 요한네스 8세는 오스만 제국을 잘만 요리하면 과거의 영광을 되찾을 수 있을 거라고 생각한 모양이야. 마침 또 다른 인물이 "내가 오스만 제국의 술탄이다!"라고 선언했어. 요한네스 8세는 그 인물을 지원해 오스만 제국을 손아귀에 넣으려고 했지. 무라드 2세가 머리끝까지 화가 났어. 무라드 2세는 술탄 자리를 넘보던 적을 제거한 후 즉각 동로마 제국으로 쳐들어갔어.

동로마 제국의 수도 콘스탄티노플이 곧 함락될 위기에 처했어. 그러나 무라드 2세는 동로마 제국에게 겁을 주려는 심산이었어. 굳이 멸망시키고 싶지는 않았나 봐. 무라드 2세는 다시는 오스만 제국에 간섭하지 않겠다는 요한네스 8세의 약속을 받은 뒤 군대를 철수시켰어. 물론 요한네스 8세로부터 충성 맹세를 받았고, 막대한 공물도 챙겼지.

무라드 2세는 그 후로도 여러 차례 유럽 군대와 전투를 벌였어. 패배한 전투도 있었지만 대체로 승리한 전투가 많았어. 오스만 제국은 유럽 땅을 야금야금 정복해나갔어. 더 이상 전쟁은 없을 거라고 생각했던 것일까? 1444년 6월 무라드 2세는 유럽 국가들과 정전협정_{에디르네 조약}

무라드 2세 오스만 제국의 6대 술탄. 통치 기간 동안 기독교 세력, 투르크 연합국 등과 25년에 걸친 투쟁을 했다.

메메드 2세 오스만 제국의 7대 술탄으로, 동로마 제국을 무너뜨렸다. 그 후 아나톨리아 지역을 정복했고, 발칸 반도도 공략했다.

을 맺고, 아들 메메드 2세에게 술탄 자리를 넘겨주고 은퇴했어.

그러나 곧 서유럽의 기독교 국가들이 정전협정을 깨고 오스만 제국을 침략했어. 당시 12세에 불과했던 새로운 술탄 메메드 2세는 아버지가 다시 돌아와 싸워주길 바랐어. 무라드 2세는 아들의 부탁에 오스만 군대를 이끌고 나가 바르나에서 기독교군을 무찔렀어. 무라드 2세는 1446년 아들을 술탄 자리에서 몰아내고, 자신이 술탄에 복귀했어. 그리고 2년 후 또 한 번의 역사적인 전투를 치렀어. 그 전투가 바로 제2차 코소보 전투야.

1448년 헝가리와 세르비아를 비롯한 기독교 연합 군대가 코소보에서 오스만 군대에 맞섰어. 이 전투에서 예니체리가 큰 공을 세웠어. 예니체리는 술탄의 명령만 떨어지면 후퇴를 모르는 용맹무쌍한 정예부대가 돼 있었지.

제1차 코소보 전투 승리로 오스만 제국이 발칸 반도에 거점을 만들었다면, 제2차 코소보 전투로 오스만 제국은 발칸 반도를 완전히 장악했다고 할 수 있어. 이제 발칸 반도에서 오스만 제국에 대항할 수 있는 국가는 없어. 이쯤 되면 오스만 제국을 유럽의 강자라고 부를 수 있겠지?

코소보 전투 제2차 코소보 전투의 한 장면. 헝가리 병사가 오스만 제국의 병사에게 사로잡힌 모습을 담았다.

1451년 무라드 2세가 사망하자 메메드 2세가 다시 술탄이 됐어. 메메드 2세는 자신을 술탄에서 내쫓은 데 대한 복수를 시작했어. 아버지 무라드 2세의 술탄 복귀를 요청했던 신하들을 모두 제거했고, 다른 형제들도 모두 죽여버렸단다. 이쯤 되면 '피의 보복'이라고 불러도 되겠지?

메메드 2세는 길이길이 역사에 남는 인물이야. 그가 다시 술탄이 되고 2년이 흐른 뒤였어. 1453년, 오스만 군대는 또다시 동로마 제국의 콘스탄티노플로 진격했어. 그 결과는 이미 알고 있을 거야. 동로마 제국이 강력히 저항했지만 콘스탄티노플은 곧 함락되고 말았지. 동로마 제국은 역사 속으로 사라졌어. 비잔틴이라고도 불린 동로마 제국이 사라짐으로써 로마의 맥이 끊겨 버렸어!

메메드 2세는 수도를 아드리아노플에서 콘스탄티노플로 옮기고 이스탄불이라고 불렀어. 오늘날 이스탄불은 이렇게 해서 탄생한 거란다.

메메드 2세는 자신을 로마 제국의 황제라고 선포했어. 동로마 제국이 로마 전통을 계승했고, 자신이 동로마 제국을 점령했기 때문에 로마의 혈통이 오스만 제국으로 이어진다는 논리였지. 이때부터 오스만 제국은 아시아 국가라기보다는 유럽 국가에 더 가까운 모습을 남긴단다. 메메드 2세도 동방보다는 서방 세계의 정복자를 더 존경했어. 그가 가장 존경한 인물

동로마 제국 함락 콘스탄티노플 함락을 앞둔 오스만 제국의 군대 모습. 말을 탄 지휘자가 오스만 제국의 술탄 메메드 2세다.

은 알렉산더 대왕과 카이사르였다는구나.

메메드 2세는 오늘날에도 '정복자'라는 별칭으로 불린단다. 단지 동로마 제국을 정복해서만은 아니야. 그는 아나톨리아 지역을 완전히 정복했고, 발칸 반도에 대한 공략도 늦추지 않았어. 한때는 오늘날 세르비아의 수도인 베오그라드까지 진출했지. 이탈리아 본토로 군대를 보내기도 했고, 북동부로는 몽골의 후손이 세운 크림 칸국까지 정복했단다.

술탄 · 칼리프 시대

16세기로 접어들었어. 오스만 제국이 동로마 제국을 멸망시킨 15세기 중반이 1차 전성기였다면 이 무렵에는 2차 전성기가 시작돼. 위대한 정복자인 9대 술탄 셀림 1세와 10대 술탄 술레이만^{쉴레이만} 1세가 이때 등장한단다.

셀림 1세는 아버지로부터 술탄 자리를 강제로 빼앗았어. 형제들은 혹시 반란이라도 일으킬까봐 미리 죽여버렸지. 나중에는 아버지마저 죽였어. 정말 비정하지? 1512년 셀림 1세가 오스만 제국의 9대 술탄에 올랐어. 후세 사람들은 그를 '냉혈한 셀림 1세'라고 불렀단다.

셀림 1세는 냉혈한이었지만 군사 전략가로서의 능력은 정말 뛰어났어. 이 무렵 이란 땅에는 사파비 왕조^{1502년~1736년}가 세워져 있었어. 이란의 왕조가 대대로 시아파였듯이 사파비 왕조도 시아파였단다. 오스만 제국은 수니파였지? 당연히 두 왕조는 사사건건 대립했어. 바로 이 사파비 왕조와 셀림 1세가 1514년 전투^{찰디란 전투}를 벌였어. 오스만 제국은 승리했고, 사파비 왕조로부터 메소포타미아 일대와 아르메니아를 빼앗았단다. 이어 오스만 군대는 남쪽으로 눈을 돌려 아랍 원정을 시작했어.

바로 이 점이 셀림 1세가 그전의 술탄과 크게 다른 대목이야. 그전까지의 술탄은 유럽을 주로 공략했지만 셀림 1세는 아시아와 아프리카 정복에 나섰어. 그의 군대는 시리아 지역을 정복한 데 이어 예루살렘을 넘어 이집트로 진격했어. 1517년 오스만 군대가 마침내 이집트의 맘루크 왕조를 무너뜨렸어! 그의 군대는 이슬람 세계의 양대 성지인 사우디아라비아 헤자즈 지방의 메카와 메디나까지 정복했단다.

술탄·칼리프가 된 술탄 오스만 제국의 9대 술탄인 셀림 1세는 칼리프를 보호하고 있었던 맘루크 왕조를 정복함으로써 이슬람 세계의 큰 어른이 됐다.

맘루크 왕조가 아바스^{압바스} 왕조의 후손, 즉 칼리프를 보호하고 있다고 했지? 그 칼리프^{알 무타와킬}는 셀림 1세에게 순순히 칼리프 자리를 내놓고, 신하로 들어갔단다. 이제 셀림 1세가 술탄이면서 동시에 칼리프가 된 거야.

이제 오스만 제국의 지위가 껑충 뛰었어. 술탄과 칼리프를 모두 차지했고, 성지까지 수중에 넣었으니 그럴 법도 하지? 오스만 제국은 이슬람 세계의 큰 어른이 됐단다. 물론 시아파는 수니파를 인정하지 않았으니 예외로 해야겠지? 어쨌든 이때부터 오스만 제국의 황제를 술탄·칼리프라고 불렀단다.

오스만 제국의 영토가 아프리카 북부와 아라비아 반도까지 확대됐지? 그러나 끝이 아니야. 1520년 10대 술탄이 된 술레이만 1세는 1566년까지 무려 46년간 통치하며 오스만 제국을 아시아, 아프리카, 유럽 3개 대륙을 아우르는 대제국으로 키웠단다. 그가 통치할 때 오스만 제국의 영토는 사상 최대를 기록했어. 이 때문에 그는 오늘날까지도 '술레이만 대제'로 불리지.

술레이만 대제 오스만 제국의 전성기를 열었다. 그는 오스만 제국의 영토를 사상 최대로 확장했고, 법전을 편찬하는 등 제도를 정비했다.

술레이만 대제는 술탄·칼리프가 되고 난 이듬해, 베오그라드로 진격했어. 베오그라드와 로도스 섬이 오스만 제국의 수중에 떨어졌지. 이 지역은 그전의 술탄들이 몇 번이고 공격했지만 끝내 정복하지 못한 곳이야. 베오그라드는 유럽 한복판으로 들어가기 위해, 로도스 섬은 아라비아 반도와의 교류를 위해 반드시 차지해야 할 곳이었지.

오스만 군대는 베오그라드를 정복한 뒤 곧바로 오스트리아를 향해 진격했어. 신성로마 제국 황제인 카를 5세가 그곳에 있었어. 만약 오스트리아를 정복하면 유럽 전체를 정복하는 것과 같은 효과를 내겠지? 술레이만 1세는 먼저 헝가리를 공격하기로 했어. 1526년 헝가리 군대가 모하치 평원에서 오스만 군대를 막아섰어. 이 모하치 전투에서도 오스만 제국이 승리했고, 헝가리 왕 로요슈 2세는 도망치다 호수에 빠져 죽었단다. 이때부터 헝가리는 오스만 제국의 지배를 받게 됐어. 오스만 제국의 영토가 헝가리까지로 넓어진 셈이지.

3년 후 오스만 군대가 다시 오스트리아의 수도 빈^{비엔나}을 향해 진격했어. 오스만 군대는 곧 빈을 포위했고, 합스부르크 왕조는 필사적으로 싸웠지. 정규 병사만으로는 모자라 빈의 시민들까지

모하치 전투의 승리 오스만 군대는 헝가리의 모하치 평원에서 유럽 군대와 격돌했다. 모하치 전투에서 헝가리 왕은 도망치다 죽음을 맞았다.

의용군으로 나섰어. 오스만 군대는 결사 항전으로 나선 오스트리아를 무너뜨리지 못했어. 두 나라는 평화협정을 체결했지. 오스트리아는 안도의 한숨을 내쉬었어.

유럽을 정비했으니, 다시 아시아를 쳐야지? 술레이만 대제의 군대가 사파비 왕조가 통치하는 이란으로 진격했어. 파도처럼 밀려오는 오스만 군대를 사파비 왕조는 막을 수 없었지. 오스만 군대는 바그다드도 정복했어. 이제 오스만 제국의 기세를 꺾을 자는 아무도 없었어. 페르시아를 호되게 몰아붙인 오스만 군대는 다시 유럽으로 눈을 돌렸어. 역사에 획을 그은 또 한 번의 전쟁이 펼쳐졌어. 1538년 터진 프레베자 해전이 바로 그거야.

오스만 제국은 해군도 막강했단다. 이슬람 해적 출신의 해군 제독 바르바로사 하이렛딘이 지중해 일대를 휘젓고 있었거든. 바르바로사는 기독교 국가들의 영토를 야금야금 빼앗았어. 로마 교황이 발끈했지. 교황청, 베네치아^{이탈리아}, 에스파냐

프레베자 해전 오스만 함대가 유럽 연합군 함대를 격파함으로써 오스만 제국의 막강한 위력을 보여준 전투다.

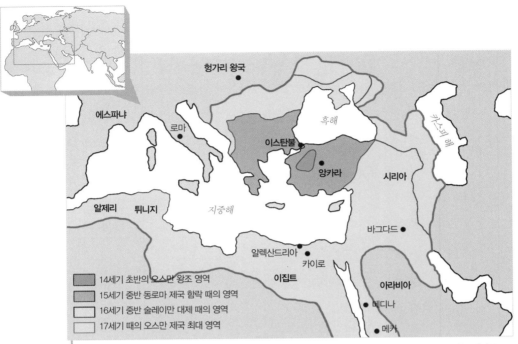

지도 내 텍스트:

헝가리 왕국

에스파냐
로마
흑해
카스피 해
이스탄불
앙카라
시리아
바그다드
알제리　튀니지
지중해
알렉산드리아
카이로
이집트
아라비아
메디나
메카

14세기 초반의 오스만 왕조 영역
15세기 중반 동로마 제국 함락 때의 영역
16세기 중반 술레이만 대제 때의 영역
17세기 때의 오스만 제국 최대 영역

오스만 제국의 영토 확장 오스만 제국은 소아시아 아나톨리아 고원에서 시작해 3개 대륙을 지배하는 대제국으로 성장했다.

가 함께 한 기독교 연합군 함대가 1538년 그리스 북서부의 프레베자에서 바르바로사 함대와 격돌했어. 이 전투에서도 오스만 함대가 승리했어. 그 후 오스만 함대는 지중해의 여러 섬을 정복했고, 베네치아는 결국 항복할 수밖에 없었어.

술레이만 대제의 군사적 업적은 정말 대단하지? 그러나 그가 단지 정복자에 불과했다면 대제란 칭호가 붙지 않았을 거야. 그에게 붙은 또 하나의 별명은 '입법자'란다. 그가 《군하총회》《이집트 법전》《술레이만 법전》 등을 편찬하는 등 여러 제도를 정비했기 때문이야. 1566년 위대한 정복자 술레이만 대제는 헝가리를 시찰하려고 길을 나섰다 세상을 떠났단다.

최고의 통치자가 사라지면서 나라가 쇠약해지는 것은 여러 왕조의 역사에서 볼 수 있어. 오스만 제국도 마찬가지야. 술레이만 대제가 세상을 떠난 후 약해지기 시작했단다. 그 역사는 다음 장에서 살펴볼게.

통 박사의 역사 읽기

🔍 오스만과 로마의 공통점

동서양의 접경지대에서 탄생한 뒤 대제국으로 성장한 오스만 제국은 여러 모로 로마 제국과 닮았다는 이야기를 많이 듣는단다. 가령 오스만 제국은 탄생하자마자 즉시 영토를 넓혀 나갔어. 로마 제국도 마찬가지지? 오스만 제국은 아시아, 유럽, 아프리카 등 3개 대륙에 걸친 대제국을 건설했어. 로마 제국 또한 3개 대륙을 지배했지.

후반부로 갈수록 오스만 제국의 통치자인 술탄들은 잔치를 벌이고 궁전을 화려하게 꾸미는 등 부패했어. 로마 제국은 게르만족이 자신들을 밀어내고 있는데도 사태 파악을 하지 못했어. 그 결과 오스만 제국은 유럽 국가들의 먹잇감이 되고, 로마 제국은 게르만족에게 멸망했단다. 초심을 잃고 갈팡질팡했기에 강대국이 몰락한 거라고 할 수 있겠지?

몽골족의 후예가 세운 나라,
티무르 제국

　칭기즈칸의 몽골족은 유럽인들을 공포에 떨게 했어. 몽골 병사가 나타나면 유럽인들은 스스로 자신을 포박했다는 농담이 있을 정도야. 그러나 14세기로 접어들면서 몽골족이 중국 땅에 세운 원元 왕조가 멸망했고, 몽골족은 멀리 고원 지대로 쫓겨났어. 몽골족의 기상은 이대로 끝나는 것일까?

　그건 아니야. 원 왕조가 무너지고 1년이 지난 1369년이었어. 오스만 제국의 무라드 1세가 아드리아노플을 정복한 해였지. 몽골의 또 다른 영웅 티무르가 자신의 이름을 딴 강력한 티무르 제국을 건설했어. 티무르 제국은 한때 아프가니스탄, 파키스탄, 이란, 이라크, 카프카스 산맥을 모두 정복했단다. 그러나 티무르가 세상을 떠난 후 세력이 약해지다가 우즈베크족에 의해 멸망하고 말았지.

제2의 칭기즈칸, 티무르의 대제국

　　　　티무르는 몽골의 귀족 가문 출신인 것으로 추정되고 있어. 1336년쯤

차가타이 칸국에서 태어난 것으로 알려져 있지. 그가 태어났을 때 그의 부족은 이미 이슬람교를 믿고 있었어. 이 무렵 중앙아시아의 투르크족은 거의 대부분 이슬람교를 믿고 있었어. 정리하자면, 티무르는 투르크족처럼 변한 몽골 귀족 가문 출신이라고 할 수 있어.

티무르는 타고난 군인이었어. 차가타이 칸국이 동서로 분열됐을 때 그는 동東차가타이 칸국의 장군이었단다. 그러나 그는 다른 사람 밑에 있을 인물이 아니었어. 아니나 다를까, 티무르는 곧 차가타이 칸국을 빠져나와 독립을 모색했어.

티무르는 자신의 나라를 세운 후, 서西차가타이 칸국의 공주와 결혼했어. 차가타이 가문이니 그 공주는 당연히 칭기즈칸의 후손이었지. 이 점 때문에 티무르를 칭기즈칸의 후예라고 말하는 사람이 많단다.

1361년 무렵, 티무르는 서차가타이 칸국의 사마르칸트현 우즈베키스탄를 점령했어. 이 전쟁에서 티무르는 다리 한 쪽을 다쳤는데, 그 후로 '절름발이 티무르'라는 별명이 생겼단다. 다리를 다쳐도 용맹은 전혀 줄어들지 않았어. 8년 후인 1369년, 티무르는 마침내 차가타이 칸국을 완전히 정복했어! 그러나 그는 당장 왕, 즉 칸에 오르지 않았단다. 그는 장군지휘관이란 뜻의 아미르로 불렸고, 칸을 받드는 2인자에 머물렀어. 그러나 실제 권력을 모두 티무르가 쥐었기 때문에 티무르 제국의 역사를 1369년부터 친단다.

몽골의 영웅 티무르 몽골 귀족 가문 출신으로, 차가타이 칸국에서 시작해 중앙아시아와 서아시아를 장악하고 대제국을 건설했다.

티무르의 전투 티무르의 군대가 이집트 군대와 싸우는 장면. 티무르와 이집트의 왕이 직접 전투를 하고 있다.

티무르의 활약을 살펴볼까? 우선, 차가타이 칸국을 모두 정복했다는 점을 들 수 있어. 물론 동차가타이 칸국의 세력이 일부 남아 있었지만 그들도 머잖아 티무르에 의해 점령됐단다. 차가타이 칸국의 영토를 모두 회복했으니, 일 칸국과 킵차크 칸국, 중국 본토가 다음 차례겠지?

오스만 제국의 무라드 1세가 유럽으로 영토를 넓히고 있던 1380년, 티무르는 이란 지역으로 진출하기 시작했어. 곧 호라산 지역을 정복했고, 일 칸국의 영토를 모두 흡수해버렸어. 이때부터 20년 동안 티무르 군대는 아프가니스탄, 아르메니아, 이란, 이라크를 모두 정복했단다. 이슬람 세계의 중심지였던 바그다드까지 수중에 넣었지.

자, 일 칸국의 영토를 모두 되찾았으니, 다음에는 킵차크 칸국으로 진격해야겠지? 티무르 군대는 북쪽으로 방향을 틀었어. 그의 군대가 볼가 강 유역에 있는 킵차크 칸국의 수도 사라이베르케를 완전히 파괴해버렸어. 이윽고 러시아의 여러 공국들도 약탈한 뒤 1396년, 티무르는 모든 원정을 끝내고 사마르칸트로 귀환했단다.

이제 중국^{명나라}만 빼면 과거 몽골 제국의 영토를 되찾는 전쟁은 끝났어. 티무르는 새로이 영토를 넓히는 정복전쟁에 착수했어. 1398년 티무르의 군대가 인도로

비비하눔 모스크 티무르가 사마르칸트에 세운 이슬람 사원으로 중앙아시아에서 가장 크다. 티무르의 인도 원정 성공을 기념하여 1399년~1404년에 지어졌다.

향했어. 이 무렵 인도 델리에는 투글루크 왕조의 이슬람 왕국이 있었는데, 티무르는 개의치 않고, 순식간에 그곳을 정복해버렸지. 티무르가 얼마나 무자비했는지 이때 숨진 인도인들이 무려 10만여 명에 이르렀어. 그러나 티무르는 그곳에 눌러 앉지는 않았고, 실컷 약탈한 뒤 많은 재물을 가지고 중앙아시아로 돌아갔단다.

1년 후 아제르바이잔에서 반란이 일어났어. 티무르 군대가 출격해 반란을 진압했어. 군대는 내친 김에 소아시아로 진격했지. 이미 살펴봤지? 그곳에서 티무르는 1402년 오스만 제국과 격돌했어. 티무르가 이겼고, 티무르 제국은 서아시아는 물론 전체 이슬람 세계의 일인자로 우뚝 섰단다.

중앙아시아와 서아시아 일대를 충분히 장악했지? 그러나 티무르에게는 아직도 못다 이룬 꿈이 있었어. 바로 중국 본토였지. 칭기즈칸의 후예를 자처하는 티

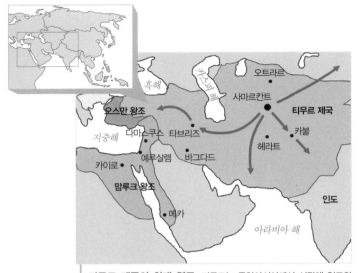

무르는 원 왕조의 역사를 되찾기로 했어. 그가 직접 20만 대군을 이끌고 명 왕조의 정벌에 나선 거야. 그러나 티무르의 운명은 여기까지였어. 원정 도중인 1405년, 티무르는 갑자기 병을 얻어 세상을 떠나고 말았단다.

티무르 제국의 최대 영토 티무르는 중앙아시아에서 시작해 인도와 소아시아까지 진출해 그 일대 최대 강국이 됐다.

티무르 제국, 150년 만에 몰락하다

티무르 제국에 티무르가 없다면, 그것은 알맹이가 없는 빈 껍데기에 불과해. 그만큼 티무르의 존재는 중요했어. 바로 그 이유 때문에 티무르 제국은 티무르가 죽는 순간, 기울기 시작했다고 해도 과언이 아니야.

1405년 티무르의 손자 칼릴이 술탄이 됐어. 그러나 그는 왕이 될만한 그릇이 못 됐어. 그래, 그는 말 그대로 폭군이었단다. 폭정이 계속됐고, 결국 5년을 채우지 못하고 물러날 수밖에 없었지. 그의 뒤를 이어 술탄의 자리에 오른 인물은 티무르의 넷째 아들인 샤루크야. 술탄이 다시 윗대로 올라간 셈이지.

샤루크는 술탄에 오른 직후 사마르칸트에서 아프가니스탄의 헤라트로 수도를 옮겼어. 술탄인 자신은 새로운 수도 헤라트에 머물렀고, 사마르칸트는 아들 울루그베그에게 통치하도록 했지. 이 울루그베그는 나중에 샤루크의 뒤를 이어 4대 술탄이 된단다.

티무르 제국은 티무르가 세웠고, 영토도 최대로 넓혀놓았어. 그다음 이어지는 술탄 가운데 그 누구도 그의 업적을 따라잡을 수 없었지. 다만 문화적인 측면에서는 티무르보다 위대한 술탄도 많았어. 그런 술탄들이 3대 술탄 샤루크와 4대 술탄 울루그베그야. 그들은 학문과 예술, 종교를 모두 장려했어. 그 때문에 그들이 술탄의 자리에 있을 때 성대한 궁궐과 학교, 사원이 많이 지어졌단다.

티무르 제국의 발상지는 중앙아시아였어. 유목 민족의 피가 흐르고 있겠지? 그러나 이 무렵부터는 페르시아와 아랍 문화로 기울기 시작했어. 이때 만들어진 티무르 제국의 문학 작품 가운데 여러 편이 오늘날까지도 페르시아 문학의 대표작으로 여겨지고 있단다. 문학뿐만이 아니야. 아랍 문화의 영향을 받아 수학과 천문학도 크게 발달했어. 울루그베그 자신이 천문학자였을 정도야.

울루그베그는 성군聖君이었을지 모르지만 권력투쟁을 피할 수는 없었어. 제2차 코소보 전투가 치러지고 1년이 지난 1449년, 울루그베그는 암살되고 말았단다. 티무르 제국은 급격하게 기울기 시작했어. 술탄 자리를 놓고 암투가 시작됐고, 2년 사이에 술탄 두 명이 교체되는 혼란이 계속됐어. 그 후 술탄에 오른 아부사이드마저 1469년 암살되고 말았단다.

아부사이드는 권력 다툼을 끝내려고 애쓴 술탄이었어. 그런 그가 사망하자 티무르 제국은 본격적으로 분열하기 시작했단다. 아부사이드의 후손은 사마르칸트를 계속 지켰지만 새로운 수도인 헤라트는 티무르의 증손자인 후세인 베이카라라는 왕족에게 넘어갔어. 지방에는 또 다른 왕족들이 독립을 선포했어. 티무르 제국이 어느새 누더기가 된 거야.

1500년 사마르칸트에 있는 티무르 왕조가 무함마드 샤이바니가 이끄는 우즈베크족의 침략을 막지 못하고 무너졌어. 이 우즈베크족은 킵차크 칸국의 후손들이란

무함마드 샤이바니 우즈베크족의 지도자로 1500년에는 사마르칸트를, 1507년에는 헤라트를 점령하여 티무르 왕조를 무너뜨리고 샤이바니 왕조를 세웠다.

다. 복잡하지? 쉽게 정리하자면, 중앙아시아에서는 몽골족과 몽골족의 친척 민족들이 계속 세력을 다툰 거야.

이 무렵 우즈베크족은 무척 강했단다. 그들은 진군을 멈추지 않았어. 큰형님 격인 사마르칸트의 티무르 왕조를 무너뜨렸으니 다음 목표는 헤라트였지. 당시 헤라트는 후세인 베이카라가 죽은 후 두 아들이 왕위 계승을 놓고 다툼을 벌이고 있었어. 이때를 틈타 우즈베크족은 1507년 헤라트를 정복해버렸어. 헤라트의 티무르 왕족은 뿔뿔이 흩어졌어. 이로써 티무르 제국의 모든 왕조가 무너졌단다. 더불어 티무르 제국도 사라졌지. 이로부터 4년 후 오스만 제국에는 강력한 셀림 1세 술탄이 등극한단다. 서아시아 일대는 오스만 제국의 독무대가 됐겠지?

티무르 제국이 사라지자 중앙아시아는 작은 국가들이 난립하는, 그야말로 무풍지대가 돼버렸어. 그 가운데 우즈베크족의 샤이바니 왕조가 그나마 가장 강했지만, 1599년에 사파비 왕조에 의해 쇠퇴하고 말았지. 티무르 왕조는 샤이바니 왕조에게 먹히고, 샤이바니 왕조는 사파비 왕조에게 먹히고…. 마치 먹이사슬을 보는 것 같지?

이즈음 중앙아시아 지역은 대혼란의 시대였어. 아스트라한 칸국, 부하라 칸국 등 여러 군소 국가들이 중국의 춘추전국 시대처럼 격돌했지. 강자가 없는 땅덩어리는 외부세계의 좋은 먹잇감이 될 수밖에 없어. 이 무렵 러시아^{제정 러시아}가 중앙아시아로 서서히 진출했어. 러시아는 19세기에 이르면 중앙아시아를 본격적으로 정복하기 시작한단다.

티무르 제국이 멸망했지만 티무르 왕족의 혈통이 끊어지지는 않았어. 칭기즈칸, 티무르에 이어 또다시 혈통이 이어졌다는 것은 아주 흥미로운 대목이지. 그 인물이 바로 티무르의 후손인 바부르란다. 바부르는 16세기에 인도에 큰 나라를 세우게 돼. 그 나라가 바로 무굴 제국이지. 그 역사는 다음 장에서 자세히 살펴볼 거야.

사파비 왕조의 이스마일 1세와 아바스 대제

티무르 제국이 사라지기 직전, 아제르바이잔의 아르다빌 지역에는 이슬람 시아파에서 유래한 신비주의적 분파인 수피파들이 많이 활동하고 있었어. 강력한 티무르 제국이 힘을 잃어가던 때였지. 티무르 제국에 복속되었던 여러 작은 왕국들이 잇따라 독립을 선언했어. 수피파의 지도자 격인 사파비 왕조도 독립을 선언하고, 아제르바이잔 일대에서 세력을 키우기 시작했지.

사파비 왕조를 연 인물은 이스마일 1세였어. 그는 1500년 아르다빌에서 군대를 일으켰고, 이듬해 아제르바이잔에서 가장 큰 왕조인 아크 코윤루 왕조^{백양 왕조}를 몰아내고, 그들의 수도인 타브리즈를 빼앗았단다. 그리고 1502년 이스마일 1세는 샤의 자리에 올랐어.

이 무렵 유럽 공략에 한창이던 오스만 제국이나, 전성기가 끝나고 몰락하던 티무르 제국 모두 수니파를 국교로 삼고 있었지. 그러나 사파비 왕조는 시아파를

이스마일 1세 이란 사파비 왕조를 연 인물이다. 사파비 왕조는 이슬람 시아파를 믿었다.

이스마일 1세의 활약 이스마일 1세 샤가 전투하는 장면. 가운데 흰 색 옷을 입은 인물이 이스마일 1세다.

국교로 삼았단다. 사파비 왕조는 왕을 술탄이라고 부르지 않았어. 술탄이란 칭호에서 아랍의 냄새가 너무 난다는 게 이유였지. 사파비 왕조는 정통 페르시아 왕조임을 내세웠어. 페르시아 민족주의를 적극 표방한 거지. 그 때문에 페르시아 말로 황제를 뜻하는 '샤'라는 칭호를 썼단다.

이스마일 1세 샤는 곧 세력을 확장하기 시작했어. 1510년에는 국경을 맞대고 있던 우즈베크족의 샤이바니 왕조와 전쟁을 벌이기도 했어. 이 전쟁의 결과는 이미 알고 있지? 이스마일 1세 샤의 승리였어. 이 전쟁 이후 샤이바니 왕조는 기울기 시작했고, 결국 1599년 멸망하고 말았단다. 더불어 대제국을 건설하겠다는 우즈베크족의 꿈도 물거품이 됐지. 반면 사파비 왕조는 서쪽으로 메소포타미아와 바그다드, 동쪽으로 아프가니스탄에 이르는 대제국을 건설했단다. 대조적이지?

자, 정리해볼까? 14세기 중반에 티무르 제국이 건설됐어. 티무르 제국은 오스만 제국을 호되게 몰아쳤지만 티무르가 사망한 후 세력이 약해졌지. 그 틈을 이용해 우즈베크족과 사파비 왕조가 세력을 키웠어. 우즈베크족은 티무르 제국을 무너뜨렸고, 사파비 왕조는 우즈베크족을 무너뜨렸지. 그렇다면 결과가 어떻게 됐지? 작은 왕조들을 제외한다면 중앙아시아와 서아시아에는 오스만 제국과 사파비 왕조, 두 나라만 남은 셈이지?

두 나라는 같은 이슬람이지만 파벌이 달라. 게다가 신생국인 사파비 왕조는 서쪽으로 세력을 뻗치고 있었어. 당연히 사이가 좋지 않았겠지? 1514년 두 나라가 격돌했어. 이때 오스만 제국의 술탄은 셀림 1세였어. 아주 걸출한 황제였지. 아직까지는 사파비 왕조가 오스만 제국의 상대가 되지 못했어. 이미 살펴봤지? 오스만 제국의 군대가 승리했고, 그 결과 사파비 왕조는 메소포타미아와 아르메니아 일대를 빼앗겼어.

초대 샤인 이스마일 1세는 1524년 세상을 떠났어. 그의 뒤를 이어 몇 명의 샤가 등극했지만, 이스마일 1세만큼 두드러지지는 않았단다. 더욱이 이 무렵 오스만 제국에서는 셀림 1세와 술레이만 대제라는 걸출한 술탄이 떡하니 버티고 있었어. 사파비 왕조는 납작 엎드릴 수밖에 없었지.

1566년 오스만 제국의 술레이만 대제가 세상을 떠났어. 그의 뒤를 이어 셀림 2세와 무라드 3세가 오스만 제국의 영토를 계속 넓혀 나가고 있었어. 1588년 사파비 왕조에서는 아바스 1세가 5대 샤에 올랐어. 아바스 1세는 아버지를 몰아내고 샤에 오를 만큼 야심으로 똘똘 뭉친 인물이었어. 배짱도 두둑하고 군인 정신으로 무장하고 있었지. 아바스 1세의 업적도 대단했어. 그 때문에 그를 아바스 대제라고 더 많이 부른단다.

아바스 대제는 곧바로 수도를 이스파한으로 옮겼어. 페르시아의 변방인 아제르바이잔에서 서아시아의 중

아바스 대제 이란 사파비 왕조를 가장 강력하게 만든 황제다. 그의 사망 이후 사파비 왕조는 내리막길을 탔다.

심지에 가까운 곳으로 이동한 거야. 이윽고 그는 대대적으로 군대를 개혁했어. 투르크계 귀족과 군인을 대대적으로 숙청하고 황제 직속 군대를 만들었지. 영국인을 영입해 군대를 훈련시키기도 했어. 이런 노력의 결과 아바스 대제는 모든 권력을 황제에게 집중시키는 데 성공했어. 사파비 왕조가 강력한 중앙집권국가가 된 거야.

자, 이제 모든 정비가 끝났으니 남은 과제를 처리해야지? 그래, 오스만 제국과 싸워 빼앗긴 땅을 되찾는 거야. 1602년 아바스 대제는 오스만 제국을 공격했어. 막 기울기 시작한 오스만 제국은 강력한 아바스 대제의 군대를 막지 못했어. 사파비 왕조는 이라크 평원과 호라산 지역 등 빼앗겼던 땅을 되찾는 데 성공했단다.

1629년 아바스 대제가 세상을 떠났어. 어쩌면 그토록 역사가 똑같이 진행될까?

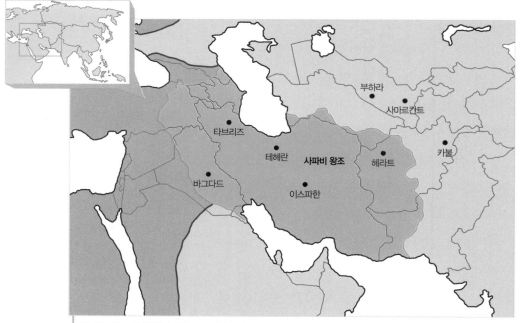

사파비 왕조의 전성기 영토 16세기 후반 아바스 대제 때의 영토. 이라크 평원 등 중동의 중심지를 차지했다.

오스만 제국이 술레이만 대제의 죽음 이후 약해졌다면 사파비 왕조는 아바스 대제가 죽자 기울기 시작한 거야. 사파비 왕조는 오스만 제국의 공격을 다시 받았고, 그때마다 영토를 조금씩 잃었단다. 그 후의 역사는 다음 장에서 살펴볼게.

동남아시아, 이슬람 세계가 되다

이제 잠시 티무르가 1398년에 침략했던 인도를 살펴볼까?

13세기 초 궁정 노예 출신인 아이바크가 델리에 노예 왕조를 세우면서 델리 지역은 인도의 중심지가 됐어. 그 후 여러 왕조들이 차례대로 델리에 수도를 뒀지. 이때를 델리 술탄 시대라고 불러. 델리 술탄 시대가 시작되면서 인도는 이슬람 세계가 됐어. 투르크족 또는 아프간족 계열의 술탄이 인도를 장악한 뒤, 힌두 사원을 모두 파괴하거나 이슬람 사원으로 바꿔버렸지. 그래도 인도인의 정신만큼은 꺾을 수 없었어. 결국 이슬람 술탄들도 머잖아 힌두교를 용인했어. 이때부터 인도에서는 힌두교와 이슬람교가 뒤섞이면서 독특한 인도 문화를 만들어나갔단다.

인도는 노예 왕조 이후 할지 왕조, 투글루크 왕조, 사이이드 왕조, 로디 왕조로 이어졌는데, 왕조의 수명이 대부분 100년을 넘기지 못할 만큼 아주 짧았다는 공통점이 있지. 로디 왕조 다음이 바로 무굴 제국이란다.

자, 지도를 옮겨 동남아시아로 가볼까? 이 지역에도 이 무렵 이슬람교가 널리 퍼졌어. 다만 오늘날 인도네시아의 자바 섬 동부 지역에 있었던 마자파힛 왕조는 아직도 힌두교를 믿고 있었단다. 1377년 바로 그 마자파힛 왕조의 군대가 스리위자야 왕조의 수도 팔렘방을 공격했어. 스리위자야 왕조는 휘청거리기 시작했어. 15세기로 접어든 후에는 급속도로 세력이 약해졌지.

오스만 제국과 티무르 제국의 앙카라 전투가 있었던 1402년, 스리위자야 왕조가 멸망했어. 팔렘방에 살던 스리위자야 사람들은 오늘날의 싱가포르로 피난을 갔단다. 싱가포르가 역사의 무대로 나온 게 이때부터야.

스리위자야 왕조가 멸망하던 무렵, 말레이 반도 남부에 말라카 왕조가 세워졌어. 누가 이 왕조를 세웠는지는 확실하지 않아. 다만 스리위자야 왕조의 후손이 만들었을 거라고 추측만 하고 있단다. 팔렘방을 떠나 싱가포르에 정착했던 사람들이 다시 말레이 반도로 이동해 말라카 왕조를 만들었다는 거지. 말라카 왕조가 세워질 때는 이미 이슬람교가 널리 퍼진 후였어. 당연히 말라카 왕조도 이슬람교를 국교로 삼고 있었겠지?

약 100년이 지난 1520년, 힌두 왕국 마자파힛도 멸망했단다. 마지막 남은 힌두 왕국이 사라지면서 동남아시아는 완벽한 이슬람 세계로 탈바꿈했어. 그 후 자바의 중부 지역에 마타람 왕조가 들어섰단다. 당연히 이 왕조도 이슬람교를 국교로 삼고 있었어. 머잖아 마타람 왕조는 자바 섬 전체를 장악했어.

이 무렵 동남아시아의 바다에서는 해상 무역이 활발하게 이뤄졌어. 이슬람 무역 상인들은 향신료와 같은 동남아시아의 특산품을 서양 상인에게 팔았어. 유럽 사람들은 아시아에서 건너온 이런 제품들에 푹 빠졌어. 서양 상인들은 직접 동남아시아로 건너가 무역을 하기를 바랐지. 그렇게 해야 더 많은 돈을 벌 수 있지 않겠어? 포르투갈이 가장 먼저 아프리카 남단의 희망봉을 돌아 1498년 인도 남서부의 캘리컷^{현 코지코드}에 도달했어. 그 후 포르투갈은 동남아시아 일대를 장악하기 시작했지. 1511년에는 말라카를 식민지로 만들었고, 1521년에는 마젤란의 함대가 괌과 필리핀을 다녀가기도 했어. 이제 동남아시아가 위험해진 거야.

이번에는 인도차이나 반도를 볼까? 1350년쯤 타이에 아유타야 왕조가 세워졌어. 그전에 한동안 번성했던 수코타이 왕조는 저물고 있었지. 아유타야 왕조는 1378년 수코타이 왕조를 정복했어. 수코타이 왕조는 그 후로도 50여 년간 더 명맥을 유지했지만 1438년 멸망하고 말았지.

아유타야 왕조의 활약은 대단했어. 14세기 이전까지만 해도 인도차이나 반도에서 가장 큰 나라는 크메르 왕조의 후손인 앙코르 왕조였어. 앙코르 왕조는 1362년 아유타야 왕조의 공격을 받아 쇠퇴의 길로 접어들기 시작해 15세기 후반 멸망하고 말았어. 아유타야 왕조는 중국 명 왕조에게 조공을 바치고, 인도차이나 반도의 대표 국가로 인정을 받기도 했단다.

미얀마는 1287년 버강 왕조가 몰락한 후 한동안 혼란스러웠어. 그러다가

아유타야 왕조의 유적 왓 프라시산펫 아유타야 왕조의 왕궁 안에 세워진 사원으로 15세기 말에 건축됐으며, 역대 왕의 유골을 안치한 탑 3개가 있다. 타이 중부에 있는 아유타야 왕조의 유적지는 현재 유네스코 세계문화유산으로 지정되어 있다.

1531년, 버마족의 영웅 타빈슈웨티가 3국^{페구·아바·버강}으로 분열된 미얀마를 통일하고 퉁구 왕조를 세웠단다. 퉁구 왕조는 처음으로 버마어로 된 법전을 만들었는데, 이 업적을 빼면 별 활약을 남기지 못했어. 그 후 퉁구 왕조는 주변국의 침략과 반란에 시달려야 했단다.

끝으로 베트남을 볼까? 베트남의 역사는 중국과의 투쟁 역사라고 해도 과언이 아니야. 원 왕조와 세 차례의 전쟁을 벌이면서 국력이 쇠퇴한 베트남은 결국 명 왕조의 지배를 받게 됐어. 베트남 민중은 격렬히 저항했지. 1428년, 마침내 베트남 민중은 명 왕조의 세력을 몰아내는 데 성공했어.

당시 베트남 민중의 지도자 레러이^{레타이또}는 과거 레^黎 왕조의 후손이었어. 그래서 이 나라를 후^後레 왕조라고 부른단다. 후레 왕조의 건국자는 나라 이름을 대월^{大越}이라고 불렀어. 과거에 썼던 나라 이름을 그대로 썼지? 그 역사를 이어받겠다는 뜻이겠지?

대월의 역사도 그전까지의 베트남 왕조들과 비슷해. 한때 중국 문화를 받아들여 전성기를 이룩하다가 내란이 시작됐고, 한때는 다른 왕조에게 나라를 빼앗기기도 했어. 다행히 곧 나라를 되찾아 왕조의 역사가 이어졌지. 그러나 이 나라 또한 세력이 기울고 있었어. 아니, 엄밀하게 말하면 동남아시아의 모든 왕국이 서서히 가라앉고 있었지. 서양의 열강들이 동남아시아를 노리고 있었거든!

베트남 민중의 지도자 레러이는 농민 출신으로 1418년 중국의 명 왕조 지배에 반대하는 봉기를 일으켜 독립을 쟁취하고 후레 왕조의 태조가 되었다.

Q 아바스 대제의 힘은 영국에서 나왔다?

아바스 대제는 사파비 왕조를 강대국으로 만든 황제야. 16세기 후반, 그가 5대 샤에 오를 때까지만 해도 사파비 왕조는 오스만 제국의 눈치를 봐야 하는 약소국이었어. 아바스 대제는 오스만 제국이 시키는 대로 다 했지. 그러나 그들 모르게 군대를 키우고 있었단다.

이때 아바스 대제를 도운 사람은 로버트 셜리라는 영국인 군사 고문이었어. 그는 사파비 왕조의 군대를 훈련시켰고, 영국 군대처럼 바꿔놨지. 사파비 군대는 영국 군대처럼 보병 부대, 소총 부대, 대포 부대로 편성됐어. 로버트 셜리의 조언에 따라 아바스 대제는 유럽의 첨단 무기도 사들였지. 모든 준비를

로버트 셜리 아바스 대제를 도와 군대를 정비한 영국의 탐험가다.

끝낸 아바스 대제는 오스만 제국을 공격해 바그다드를 빼앗기도 했단다. 한 영국인의 도움으로 아바스 대제는 사파비 왕조의 영토를 넓히고, 페르시아의 강대국이 된 셈이라고 할 수 있어.

명 왕조, 세계를 다스리다

이제 14세기 중반 이후의 동아시아 역사를 살펴볼 차례야. 중국에선 원나라가 세조 쿠빌라이와 성종 테무르의 통치가 끝나자 약해지기 시작했어. 두 황제에 견줄만한 후계자가 없었기 때문이지.

원 왕조가 혼란스러워지자 몽골족의 지배를 받던 중국 한족의 반란이 시작됐어. 반란군 지도자 가운데 주원장朱元璋이란 인물이 두각을 나타냈지. 주원장은 명明 왕조를 세운 뒤, 몽골족의 원 왕조를 몰아냈어.

명 왕조는 3대 황제인 영락제永樂帝 때까지 최고의 전성기를 누렸어. 그러나 영락제가 세상을 떠나자 명 왕조도 약해지기 시작했어. 강력한 군주가 사라지면 나라가 휘청거린다는 역사의 법칙이 어김없이 명 왕조에서도 나타난 거야.

주원장, 명 왕조를 세우다

1333년 토곤 테무르가 원 왕조의 황제가 됐어. 이 황제가 마지막 11대 황제인 순제順帝야. 이민족 왕조인 원 왕조 시대에 한족은 많은 차별을 당했어. 우리가 일제로부터 창씨개명을 강요당했던 것처럼 한족도 이름을 몽골식으로 바꿔야 했고, 항상 감시를 당했어. 참다못한 한족의 반란이 도처에서 일어났어. 이 반란군 가운데 백련교白蓮敎라는 종교 집단이 있었어. 송 왕조 때 탄생한 민간종교인 백련교는 미륵불이 나타나 세상을 구한다는 믿음을 갖고 있었어. 그들이 머리에 붉은 수건을 두르고 싸웠기 때문에 홍건적紅巾賊이란 이름이 붙었지.

무라드 1세가 오스만 제국의 3대 술탄에 오르기 8년 전인 1351년, 홍건적들이 마침내 대대적인 반란을 일으켰어. 주원장은 그 홍건적의 장수 가운데 한 명이었단다. 홍건적들이 일으킨 반란은 초반에는 성공하는 듯했어. 그러나 원 왕조가 진압에 나서고 점차 내부 분열이 커지는 바람에 원 왕조 군대에 쫓기는 신세가 됐어. 이때 주원장은 홍건적들 안에서 일어난 내부 분열을 제압하고 다시 세를 모아 곧 화난華南 지역을 장악했어. 화난 지역은 오늘날의 하이난海南 성, 광둥廣東 성과 광시좡족廣西壯族 자치구가 포함된, 중국 남부 지역을 뜻한단다. 주원장이 사실상 중국 남부를 장악했다는 뜻이야.

티무르가 제국을 창건하기 1년 전인 1368년, 주원장은 오늘날 난징南京에서 황제의 자리에 올랐단다. 이렇게 해서 탄생한 한족의 나라가 바로 명 왕조야. 명을 창건한 태조 주원장은 연호를 홍무洪武로 정했어. 그 때문에 태조 주원장을 홍무제라고도 부르지.

홍무제는 원 왕조를 타도하기 위해 북벌을 시작했어. 그의 20만 대군은 순식간에 베이징北京을 점령했어. 원 왕조의 마지막 황제 순제는 수도 베이징을 버리고 몽골족의 고향인 몽골 고원으로 달아났지. 이로써 원 왕조는 멸망하고, 명 왕조가 만리장성 이남의 중국 땅을 모두 통일했단다.

명 태조 주원장 1328년 가난한 농부의 아들로 태어나 갖은 역정 끝에 명 왕조를 세운 인물이다. 그의 이야기는 드라마로도 많이 만들어졌다.

명 왕조를 세운 주원장은 드라마나 영화로 자주 만들어질 만큼 중국에서 인기 있는 인물이야. 그의 이야기가 소설보다 더 소설 같기 때문이지.

주원장은 귀족 출신이 아니야. 가난한 농부의 아들로 태어났어. 게다가 어렸을 때 전염병이 돌아 부모와 형제를 모두 잃어 고아가 됐단다. 너무 가난해서 가족의 시신을 쌀 천도 구하지 못했다는 구나. 그 후 그는 동냥을 하러 다니는 승려, 즉 탁발승이 됐어. 탁발승 신세로 전국을 떠돌다가 홍건적의 반란이 본격화된 1351년, 한 홍건적 부대에 들어갔어.

당시 부대의 대장은 곽자흥郭子興이란 인물이었고, 주원장은 병졸에 불과했지. 그러나 주원장은 곧 전투 능력을 인정받아 참모의 지위까지 올랐단다.

그 후 곽자흥 부대 내부에서 권력 다툼이 벌어졌어. 그 틈을 타 주원장은 곽자흥의 부대에서 빠져나와 독립하는 데 성공했지. 머잖아 곽자흥 부대를 완전히 흡수했고, 마침내 난징을 점령해 1368년에 황제의 자리에 오른 거야.

모든 전쟁을 끝낸 홍무제는 나라를 안정시키는 데 주력했어. 우선 오랜 전쟁에 시달린 백성들을 위해 세금을 깎아주거나 면제해줬어. 황폐해진 땅을 다시 살려내기 위한 지원책을 만들고 황무지 개간을 장려해 농지도 늘렸어. 덕분에 백성의 삶은 조금 나아지는 듯 했어.

제도도 말끔히 정비했어. 여러 신하들이 모여 국정을 논의하는 중서성을 없애고, 이吏·호戶·예禮·병兵·형刑·공工의 6부部를 만들어 황제 직속 기관으로 뒀지. 군대 통수권도 황제의 고유 권한으로 뒀어. 황제의 권한이 무척 강해진 것 같지? 실제로 홍무제는 독재 정치로 유명한 황제란다. 심지어 그는 함께 나라를 세웠던 개국공신까지 모두 죽여버렸어. 과거 한 왕조를 세웠던 유방劉邦도 개국공신을 숙청한 적이 있지만, 홍무제가 그보다 더 심했다는 평가를 받고 있지.

건문제 홍무제의 뒤를 이어 2대 황제가 되었으나 연왕 주체에게 황위를 빼앗겼다.

홍무제는 일찌감치 장남 주표朱標를 황태자로 책봉했어. 홍무제는 이 아들을 끔찍이 사랑했나봐. 황태자가 나중에 황제가 됐을 때 개국공신들이 권력을 휘두를까봐 걱정하기 시작했어. 고민 끝에 그가 내린 결론은 이거였어. "그래, 공신들을 제거하자!"

생사고락을 함께 했던 개국공신들이 반란 혐의를 뒤집어쓰고 처형되기 시작했어. 그들의 가족과 친척도 함께 몰살됐지. 그러던 어느 날 황태자가 갑자기 죽어버렸어. 홍무제는 더 불안해졌어. 황태자의 아들, 그러니까 손자에게 황제의 자리를 물려줘야 하지? 홍무제는 어린 손자가 황제 역할을 잘할 수 있게 하려는 마음으로 더 많은 신하를 죽였어. 이렇게 해서 2만 명이 목숨을 잃었단다.

홍무제는 71세의 나이로 세상을 떠났어. 개국공신을 모두 제거했으니 그의 손자가 편안하게 황제에 올랐을까? 그의 손자는 할아버지의 바람대로 황제 노릇을 잘했을까? 글쎄, 그러지는 않았던 것 같아. 문제는 개국공신이 아니라 26명에 달하는 홍무제의 아들들에 있었단다. 2대 황제의 입장에서 보면 삼촌들이 반란을 일

원과 명 왕조의 영토 명 왕조의 영토는 몽골 제국의 중국 영토에 해당하는 원 왕조보다도 훨씬 적었다.

으킨 셈이지.

홍무제의 손자 주윤문朱允炆이 1398년 2대 황제 혜종이 됐어. 그는 건문建文이란 연호를 사용했기 때문에 건문제라고도 불리지. 건문제는 전국에 흩어져 제후국의 왕 노릇을 하고 있는 26명의 삼촌들을 두려워했어. 선수를 치자! 건문제는 즉각 삼촌들을 제거하기 시작했지.

그러나 모든 삼촌들이 호락호락하지는 않았어. 홍무제의 넷째 아들인 주체朱棣가 바로 그런 인물이었단다. 주체는 당시 제후국인 연燕나라의 왕이었어. 용맹하고 머리가 좋아 홍무제도 한때 황태자로 삼으려고 했던 인물이었지.

세계를 호령한 영락제

1399년 연나라 왕 주체가 반란을 일으켰어. 이 반란을 '정난靖難의 변'이라고 불러. '정난'이란 황실의 위기를 바로 잡는다는 뜻이야. 원래 제후국의 왕은 황제의 허락 없이는 수도인 난징에 올 수 없었어. 군대를 동원하는 것은 상상도 못할 일이었지. 주체는 이런 비판을 의식해 "황제의 주변에 얼쩡거리는 간신을 제거하고 정난하기 위해 군대를 일으켰다"는 명분을 내세웠어.

반란은 3년간 계속됐어. 터키에서 앙카라 전투가 터졌던 1402년, 마침내 주체의 군대가 난징을 점령했단다. 건문제는 홀연히 사라졌어. 불에 타 죽었다는 소문도 있고, 궁궐을 빠져나가 승려가 됐다는 소문도 있지. 어느 이야기가 사실인지는 알 수 없지만 비참한 최후를 맞은 셈이야.

황궁을 점령한 주체는 곧 3대 황제에 올랐어. 이 황제가 명 왕조 최고의 전성기를 만들어낸 영락제란다. 영락제가 잔인하기는 했지만, 그가 통치한 22년간 명 왕조는 비약적으로 성장했어.

영락제 3대 황제로, 환관 정화에게 남해원정을 지시해 명나라의 위엄을 세계에 알렸다.

우선 그는 정복전쟁을 통해 대제국을 건설했어. 1406년 영락제는 안남 _{현 베트남}, 티베트를 차례로 정복했어. 그 후에는 수마트라 섬까지 진출했단다. 사실상 인도차이나 반도까지 장악한 셈이야.

1410년 영락제는 다시 군대를 이끌고 북서쪽 국경^{고비사막}으로 향했어. 그곳에서 원 왕조의 잔당인 몽골족의 나라 타타르가 세를 키우고 있었거든. 영락제는 타타르를 토벌했고, 타타르족은 또 다른 몽골 국가인 오이라트로 도망가야 했어. 명의 군대는 그들을 추격해 오이라트도 공격했지. 이 공격으로 영락제는 몽골족들의 위협을 잠재울 수 있었어. 이듬해 영락제는 수도를 베이징으로 옮겼어. 북방의 이민족을 토벌하려면 지리적으로 베이징이 난징보다 낫기 때문이야. 영락제는 몽골 정벌을 위해 다섯 번이나 원정을 떠났단다.

영락제의 업적 가운데 전 세계가 오늘날까지 기억하는 게 있어. 바로 환관 정화에게 '대항해'를 하도록 지시한 거야. 15세기 포르투갈과 에스파냐의 배들이 세계로 향한 사건을 대항해라고 부른단다. 그러나 엄밀히 말하자면, 유럽 국가들이 대항해를 먼저 한 게 아냐. 명 왕조가 그 주역이었지. 중국판 대항해의 책임자가 정화 사령관이었어.

정화는 1371년 중국 남서부의 윈난^{雲南} 성에서 태어났어. 원래 그의 아버지는 이곳을 다스리는 원 왕조의 제후였어. 홍무제가 명 왕조를 세울 때 이곳에서 전투가 치러졌어. 정화의 아버지는 전투 도중에 목숨을 잃었고 나이 어린 정화는 거세된 채 영락제에게 넘겨졌지. 정화는 그 후 영락제의 오른팔이 됐고, 환관의 최고 지위인 태감^{太監}까지 승진했단다.

1405년 정화가 닻을 올렸어. 62척의 배에 2만 7,800여 명이 탑승했어. 배는 길이만 무려 150미터에 이르렀어. 정말 어마어마한 규모지? 이 첫 항해를 시작으로 정화는 28년간 일곱 번에 걸쳐 해상 원정을 했단다. 이게 역사적으로 유명한 남해원정이야.

남해원정의 주역 정화 남해원정을 이끈 총지휘관. 이슬람교도였고, 큰 키에 체격이 담대하였으며 성격이 활달한 장군이었다.

첫 항해에서 정화는 인도네시아의 수마트라, 말레이시아의 말라카, 실론^{현 스리랑카}을 넘어 인도의 캘커타^{현 콜카타}까지 갔어. 1413년의 네 번째 항해에서는 인도를 넘어 페르시아 인근의 호르무즈 해협까지 진출했지. 1417년의 다섯 번째 항해에서는 아라비아 반도와 아프리카 동부 해안까지 배를 몰았단다. 영락제가 살아 있을 때 남해원정은 총 6차례 이뤄졌어. 마지막 일곱 번째 원정은 영락제가 죽고 6년이 지난 1430년에 이뤄졌지. 그 마지막 원정에서 정화는 처음으로

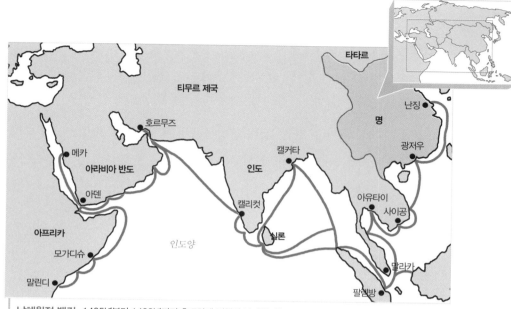

남해원정 뱃길 1405년부터 1433년까지 총 7차례 진행된 남해원정은 동남아시아에서 서남아시아를 거쳐 아프리카까지 이어졌으며 30여 개국을 원정했다. 정화의 대항해는 서양보다 10년 이상 앞선 것이었다.

이슬람교의 성지인 메카를 방문했어.

이 남해원정은 오늘날까지도 중국인들이 가장 자랑스러워하는 역사 가운데 하나야. 유럽 국가들보다 앞서 대항해 시대를 열었으니 그럴 법도 하지. 이때 정화가 개척한 항로는 훗날 포르투갈이 아시아로 진출한 항로와 별로 다르지 않단다.

영락제가 남해원정을 단행한 이유는 무엇일까? 첫째는 대제국을 건설하려면 서역과의 교역이 꼭 필요하다고 판단했기 때문이야. 그런데 이 무렵 중앙아시아에는 티무르 제국이 버티고 있었어. 티무르가 죽고 난 후 제국의 세력이 약해졌다고는 하지만 쉽게 건드릴 상대는 아니었지. 결국 티무르 제국을 피해 서역과 교역할 길을 찾다 보니 남해원정을 하게 된 셈이야.

둘째, 명 왕조의 위엄을 전 세계에 알릴 필요가 있었어. 정화는 배가 내리는 곳마다 왕을 찾아가 명 왕조에게 조공을 바칠 것을 요구했고, 실제 많은 나라들이 정화의 말을 따랐단다. 케냐 같은 아프리카 국가들이 이때 중국에 알려졌고, 사절단을 중국에 보내기도 했지.

이 원정 과정에서 많은 중국인들이 동남아시아 곳곳에 정착하기 시작했어. 명 왕조는 원래 조정의 허락을 받은 사람만 무역을 할 수 있도록 했어. 민간 무역업자들이 설 데가 없겠지? 살길이 막막해진 그들이 동남아시아에 정착한 거야. 이윽고 그들은 똘똘 뭉쳐 동남아시아의 경제를 장악하기 시작했어. 이 사람들이 바로 오늘날까지 동남아시아 경제를 쥐고 흔드는 화교華僑란다.

몽골족 오이라트의 득세와 명 왕조의 쇠퇴

1424년 영락제는 다섯 번째 몽골 원정을 마치고 돌아오던 길에 세상을 떠났어. 그의 아들 홍희제洪熙帝가 황제에 올랐지만 1년 만에 죽고 말았어. 이어 홍희제의 아들 주첨기朱瞻基가 5대 황제 선덕제宣德帝가 됐지.

명의 5대 황제 선덕제 삼촌들의 반란을 진압하고 황제 자리를 지켰으며 남해원정을 재개했다.

선덕제가 황제에 오를 무렵 반란이 일어났어. 반란을 일으킨 인물은 선덕제의 삼촌이었어. 2대 황제 건문제 때와 상황이 비슷하지? 그러나 삼촌에게 굴복한 건문제와 달리 선덕제는 이 반란을 잘 진압했단다. 선덕제는 황제 권력을 지켰고, 통치도 그런 대로 잘했어. 중단됐던 남해원정을 다시 한 것도 선덕제야. 그러나 선덕제는 10년 만에 세상을 떠나고 말았어. 명 왕조의 혼란은 이 무렵부터 시작됐단다.

선덕제의 뒤를 이은 황제는 정통제正統帝였어. 정통제는 겨우 아홉 살에 황제가 됐어. 이때부터 환관들이 권력을 잡았고, 황제의 권력은 유명무실해졌어. 이런 환관 가운데 대표적인 인물이 왕진王振이야. 그는 황태자 교육을 담당했기 때문에 어렸을 때부터 정통제와 가까웠단다. 그 인연을 악용해 정통제가 황제가 된 후에는 곧바로 모든 권력을 틀어쥐었지.

나라가 부패하면 주변 국가들이 얕보는 건 당연한 이치야. 몽골 국가인 오이라트가 그랬어. 이 무렵 오이라트는 에센이라는 걸출한 칸이 등장해 세력을 키우고 있었단다. 에센 칸의 군대는 곧 중국 국경에까지 이르렀어. 명나라는 오이라트의 침략을 막기 위해 슬슬 달래는 회유책을 썼어. 그들의 말을 비싼 값에 사기로 약속한 거야.

오이라트의 군대가 돌아가자 명 왕조는 약속을 어겼어. 오이라트의 말에 터무니없는 헐값을 매긴거야. 격분한 에센 칸이 1449년 대군을 이끌고 중국을 침략했지.

바로 이때 환관 왕진이 해결하겠다며 나섰어. 그는 "황제가 직접 군대를 지휘하면 군대의 사기가 오를 것이다"며 황제가 나서자는 전략을 제시했어. 아무런 힘이 없는 황제는 어쩔 수 없이 갑옷을 입어야 했지. 이런 군대가 전쟁에서 이길 수 있겠니? 당연히 대패했고, 정통제는 오이라트의 포로가 됐단다. 중국 역사상 황제가 다른 나라의 포로가 된 것은 아주 드문 일이었어. 명의 군인들은 크게 분노해서 잘못된 전략을 제시한 왕진을 죽여버렸어.

당장 명 황실이 난리가 났어. 황제가 없으면 나라

포로가 된 황제 오이라트의 포로가 됐다가 풀려나 다시 황제가 된 6대 황제 정통제다. 복위한 정통제는 천순제라는 이름으로 8대 황제로 기록되었다.

도 돌아가지 않잖아? 정통제가 살아 있을 수도 있지만 언제까지 그가 돌아오기를 기다릴 수는 없는 노릇이었지. 황실은 빨리 대안을 찾아야 했어. 황실은 정통제의 동생 주기옥朱祁鈺을 7대 황제 경태제景泰帝에 앉혔어.

새 황제가 등극했지만 명 왕조의 위기가 끝난 것은 아니었어. 오이라트 군대가 베이징의 코앞까지 진격해왔어. 치열한 전투가 벌어졌지. 양쪽 모두 많은 사상자를 냈어. 다행히 두 나라는 더 이상 전투를 벌이지 않기로 합의했고, 오이라트는 군대를 물렸단다.

1450년 전쟁이 끝나니 포로로 잡혀 있던 정통제가 베이징으로 돌아왔어. 가장 난처해진 사람은 경태제였어. 두 명의 황제가 있을 수는 없잖아? 게다가 아직까지 정통제를 지지하는 사람들이 더 많았거든. 누구를 황제로 모실까 하는 고민은 금방 해결됐어. 정통제의 측근들이 경태제를 감금하고 1457년 다시 정통제를 황제에 복위시켰거든. 경태제는 얼마 후 세상을 떠났단다.

그 후 몇 명의 황제가 바뀌었어. 이 기간 명 왕조는 잠시 안정을 되찾을 때도 있었지만 대체로 쇠퇴하고 있었어. 많은 역사학자들은 명이 몰락하기 시작한 시기를 환관 왕진이 권력을 잡았을 때로 보고 있어. 환관의 잘못된 전략으로 황제가 적군에게 사로잡혔다면 그 후로는 환관을 멀리해야 옳겠지? 그러나 명의 황제들은 그 후로도 환관을 가까이 했어. 그러니 나라가 되살아날 리 없지.

16세기로 접어든 후 혼란은 더욱 심해졌어. 북쪽에서는 오이라트가 호시탐탐 명 왕조를 노리고 있었어. 남쪽에서는 왜구들이 본격적으로 약탈을 시작했어. 곳곳에서 반란이 일어나, 가뜩이나 혼란스러운 사회를 더 어지럽게 만들었지. 명 왕조는 해외로도 뻗어나가지 못했어. 더 이상 영토를 확장하거나 무역을 늘리지도 않았지. 정화의 남해원정은 이제 전설로만 존재하는 무용담이 됐어.

명 황실은 해외무역이 아무런 이익이 없다고 판단했단다. 명이 더 이상 발전하지 못한 이유를 이 대목에서도 찾을 수 있지. 영락제 이후의 황제들은 복고주의를 통치 철학으로 삼았는데, 원 왕조 이전의 시대로 돌아가자는 뜻이었어. 한족이 원래 농업을 주업으로 했기 때문에 상공업과 무역을 억제하고 농업을 장려한 거야. 이런 생각을 하고 있는데 해상 원정을 통한 무역이 성에 차겠니?

명의 경제 발전과 향신의 확대

물론 황실이 막는다고 해서 역사의 흐름을 거꾸로 돌려놓을 수는 없어. 일단 발전하기 시작한 상업과 무역은 퇴보하지 않았단다. 오히려 명의 후반기로 들어서면서 중국은 서양의 상업혁명과 맞먹는 상공업 발전을 이룩해냈어.

생각해봐. 농업이 발달했으니 먹을 걱정이 줄어들겠지? 그러면 생활수준을 높이는 데 관심이 생기겠지? 많은 물건이 만들어졌고, 이 물건을 사고파는 시장도 늘었어. 당연히 무역이 왕성한 도시들도 많아졌지. 16세기 무렵에는 명 왕조에도 유럽 못지않은 무역도시들이 많이 생겨났단다. 왕조는 망해가더라도 역사는 발전하는 법이지.

상공업이 발달하면서 16세기 중반 이후 명 왕조의 경제에 큰 변화가 나타났어. 이 무렵 중국을 찾은 외국의 무역상들은 상품을 살 때 멕시코산 은으로 대금을 결제했어. 중국에 이런 은이 쌓이기 시작했지. 그러다 보니 종이돈, 동전과 같은 기존 화폐 대신 은을 화폐로 쓰는 사람들이 늘어났어. 자연스럽게 화폐 개혁이 일어난 거야.

은을 화폐로 쓴다는 것은 큰 의미가 있어. 이 무렵 유럽에서도 대부분 은을 화폐

명의 14대 황제 만력제 재위 초기에 장거정을 등용하여 만력중흥을 이룩했으나 장거정이 죽은 후 국정 혼란을 바로잡지 못하고 명나라의 쇠퇴를 자초했다.

로 썼기 때문이야. 중국과 유럽의 화폐가 같다는 것은 그만큼 무역이 번창했다는 얘기가 돼. 또한 유럽 국가들이 중국을 노릴 만한 이유가 되기도 하지. 그래, 바로 이때부터 유럽은 중국을 차지하려고 벼르기 시작한 거야.

은이 화폐로 쓰이자 세금도 은으로 받기 시작했어. 그전까지는 땅에 대한 세금인 토지세, 사람에 대한 세금인 인두세를 현물로 각각 내야 했어. 이 무렵부터 두 가지 세금을 하나로 합쳐 은으로 내도록 했지. 이 제도를 일조편법 一條鞭法 이라고 부른단다.

이 제도는 1572년 14대 황제에 오른 만력제 萬曆帝 때의 재상 장거정 張居正 이 주도하여 전국적으로 실시됐어. 장거정은 만력제가 어렸을 때부터 스승으로 모셨던 인물이야. 만력제는 황제가 된 후 자신의 스승을 재상으로 임명했던 거야. 사실 어렸을 때의 스승이니 대하기가 쉽지 않았을 거야. 장거정은 그 점을 이용해 모든 권력을 틀어쥐고 개혁을 추진할 수 있었지. 그의 개혁은 독재에 가까웠기 때문에 비판하는 사람도 많았어. 심지어 그를 독일의 비스마르크에 빗대 철혈재상 鐵血宰相 이라고 부르는 학자들도 있단다. 이런 점 때문에 10년 후 장거정이 죽자 그의 가족은 모든 재산을 빼앗겼고 가족 중 일부는 목숨을 잃기도 했단다.

다시 일조편법으로 돌아가서…. 장거정이 이 제도를 왜 만들었는지 아니? 지방의 향신 鄕紳 들을 견제하기 위해서였어. 향신은 지방에 있는 세력가들을 가리키는 말이야. 송 왕조 때부터 향신이 일부 있기는 했지만 세력이 커진 것은 명 왕조 때부터야. 원 왕조 때 지방으로 추방된 사대부들이 이 무렵 향신으로 옷을 갈아입은 거지.

향신들은 지방의 권력자가 돼 많은 토지를 소유했어. 그러나 모든 재산을 정부에 신고하지 않았단다. 세금을 안 내려는 의도였지. 장거정은 전국적으로 토지조사를 실시했고, 향신들이 빼돌린 땅에도 일조편법을 적용해 모두 세금을 매겼어.

장거정 만력제에 의해 등용되어 강력한 개혁으로 부패한 관리와 지주를 억제하려 했다.

사실 향신들이 토지만 늘린 게 아니야. 그들은 땅을 이용해 번 돈으로 대규모 가내수공업 공장을 지었어. 이 공장을 이용해 가내수공업으로 다시 돈을 벌어들였지. 서민들은 그전에는 농사지을 땅이 없어 향신들에게 순종해야 했지만, 이제는 노동자로 고용돼 급료를 받아야 했어. 바로 이때부터 중국에도 유럽의 초기자본주의와 흡사한 경제 형태가 나타나기 시작한 거야. 물론 중국은 여기에서 더 나아가지 못했어. 왜? 상공업이 아무리 발달해도 명 황실은 농업만을 국가산업으로 육성했어. 국가의 지원이 없으니 비약적인 산업 발전이 이뤄질 수 없었던 거야.

장거정의 거침없는 개혁으로 국가재정이 좋아지기 시작했어. 장거정은 나아가 부패한 관리와 지주를 모두 숙청하려고 했어. 그러나 갈수록 그의 반대파들이 늘어났어. 와중에 장거정은 1581년 갑자기 병으로 쓰러져 이듬해 죽고 말았어. 이때를 놓칠 새라 반대파들은 즉각 장거정의 개혁을 비판했고, 결국 개혁은 흐지부지 끝나고 말았어.

이런 상황에서 1592년 한반도에서 임진왜란이 터졌어. 만력제는 지원군을 조선에 파견했지. 전쟁은 부패, 사치와 더불어 국가 재정을 궁핍하게 만드는 가장 큰 요인이야. 임진왜란 이후의 명 왕조는 재기할 수 없을 정도로 쇠약해졌어. 그 틈을 타 만주족이 일어났지. 이 부분은 다음 장에서 다룰게.

통박사의 역사 읽기

🔍 잔인함도 부전자전?

홍무제는 개국공신들을 닥치는 대로 죽였어. 그 가운데는 자신의 외조카, 넷째 아들 주체의 장인, 사돈까지 두루 포함돼 있었지. 심지어 자신의 정치적 참모였던 사람도 있었어. 정말 비정하고 잔인하지?

영락제도 아버지 홍무제 이상으로 잔인했어. 건문제의 측근들은 모두 처형했지. 특히 방효유란 학자를 숙청한 일은 너무 잔인했기 때문에 두고두고 비난을 받았단다.

영락제는 방효유에게 자신을 찬양하는 글을 쓰라고 했어. 방효유는 단박에 거절했고, 오히려 비난하는 글을 썼단다.

방효유 명나라 초기 존경받는 학자였으나 영락제에 의해 숙청됐다.

화가 난 영락제는 방효유의 10족을 죽여버렸어. 아무리 역적이라고 해도 3족을 멸하는 게 보통이야. 10족에는 친구까지 포함돼. 정말 잔인하지?

일본, 무사정권 시대가 열리다

남해원정으로 중국의 함대가 멀리 아프리카까지 진출했지? 아시아 전체가 서서히 격동기로 접어들고 있다는 느낌이 드니? 그렇지만 일본은 아직도 중세 시대를 벗어나지 못하고 있었단다. 사실 고대, 중세, 근대가 서양 역사의 시대적 구분에 쓰는 용어이니 엄밀하게 말하면 아시아는 물론 일본에도 그대로 적용할 수는 없을 거야. 다만 일본에서는 14세기부터 무로마치室町 시대가 열리면서 중세 봉건제도가 절정기에 이르렀기에 '중세 일본'이란 표현을 쓰는 거야.

사실 무로마치 바쿠후幕府는 일찍부터 흔들렸어. 지방의 실력자들이 힘을 키운 후 바쿠후를 무시했기 때문이야. 그들의 반란으로 일본은 중국 춘추전국 시대만큼 혼란스러운 센고쿠 시대로 이어졌단다.

바쿠후 시대의 문을 연 가마쿠라 바쿠후

1185년경 미나모토 요리토모가 가마쿠라鎌倉 지역에 무사정권인 바쿠후를 세웠어. 그래, 바쿠후 시대가 시작된 거야. 바쿠후 시대의 막을 연 미나모토 요리토모의 바쿠후는 지역 이름을 따 '가마쿠라 바쿠후'라고 불러. 가마쿠라 바쿠후는 무사들의 단결을 바탕으로 번성하였지만, 100년을 약간 넘긴 후부터는 위기를 맞게 된단다. 원·고려 연합군과의 전투가 그 계기였지. 비록 전투에서는 승리했지만 가마쿠라 바쿠후의 세력은 그 후부터 약해지기 시작했어. 바쿠후의 지시는 지방에 전혀 먹혀들지 않았단다. 바쿠후의 우두머리인 쇼군이 지방의 영주들을 관리하라고 파견한 슈고守護들이 명령을 거부했기 때문이야. 슈고는 스스로 세력을 키워 지방의 왕이 됐어. 그들은 쇼군이 만류하는 데도 저희들끼리 영토를 놓고 싸우기 시작했어.

14세기로 접어든 후 이런 혼란은 더욱 심해졌어. 쇼군은 골머리를 앓았겠지만 이런 상황을 즐기며 기지개를 펴는 사람도 있었어. 바로 일본 천황덴노이야. 그전까지 천황은 쇼군에게 억눌려 살아왔지? 그런데 바쿠후가 흔들리고 있었어. 바쿠후를 타도하기에 이처럼 좋은 기회가 또 있겠니? 때마침 야심만만한 천황이 등장했어. 1318년 96대 천황이 된 고다이고가 바로 그 인물이야.

고다이고는 우선 '물러난 천황', 즉 상황上皇이 천황 행세를 하지 못하도록 제도를 고쳤어. 그다음에는 바쿠후를 타도하기 위한 작전을 짜기 시작했지. 그러나 1331년 거사하기도 전에 발각됐어. 생명에 위협을 느낀 고다이고 천황은 교토京都 성을 떠나 산에 숨었지만 곧 쇼군의 군대에게 체포됐지. 쇼군은 고다이고를 섬에 가두고, 새로이

고다이고 천황 가마쿠라 바쿠후가 혼란한 틈에 천황의 시대를 다시 열려고 여러 차례 시도했지만 실패했다.

고곤 천황을 앉혔어. 쿠데타나 다름없지?

나라가 혼란스러워지자 사무라이들도 천황파와 쇼군파로 나뉘어 내란을 벌였어. 쇼군^{모리쿠니 친왕}은 아시카가 다카우지에게 반란을 진압하라고 명령했지. 이 명령이 가마쿠라 바쿠후의 가장 큰 실수였어. 아시카가 다카우지는 천하를 차지하겠다는 야망을 품고 있던 인물이었거든. 그런 사람에게 군대를 지휘할 권리를 줬으니…. 아닌 게 아니라 아시카가 다카우지는 곧 쇼군을 배신했어. 그는 섬에 갇힌 고다이고 천황과 연합 전선을 폈

아시카가 다카우지 고다이고 천황과 연합하여 가마쿠라 바쿠후를 타도한 후 독자적으로 무로마치 바쿠후를 열었다.

어. 그의 군대는 쇼군을 공격했고, 1333년에는 마침내 가마쿠라 바쿠후를 무너뜨렸단다. 고다이고 천황은 수도 교토로 당당히 입성했어.

고다이고 천황은 자신의 시대가 열렸다고 생각했을 거야. 그는 바쿠후 제도를 없애고 다시 천황 체제를 구축하려고 했지. 1334년 천황은 겐무^{建武}라는 연호를 쓰며 율령 정치를 시작했어. 아주 짧은 시간, 바쿠후가 사라졌지. 이 정권을 '겐무 정권'이라고 부른단다.

그러나 아시카가 다카우지는 겐무 정권에 협조하지 않았어. 어렵게 얻은 권력을 천황에게 돌려주고 싶은 마음이 전혀 없었거든. 그런데도 군대를 움직이지 않은 것은 아직 천황을 몰아낼 명분을 찾지 못했기 때문이야. 마침 가마쿠라 바쿠후의 남은 세력들이 1335년에 반란을 일으켰어. 옳거니! 아시카가 다카우지는 고다이고 천황에게 자신을 쇼군에 임명할 것과 반란을 진압할 권한을 요구했어. 고다이고 천황은 이 요구를 받아들여주지 않았어. 아시카가 다카우지는 고다이고 천황

의 허락도 받지 않고 즉각 군대를 일으켜 가마쿠라를 점령했지. 화가 난 천황은 아시카가 다카우지를 제거하라는 명령을 내렸어.

아시카가 다카우지는 코웃음을 쳤을 거야. 원하는 대로 상황이 돌아가고 있잖아? 그는 기다렸다는 듯이 교토로 군대를 진격시켰어. 결과는 예상한 대로야. 천황의 군대가 패했고, 1336년 아시카가 다카우지는 고묘 천황을 옹립했단다. 고다이고 천황은 다시 유배 길에 올랐어. 이제 모든 권력은 아시카가 다카우지의 손에 들어갔어. 역사학자들은 그가 천황을 쫓아내고 권력을 장악한 이 시점을 무로마치 바쿠후의 시작으로 규정한다.

고다이고 천황은 1336년 12월, 여자로 변장해 유배지를 탈출했어. 정말 끈질긴 인물이지? 그는 나라奈良 현에 있는 요시노 산에 들어가 자신의 조정을 세웠어. 이로써 교토 북쪽에는 무로마치 바쿠후가, 남쪽에는 천황 정부가 들어서게 됐지. 이 시기를 일본에서는 남북조 시대라고 불러.

1338년 아시카가 다카우지가 고묘 천황으로부터 쇼군에 임명되는 절차를 밟았어. 합법적으로 1인자가 된 거지. 그는 교토의 무로마치 지역에 바쿠후를 설치한 뒤 즉각 남조 정벌에 나섰어. 고다이고의 군대가 막강한 쇼군의 군대를 이길 수는 없겠지? 모든 전투에서 남조가 패했고, 이제 자신을 도울 사람이 없다는 사실을 깨달은 고다이고는 시름시름 앓다가 세상을 떠났단다. 그로부터 60여 년이 지난 1392년 남조는 북조에 항복했어. 남북조 시대가 끝난 거지.

무로마치 바쿠후의 번영과 센고쿠 시대의 개막

남조를 멸망시킨 주역은 아시카가 다카우지의 손자로 1368년 3대 쇼군이 된 아시카가 요시미쓰야. 그는 일본 중세의 황금기를 연 인물로 평가되고 있단다. 물론 아주 짧은 시간에 불과했지만 말이야.

무로마치 바쿠후는 지방에 슈고다이묘守護大名를 파견했어. 가마쿠라 바쿠후는 슈고를 파견했지? 슈고는 지방 영주나 국가의 땅을 관리하는 총 책임자야. 그러나 슈고다이묘는 이 직책을 맡으면서도, 동시에 자신의 땅까지 받았단다. 쉽게 말하면 슈고다이묘는 국가의 땅을 관리해주는 슈고의 역할을 하면서, 스스로 영주가 돼 자신의 영지에서 사무라이들을 거느리는 '작은 쇼군'인 거야.

생각해봐. 지방에 파견 보내면서 아무런 땅도 주지 않는 바쿠후와, 영지를 나눠 주며 '작은 쇼군'이 되게 한 바쿠후 가운데 어디에 충성하겠니? 무로마치 바쿠후가 노린 점도 바로 이거야. 실제로 슈고다이묘들은 쇼군에게 충성했어. 어때? 땅을 매개로 하는 중세 봉건제도가 완벽하게 살아났지?

그러나 이 충성은 오래가지 않아. 슈고다이묘들은 점차 권력이 강해지자 쇼군을 무시하고 서로 영토전쟁을 벌였단다. 슈고의 권력이 강해지면서 힘을 잃었던 가마쿠라 바쿠후가 생각나지 않니? 똑같은 역사가 반복되었어. 무로마치 바쿠후도 기울고 있는 거지.

무로마치 바쿠후를 되살리려고 노력한 쇼군도 있었어. 1428년 6대 쇼군에 오른 아시카가 요시노리가 그 쇼군이야. 그는 슈고다이묘의 세력을 약화시키는 데 힘을 쏟았어. 때로는 직접 군대를 일으켜 저항하는 슈고다이묘를 제거하기도 했지. 그러나

긴카쿠지 1397년 아시카가 요시미쓰가 세운 별장이지만 그의 유언에 따라 로쿠온사라는 선종 사찰로 바뀌었다. 1950년 방화로 소실되었다가 재건되었다.

무로마치 8대 쇼군 아시카가 요시마사는 후계자 문제를 놓고 동생과 아들 사이에 오락가락해 오닌의 난을 유발시켰다.

그는 1441년 한 연회 자리에서 슈고다이묘에게 암살됐어. 슈고다이묘들이 가장 높은 상관인 쇼군을 암살하는 사건이 터진 거야. 이쯤 되면 쇼군의 권위는 땅에 떨어졌다고 봐야겠지?

티무르 제국이 멸망 직전에 놓였고, 명 왕조가 오이라트의 침략에 시달리고 있을 무렵이었어. 이런 상황에서 무로마치 바쿠후는 쇼군 후계 문제로 시끌시끌했어. 1464년, 아들이 없던 제8대 쇼군 아시카가 요시마사는 동생 아시카가 요시미를 후계자로 지정했어. 그런데 이듬해 아시카가

요시마사의 아들^{아시카가 요시히사}이 태어났단다. 동생보다는 아들이 중요하겠지? 쇼군은 이전의 발표를 뒤집었어. 아들에게 쇼군 자리를 물려주겠다는 거지.

아시카가 요시미는 힘 있는 슈고다이묘인 호소카와 가쓰모토를 찾아가 억울함을 호소했어. 그러자 쇼군의 부인도 다른 슈고다이묘인 야마나 모치토요에게 보호를 요청했지. 이 사건을 계기로 슈고다이묘들은 두 파벌로 나뉘어 대립하기 시작했어. 1467년 1월 전국의 슈고다이묘들이 교토 한복판에 집결했어. 이윽고 대대적인 전쟁에 돌입했어. 이 전쟁이 무려 11년을 끈 '오닌^{応仁}의 난'이란다.

슈고다이묘들은 동군^{호소카와 세력}과 서군^{야마나 세력}으로 나뉘어 자주 전투를 벌였어. 그러나 모든 슈고다이묘들이 이 전쟁을 좋아했던 건 아니야. 어느 편에든 끼지 않으면 나중에 불이익이 생길지 모르니 울며 겨자 먹기로 전쟁에 뛰어든 슈고다이묘들도 꽤 있었단다. 게다가 승패도 나지 않고 10년 넘게 끈 전쟁이니 얼마나 지겨웠겠어? 그러나 군대를 쉽게 물릴 수도 없었어. 그랬다가는 전쟁에서 패배한

꼴이 되잖아? 양쪽의 우두머리가 죽은 후에도 전투는 계속됐어. 그러다가 점점 전투가 줄었고, 흐지부지 양쪽이 전쟁을 끝내기로 합의했단다.

오닌의 난은 끝났어. 그러나 본격적인 전쟁은 지금부터 시작이란다. 일본판 전국 시대인 센고쿠 시대가 시작된 거야. 시기에 대해서는 여러 학설이 있지만 여기서는 오닌의 난이 터지면서 시작됐고, 토요토미 히데요시가 전국을 통일하면서 끝났다는 학설을 따르도록 할게.

무로마치 바쿠후는 사실상 오닌의 난과 함께 몰락했어. 교토가 폐허가 됐으니 바쿠후도 추락한 셈이지. 아무도 쇼군을 1인자로 받아들이지 않았어. 아시카가 요시마사에 이어 9대 쇼군이 된 아시카가 요시히사는 그나마 전쟁 도중에 명예롭게 죽었어. 이후 쇼군은 대부분 추방됐고, 13대 쇼군^{아시카가 요시테루}은 대낮에 습격을

무로마치 바쿠후의 사무라이 쇼군이나 슈고다이묘의 명을 따르던 무로마치 바쿠후의 사무라이들은 센고쿠 시대에는 하극상을 일으켜 스스로 세력을 키우기도 했다.

받아 목숨을 잃었단다. 무로마치 바쿠후는 마지막으로 15대 쇼군 아시카가 요시아키가 추방되면서 멸망했지.

흥미로운 점은, 쇼군이 몰락하자 슈고다이묘들도 몰락했다는 거야. 그들은 자신을 임명한 쇼군을 덥석 물었지? 슈고다이묘의 밑에 있는 사무라이들도 그 광경을 똑똑히 목격했어. 사무라이들도 자신의 상관인 슈고다이묘를 덥석 물었단다. 아랫사람이 잇달아 윗사람을 물어버리는 이런 현상을 하극상下剋上이라고 해. 오늘날에도 많이 쓰는 이 용어가 여기에서 비롯된 거야.

하극상을 일으켜 세력을 키운 사무라이들도 영주가 됐어. 이들을 센고쿠다이묘戰國大名라고 불렀어. 슈고다이묘와 비슷하지만, 군사력을 앞세워 스스로 다이묘가 됐다는 점이 달라. 센고쿠 시대 말기에 등장한 센고쿠다이묘 가운데 이름난 사무라이가 세 명이 있어. 이제 그들 세 사무라이에 대한 이야기를 시작할 거야.

오다 노부나가, 교토를 앞에 두고 눈감다

오다 노부나가, 도요토미 히데요시, 도쿠가와 이에야스. 이 세 명의 사무라이 이야기는 수백 년이 지난 지금까지도 일본은 물론 전 세계에서 회자되고 있어. 그 때문에 이들의 이야기는 자세하게 살펴보도록 할게.

오다 노부나가는 1534년 나고야 지방에서 태어났어. 그는 명문가 출신이 아니지만 군인으로서의 능력만큼은 타고 났어. 혼란을 틈타 세력을 키웠고, 교토 동남쪽의 오와리라는 작은 지방의 센고쿠다이묘가 됐어. 오와리는 오늘날의 아이치현이란다.

1560년대로 접어들 무렵, 그는 교토를 공격하고도 남을 만큼 성장했어. 그러나 교토를 공격하는 사이에 다른 다이묘들이 자신의 영토를 침략할까봐 쉽게 군대를 움직이지 못하고 있었어. 마침 동쪽 지방에는 도쿠가와 이에야스라는 센고쿠다이묘가 있었어. 도쿠가와 이에야스와 오다 노부나가는 어린 시절을 같이 보낸 죽마고우였어. 훗날 에도江戸 바쿠후를 연 도쿠가와 이에야스도 이때는 크게 주목받는 인물이 아니었단다. 오다 노부나가는 1562년 그와 동맹을 맺었어.

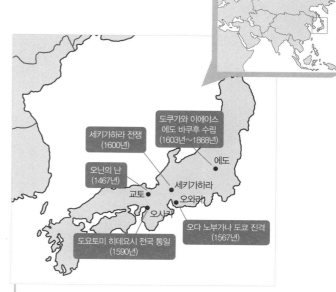

센고쿠 시대 교토에서 1467년 오닌의 난이 일어나면서 무로마치 바쿠후는 무너지고, 센고쿠 시대가 시작되어 오다 노부나가, 도요토미 히데요시, 도쿠가와 이에야스가 차례로 세를 잡았다.

만반의 준비를 끝낸 오다 노부나가가 1567년 교토로 진격했어. 오다 노부나가는 최고의 경쟁자인 사이토 도산과 격돌했지. 치열한 전투를 벌인 끝에 오다 노부나가가 미노기후 현에 있는 사이토 도산의 성을 함락시켰어. 이제 오다 노부나가를 막을 사람은 아무도 없었단다. 그러니 천황과 쇼군도 그를 1인자로 인정할 수밖에 없었어. 천황은 이 전투가 치러지고 얼마되지 않아 오다 노부나가에게 사자를 보내 "잃어버린 황실의 땅을 찾아 달라"고 부탁했어. 이듬해에는 당시 쇼군의 동생인 아시카가 요시아키가 보호를 요청하기도 했지.

이쯤 되면 교토 정복을 미룰 이유가 없겠지? 오스만 제국의 술레이만 대제가 세상을 떠나고 2년이 지났어. 사파비 왕조의 아바스 대제가 황제에 오르기 3년 전이었지. 이 무렵 중국에서는 일조편법을 비롯한 장거정의 개혁이 계속되고 있었어.

오다 노부나가가 함락한 기후 성 1567년 오다 노부나가가 오늘날 기후 현인 미노의 사이토 도산과 전투를 치러 함락시킨 성이다. 기후 성 함락으로 오다 노부나가는 교토 진출의 교두보를 확보했다.

1568년, 오다 노부나가는 교토를 정복하고, 자신이 보호하고 있던 아시카가 요시아키를 쇼군에 앉혔어. 이 쇼군이 무로마치 바쿠후의 마지막 쇼군이란다.

모든 권력을 장악했지만 오다 노부나가는 당장 허수아비 쇼군을 몰아내지는 않았어. 아직도 많은 센고쿠다이묘들이 천하통일을 노리고 있기 때문이었지. 섣불리 쇼군에 올랐다가 큰코다칠 수도 있잖아? 오다 노부나가는 쇼군을 방패삼아 센고쿠다이묘들을 하나씩 제거했어. 또다시 많은 전투가 벌어졌지.

1572년, 당시 최고의 센고쿠다이묘 중 한 명인 다케다 신겐과 전투가 벌어졌어. 오다 노부나가로부터 벗어나려는 아시카가 요시아키 쇼군도 다케다 신겐의 편에 섰지. 전쟁은 1년 이상을 끌었어. 그러다가 1573년 7월 오다 노부나가가 마침내 승리했어. 오다 노부나가는 자신을 배신한 쇼군을 추방해버렸어. 이로써 무로마치 바쿠후는 문을 닫게 돼.

대세가 오다 노부나가에 기울었다는 사실을 깨달은 센고쿠다이묘들이 항복하기 시작했어. 그러나 주코쿠^{혼슈} 지방의 모리 가문 만큼은 저항을 계속하고 있었어. 오다 노부나가는 심복인 도요토미 히데요시에게 그들을 정복하라는 명령을 내렸어. 도요토미 히데요시는 곧바로 모리 가문과의 전투에 돌입했지만 그들은 의외로 강했어. 어쩔 수 없이 오다 노부나가에게 지원군을 요청했지.

오다 노부나가는 또 다른 심복인 아케치 미쓰히데에게 도요토미 히데요시를 도

혼노지에서 습격당하는 오다 노부나가 일본 전국을 통일하기 직전, 오다 노부나가는 도요토미 히데요시를 지원하기 위해 주코쿠로 가던 중 자신의 부하로부터 습격을 받은 후 스스로 목숨을 끊었다.

울 것을 지시했어. 자신도 전투 현장을 방문하기 위해 주코쿠로 향했지. 그러던 중 혼노지 本能寺라는 절에서 하루를 묵게 됐어. 이때가 1582년 6월 2일이었단다. 바로 이날 새벽 아케치 마쓰히데가 1만여 명의 병사를 이끌고 혼노지를 기습 공격했어. 그래, 반란이 일어난 거야. 오다 노부나가는 하늘을 원망하며 자결했단다.

도요토미 히데요시, 타고난 지략가의 야심

도요토미 히데요시는 미천한 신분이었지만 주군인 오다 노부나가에게 충성을 다해 측근이 될 수 있었어. 추운 겨울날이었지. 도요토미 히데요시는 오다 노부나가의 신발을 가슴에 품었다가 오다 노부나가가 밖으로 나오자 꺼내줬어. 주군의 발이 시리지 않도록 하려는 배려였지. 오다 노부나가가 감동했겠지?

혼노지 사건이 발생하자 도요토미 히데요시는 우선 아케치 마쓰히데를 공격해

주군의 원수를 갚았어. 이윽고 교토로 진격했고, 순식간에 그곳을 완전 장악했단다. 이제 도요토미 히데요시의 세상이 열린 거야.

도요토미 히데요시는 교토에서 멀지 않은 오사카에 둥지를 틀었어. 누구도 넘볼 수 없는 거대한 오사카 성을 만들기 시작했지. 도요토미 히데요시는 전국에 있는 다이묘들에게 공사에 참여할 인부들을 보내라고 명령했어. 이미 쇼군이나 다름없는 그의 명령을 거절할 수 있겠니? 1583년 9월 공사가 시작됐어. 무려 3만 명이나 동원됐지. 그의 권력을 짐작할 수 있겠지?

도요토미 히데요시는 저항하는 다이묘들을 하나씩 제거하는 동시에 제도 개선 작업에 착수했어. 우선 어느 다이묘가 어느 만큼의 땅을 가지고 있는지 알기 위해 전국의 토지를 일제히 조사했지. 이 정보가 있어야 세금을 제대로 거둘 수 있잖아?

5년 후인 1588년, 도요토미 히데요시는 농민들로부터 모든 무기를 몰수했어. 농민들은 농사만 짓고, 전쟁에는 일절 관여하지 말라는 뜻이었지. 싸움은 사무라이들만 하라는 거야. 이렇게 해 놓으면 농민들은 다이묘 밑에 있는 사무라이들이 관리하고, 쇼군은 사무라이와 다이묘만 관리하면 되거든.

이 정책이 시행되자 일본 경제가 크게 발달하기 시작했어. 농민들이 농사에만 몰두하니 농업 기술이 발달했지. 당연히 농업 생산량이 늘어났겠지? 생활이 풍족해지자 물건을 사고파는 상인이 늘기 시작했어. 상업이 발달하자 큰돈을 번 거상들도 생겨났지. 일본은 이때부터 중국 못지않은 상공업 대국으로 성장했어. 오늘날 경제 대국 일본이 16세기 후반

도요토미 히데요시 오다 노부나가의 부하로, 일본 전국을 통일해 센고쿠 시대를 끝냈다. 임진왜란을 일으킨 장본인이다.

부터 시작됐다고 봐도 무방해.

　1590년, 마침내 전국의 모든 다이묘들이 도요토미 히데요시에게 항복했어. 그가 결국 전국 통일의 위업을 이뤄낸 거야! 센고쿠 시대도 더불어 끝이 났지. 이제 일본이 평화를 되찾을까? 아니야. 더 어수선했단다. 왜 그런지 아니?

　첫째, 오랜 내전을 거치면서 몰락한 다이묘와 사무라이들이 많았어. 더불어 농민들도 많이 몰락했어. 그들은 모두 불만 세력이 돼 도요토미 히데요시 정권에 큰 위협이 됐지. 둘째, 난국을 돌파하기 위해 해외무역을 시도했지만 그마저도 어려웠어. 동아시아의 대국 명 왕조는 조공 무역밖에 허용하지 않았어. 일본의 무역상들이 해외에서 자유무역을 하려면 명 왕조부터 꺾어야 할 판이었지.

　도요토미 히데요시는 이 문제들을 해결하기 위한 방법으로 전쟁을 떠올렸어. 중국 땅을 정복하면 다이묘와 사무라이들에게 땅을 줄 수 있겠지? 무역상들도 맘껏

난공불락 요새 1583년 도요토미 히데요시가 심혈을 기울여 지은 오사카 성으로 난공불락의 요새로 불렸다.

자유무역을 할 수 있잖아? 도요토미 히데요시는 빙그레 미소를 지었어. 계획대로 된다면 자신은 아시아, 나아가 세계의 제왕이 되는 거야!

1592년 도요토미 히데요시는 조선을 침략했어. 명 왕조로 가는 길을 내달라는 게 전쟁의 구실이었지. 이렇게 해서 터진 전쟁이 임진왜란이란다. 도요토미 히데요시는 바로 이 전쟁 때문에 모든 것을 잃었어. 생각했던 것처럼 조선 땅을 삼키기가 쉽지 않았던 거지. 패색이 짙어가는 데 상심한 도요토미 히데요시가 1598년 세상을 떠나자 임진왜란도 끝났단다.

도쿠가와 이에야스, 에도 바쿠후를 세우다

오다 노부나가는 통일을 목전에 두고 목숨을 잃었어. 도요토미 히데요시는 통일을 완수하고 쇼군의 반열에 오르긴 했지만 후계자에게 권력을 넘겨주지 못하고 죽음을 맞았지. 물론 후계자가 없었던 건 아니야. 도요토미 히

도요토미 히데요리 도요토미 히데요시의 아들로 쇼군에 올랐으나 도쿠가와 이에야스와의 세력 다툼 끝에 패배하여 목숨을 끊었다.

데요시는 애지중지하는 아들 도요토미 히데요리가 뒤를 잇기를 바랐단다. 그는 원로 다섯 명에게 아들을 돌봐달라는 유언을 남겼어. 이 원로 가운데 한 명이 바로 도쿠가와 이에야스였지.

따지고 보면 도쿠가와 이에야스만큼 오랜 시간을 꾹 참은 인물도 없어. 오다 노부나가가 한창 세력을 키울 때는 그와 동맹을 맺어 사실상 부하가 됐지. 오다 노부나가가 죽은 후엔 전면에 나설 법도 했는데, 그때도 묵묵히 있을 뿐 도요토미 히데요시에 도전하지 않았어.

만약 이 모든 게 전략이었다면? 오늘날 많은 사람들이 도쿠가와 이에야스를 눈여겨보는 것도 그의 이 끈질김 때문이란다. 도요토미 히데요시가 전국을 통일한 1590년, 도쿠가와 이에야스는 지금의 도쿄東京인 에도에 근거지를 마련했어. 워낙 조용히 살아온 터라 아무도 그가 성장하고 있다는 것을 눈치채지 못했지.

도쿠가와 이에야스 오랜 기다림 끝에 마침내 전국을 장악하고 에도 바쿠후를 연 후 초대 쇼군에 올랐다.

그러던 중 도요토미 히데요시가 죽은 거야. 이제 때가 왔어! 오다 노부나가나 도요토미 히데요시 같은 껄끄러운 상대도 더 이상 존재하지 않았어. 마침내 도쿠가와 이에야스가 움직이기 시작했어. 다이묘들을 하나씩 포섭했고, 저항하는 다이묘들은 제거했지. 그의 권력은 어린 쇼군 도요토미 히데요리를 넘어서기 시작했지.

도요토미 가문과 친한 다이묘들은 도쿠가와 이에야스를 의심하기 시작했어. 그들은 도쿠가와 이에야스가 겉으로는 웃으면서 속으로는 권력을 빼앗기 위한 음모를 꾸미고 있다는 사실을 알고 있었지. 그들은 도쿠가와 이에야스를 제거하기로 했어. 도쿠가와 이에야스가 가만히 있지 않았겠지? 그의 주변에도 다이묘들이 모이기 시작했단다.

1600년, 두 파벌은 결국 대대적인 전쟁에 돌입했어. 도쿠가와 이에야스를 지지하는 군대는 동군, 도요토미 가문을 지지하는 군대는 서군이 되어 세키가하라에서 전면 충돌했어. 이 지역은 오늘날의 기후岐阜 현이란다.

이 전투는 도쿠가와 이에야스 파벌의 승리로 끝났어. 그다음은 어떻게 될지 뻔하지? 도쿠가와 이에야스는 도요토미 가문을 지지하는 다이묘들을 모두 제거했어. 1603년에는 자신의 본거지인 에도에 바쿠후를 세웠고, 쇼군에 올랐지. 이 바쿠후가 바로 에도 바쿠후란. 도요토미 히데요시가 제대로 된 바쿠후를 세워보지 못하고 죽었으니 가마쿠라 바쿠후, 무로마치 바쿠후에 이은 세 번째 바쿠후인 셈이지. 또한 일본 최후의 바쿠후이기도 해. 그 후에는 메이지 유신明治維新이 단행되면서 왕정으로 복귀한단다.

에도 바쿠후를 건설했지만 도쿠가와 이에야스는 찜찜한 기분을 떨칠 수 없었어. 아직까지도 도요토미 히데요리가 오사카 성에 살아 있기 때문이야. 그를 살려두면 도요토미 파벌이 언젠가는 반란을 일으킬 수도 있잖아?

1614년, 도쿠가와 이에야스는 오사카 성을 공격했어. 이 성은 도요토미 히데요시가 심혈을 기울여 만든 성이었지? 그만큼 무너뜨리기도 어려웠어. 도쿠가와 이에야스의 군대는 1615년이 됐는데도 오사카 성을 함락시키지 못했단다. 그러나

세키가하라 전투가 그려진 에도 시대의 병풍 1600년에 일본 전국의 다이묘가 두 세력으로 나뉘어 싸운 세키가하라 전투를 그렸다. 이 전투에서 승리한 도쿠가와 이에야스는 새롭게 에도 바쿠후를 세웠다.

결국에는 도쿠가와 이에야스의 뜻대로 됐어. 오사카 성은 함락됐고, 도요토미 히데요리도 자결을 했단다. 이제 오롯이 도쿠가와 이에야스의 세상이 된 거야.

통박사의 역사 읽기

🔍 세 사무라이의 새를 울게 하는 해법

센고쿠 시대의 세 다이묘들의 성격을 말해주는 유명한 이야기가 있어. 울지 않는 새를 울게 하는 방법은? 이 물음에 대한 세 사람의 해법은 모두 다르단다.

오다 노부나가는 능력 없는 장수와 충성하지 않는 부하는 필요 없다고 생각하는 인물이야. 울지 않는 새도 가치가 없지. 따라서 새가 울지 않으면 목을 비틀어 죽여버리지. 도요토미 히데요시는 전략과 전술의 귀재야. 자신의 목표는 어떻게든 달성하는 인물이지. 만약 꼭 새가 울어야 한다면 달래든 협박하든, 반드시 새를 울도록 하지. 도쿠가와 이에야스는 기다림에 익숙한 인물이야. 새가 억지로 울도록 강요하지 않아. 그는 "새가 울 때까지 기다리겠다"라고 대답하지. 새 한 마리로 사람의 성격을 알 수 있다는 거, 흥미롭지 않니?

중국의 원 왕조는 멸망하기 직전까지 고려를 지배했어. 100여 년간 지배를 받는 동안 고려의 왕들은 모두 원 황실의 공주를 아내로 맞아야 했고, 이름 앞에는 충忠 자를 써야 했지. 원 왕조에 충성한다는 의미였어.

14세기로 접어들어 원 왕조는 몰락하기 시작했어. 그 틈을 타 홍건적이 기세를 올렸고, 한반도 주변에서는 왜구까지 기승을 부렸지. 고려는 아주 혼란스러웠어. 31대 임금 공민왕이 개혁에 나섰어. 그는 승려 신돈辛旽에게 개혁을 할 수 있는 모든 권한을 넘겨줬어.

신돈은 우선 부패한 관료부터 몰아냈어. 그 자리에는 성리학을 공부하고, 과거 제도를 통해 관료가 된 신진사대부들을 앉혔지. 신돈은 또 전민변정도감을 설치해 친원파 귀족들의 땅과 노비를 몰수했어. 비밀경찰 노릇을 하던 정방도 폐지했지. 그러나 그의 개혁은 성공하지 못했어. 친원파의 방해로 오히려 공민왕과 신돈이 목숨을 잃고 말았지.

태조 이성계 고려 말의 장군으로 위화도 회군 직후 권력을 장악해 조선을 세웠다.

이 와중에 명 왕조가 중국을 차지했어. 명 왕조는 철령 이북의 땅을 내놓을 것을 요구했어. 최영을 중심으로 한 강경파는 싸우자고 했고, 이성계를 중심으로 한 친명파는 화친할 것을 주장했어. 당시 우왕은 강경파의 손을 들어줬어. 이성계가 랴오둥遼東 정벌 군대를 이끌었지.

오스만 제국이 유럽 진출의 발판을 만들었던 제1차 코소보 전투가 터지기 1년 전이었어. 1388년, 이성계는 위화도에서 군대를 돌려 고려의 수도 개경을 공격했어. 그래, 반란을 일으킨 거야. 이성계는 곧 우왕을 추방하고 모든 권력을 장악했어. 4년 후인 1392년, 이성계는 마침내 고려의 마지막 임금 공양왕을 몰아내고 직접 왕에 올랐어. 이렇게 해서 조선이 탄생했단다. 이성계는 조선의 초대 임금 태조가 됐어.

오스만 제국과 무굴 제국이 한판 승부를 벌인 앙카라 전투는 1402년에 터졌어. 명 왕조의 남해 사령관 정화가 긴 해상 원정에 나선 것은 1405년의 일이지. 비슷한 시기였어. 1400년, 조선에서는 태종이 3대 임금에 올랐단다. 그는 조선의 기틀을 굳건하게 만든 주역이지.

태종은 형제를 모두 죽이고 왕이 될 만큼 권력에 욕심이 강했어. 그러나 왕이 된 후에는 똑 부러지는 정치를 했단다. 이조, 호조, 예조, 병조, 형조, 공조 등 6조를 왕의 직속 기구로 두는 등 강력한 중앙집권제를 구축했지. 모든 성인은 오늘날의 주민등록증과 비슷한 호패를 차고 다니도록 했어. 조선은 차츰 안정을 되찾았어.

세종대왕 조선의 태평성대를 연 왕으로 해시계, 물시계, 측우기 등을 만들고 한글을 창제했다.

1418년, 조선 최고의 왕이 탄생했어. 바로 세종대왕이야. 세종대왕의 업적은 일일이 열거할 수 없을 정도로 많아. 1434년 자격루^{물시계}와 앙부일구^{해시계}를 만들었고, 1441년에는 세계 최초로 측우기^{강우량 측정기}를 만들었어. 1446년에는 우리말인 훈민정음을 반포했지.

태평성대의 시절은 세종대왕이 세상을

떠나면서 잠시 중단됐어. 조선은 혼란스러워졌어. 그의 뒤를 이은 문종이 2년 3개월 만에 병으로 죽었고, 단종이 12세의 나이로 왕에 올랐지.

오스만 제국이 동로마 제국을 역사 속으로 사라지게 했던 1453년, 단종의 삼촌인 수양대군이 계유정난癸酉靖難을 일으켰어. 수양대군은 곧 권력을 장악했고, 단종을 유배 보냈어. 2년 후 성삼문, 박팽년, 하위지 등 신하들이 단종을 복위시키려고 하자 수양대군은 단종을 죽여버렸어. 그러고는 스스로 왕에 올랐지. 이 왕이 7대 임금인 세조야.

일본에서 센고쿠 시대가 시작되고 1년이 지난 1468년, 세조는 세상을 떠났어. 강력한 왕이 사라지자 파벌 다툼이 시작됐어. 사실 이 파벌 다툼의 씨앗은 세조가 뿌렸단다.

세조는 계유정난 때 공을 세운 대신들을 등용했는데, 그들이 훈구파야. 반면 지방으로 내려가 버린 대신들은 사림파라고 불렸지. 훈구파가 당연히 권력을 잡았겠지? 9대 임금 성종은 무소불위의 권력을 휘두르는 훈구파를 견제하기 위해 지방의 사림파를 조정으로 불러들였어. 그때부터 파벌 다툼이 본격화했는데, 그다음 왕인 연산군 때 마침내 일이 터지고 말았단다.

1498년, 역사 기록을 위해 쓰는 사초史草에 세조가 왕의 자리를 강제로 빼앗았다는 〈조의제문弔義帝文〉이 실렸어. 훈구파는 사림파의 음모라고 비판했어. 화가 난 연산군은 사림파를 대량 학살했어. 학자와 신하들이 사건에 연루돼 화를 입는 것을 사화士禍라고 불러. 이 사건이 바로 첫 번째 사화인 무오사화란다.

이란에서 사파비 왕조가 건설되고 2년이 흐른 1504년이었지. 연산군은 친어머니인 윤씨의 죽음에 음모가 개입됐다는 사실을 알게 됐어. 격노한 연산군은 당시 사건에 관련된 모든 사람들을 죽였어. 이 사건이 갑자사화야.

티무르 제국이 역사 속으로 사라지기 2년 전인 1506년, 대신들은 폭군 연산군을 쫓아내고 성종의 둘째 아들 진성대군을 11대 임금에 앉혔어. 이 임금이 중종이야. 이 중종반정中宗反正 이후에도 사화는 끝나지 않았어.

중종은 흐트러진 정치를 안정시키라며 조광조에게 개혁을 지시했어. 그런데 문제가 생겼어. 조광조의 권력이 너무 커져버린 거야. 권력이 사림파인 조광조에게 쏠리자 훈구파가 반발했어. 1519년 다시 피바람이 불었어. 이 사건이 기묘사화己卯士禍야. 바로 이듬해 오스만 제국에서는 술레이만 대제가 취임했고, 7년 후 인도에서는 무굴 제국이 탄생한단다. 서아시아와 남아시아가 세력을 뻗어나가고 있을 때 우리는 사화로 암울한 시기를 보내고 있었던 거야.

1545년 네 번째 사화가 발생했어. 이 을사사화乙巳士禍는 훈구파와 사림파의 갈등 때문에 생긴 것은 아니었어. 13대 임금 명종이 나이가 어려 섭정을 하던 어머니 문정왕후와 외척이 반대파를 모두 제거한 사건이었지. 많은 신하가 죽었기에 사화로 분류하는 거야.

네 번의 사화 끝에 사림파가 권력을 장악했어. 이제 조정이 조용해질까? 아니야. 이번에는 사림파가 동인과 서인 파벌로 나눠 싸웠단다. 이 파벌 싸움은 당쟁이라고 불렀어. 동인은 학문의 근본에, 서인은 현실 정치에 관심이 많았어. 오늘날의 정치에 비유하자면 동인은 재야인사들, 서인은 현실정치인들이라고 할 수 있을 거야. 동인은 주리파, 서인은 주기파라고도 불렀어. 동인의 대부는 퇴계 이황이었고, 서인의 대부는 율곡 이이였지.

논쟁을 통해 정치 발전을 도모했다는 점에서 당쟁을 긍정적으로 보는 학자들도 많아. 그렇지만 당시 왜구는 한반도 해안에서 해적질을 하고 있었고, 나라는 아주 어수선했어. 그런데도 조정은 당쟁에 빠져 있었으니 긍정적으로만은 볼 수 없을

부산진순절도 1592년 4월 13일과 14일 이틀 동안 부산진에서 벌어진 왜군과의 전투 장면을 묘사한 그림 이다. 왜병과 왜선이 부산진 성곽 주변을 빈틈없이 에워 싸고 있다.

거야.

1590년 도요토미 히데요시가 일본을 통일했어. 2년 후, 그는 명 왕조를 치겠다며 한반도를 공격했지. 조선 군대는 한 달을 버티지 못하고 수도 한양을 내줬어. 오랜 당쟁으로 무기력해진 조선의 현주소가 그대로 보이지? 한반도 전체가 정복당할 위기에 놓였어. 다행히 곽재우나 서산대사와 같은 의병 부대가 일본 군대에 맞서 선전을 펼쳤지.

이윽고 조선과 명의 연합군이 반격을 개시했어. 권율 장군은 행주산성에서, 이순신 장군은 바닷가에서 일본 군대를 잇달아 대파했어. 임진

왜란을 끝내기 위해 일본과 명 왕조가 휴전 협상에 돌입했어. 협상은 곧 깨졌고, 1597년 2차 전쟁이 일어났지. 이 전쟁이 정유재란이야. 이번에는 조선 군대가 기민하게 대처했어. 일본 군대는 철수할 수밖에 없었어. 1598년 마침내 모든 전쟁이 끝났어. 7년여 이어진 이 전쟁에서 일본의 패배를 이끌어낸 것은 의병으로 일어선 민중들의 활약이었어. 한편 도요토미 히데요시는 패배의 충격 때문인지 곧 죽음을 맞았어. 도요토미 히데요시의 묘는 화려하게 조성되었지만, 세키가하라 전투 이후 무덤은 소실됐어. 패전 후 일본이 조선과의 외교관계를 회복하기 위한

한산도대첩 1592년 7월 8일 이순신 장군이 한산도 앞바다에서 왜군을 물리친 전투의 모습을 묘사한 그림이다. 한산도대첩의 승리로 조선에 불리하였던 전세를 단숨에 뒤집을 수 있었다.

조치였다고 해. 임진왜란을 일으킨 장본인의 무덤을 처단함으로서 임진왜란이 도요토미 히데요시의 강요에 의한 어쩔 수 없는 전쟁이었음을 조선에 보여야만 했기 때문이었어.

10장

영광의 시대에
그림자가 드리워지다

(1550년경 ~ 1800년경)

15세기에 유럽이 주도한 대항해의 영향은 머잖아 아시아 대륙까지 미쳤어. 아시아 국가들의 문이 하나씩 열리기 시작했고, 유럽 국가들은 좋은 먹잇감을 본 독사처럼 득달같이 달려들었지.

16세기 초반, 인도 대륙에 거대한제국이 탄생했어. 바로 무굴 제국이야. 이 제국 또한 몽골족의 후손이 만들었지. 오늘날까지 인도 하면 떠오르는 대표적인 문화유산인 타지마할이 바로 이 무굴 제국 때 만들어진 거란다.

무굴 제국이 승승장구할 때 서아시아의 강자 오스만 제국은 기울고 있었어. 동아시아에서는 명 왕조가 망하고 새로이 청淸 왕조가 들어섰지. 일본에서도 센고쿠 시대가 끝나고, 새로이 에도 바쿠후가 들어섰어. 한반도에서는 조선이 임진왜란의 피해를 복구하기 위해 안간힘을 쓰고 있었지.

우선 16세기 초반으로 거슬러 올라가 무굴 제국의 탄생 역사를 살펴보고, 이어 서아시아로 가서 오스만 제국과 사파비 왕조가 추락하는 역사를 보도록 할게.

무굴 제국의 인도, 문화가 꽃피다

　인도를 짓누르던 티무르 제국이 와해된 후 이란에 사파비 왕조가 들어섰어. 그로부터 24년이 흘렀지. 마침내 인도에도 강력한 제국이 탄생했단다. 칭기즈칸의 후손 바부르가 세운 무굴 제국이야. 이 무굴 제국은 인도 역사에서 마우리아 왕조, 굽타 왕조보다 더 강력했던 것으로 평가받고 있어. 영토 측면에서 보더라도 무굴 제국의 전성기 때는 일부 남쪽 지방을 뺀 인도 대륙 전역을 정복했단다.

　무굴 제국을 건설한 바부르의 직계 조상은 티무르 제국을 만든, 바로 그 티무르야. 그렇다면 바부르도 몽골족의 후손이란 점을 알 수 있겠지? 그래, 바부르는 오늘날 중앙아시아의 우즈베키스탄 지역에서 태어났어. 중앙아시아 출신의 바부르가 어떻게 인도까지 오게 됐는지 살펴볼까?

티무르의 후손 바부르와 무굴 제국의 탄생

　바부르 바베르는 티무르 부계와 칭기즈칸 모계의 후손이야. 15세기 후반 우즈베크 시르 강 주변의 작은 도시국가에서 태어났지. 바부르는 아주 야망이 큰 인물이었어. 그는 티무르가 건설했던 대제국을 다시 세우려는 꿈을 갖고 있었어. 항상 티무르 제국의 수도였던 사마르칸트를 그리워했지.

그리움이 단지 그리움으로만 끝나면 역사는 이뤄지지 않아. 바부르는 실행에 옮겼어. 힘을 키워 사마르칸트를 공격한 거야. 그러나 그의 뜻은 이뤄지지 않았단다. 이 무렵 사마르칸트는 우즈베크족이 차지하고 있었어. 우즈베크족은 무척 강했단다. 바부르는 오히려 우즈베크 전사들에 쫓겨 더 남쪽으로 피신해야 했어. 그가 도망쳤던 곳이 오늘날 아프가니스탄의 카불이야.

바부르는 1504년 카불을 점령해 근거지로 삼았어. 그러고는 또다시 힘을 키웠지. 마침 사마르칸트를 차지하고 있던 우즈베크 족장이 전투 도중 사망했다는 소식을 들었어. 이때가 기회다! 바부르는 다시 사마르칸트를 공격했어. 그러나 이번에도 사마르칸트 정복에 실패했어. 실망이 꽤 컸겠지? 바부르는 중앙아시아에 대한 미련을 훌훌 털어버리기로 했어. 정착할 새 영토를 찾기로 한 거야. 그 땅이 바로 인도였단다.

무굴 제국의 창건자 바부르 몽골족의 후손으로 인도 서북부를 공격해 로디 왕조를 무너뜨리고 무굴 제국을 세웠다.

바부르는 한때 티무르가 그랬던 것처럼 인도의 서북 지역을 통해 인도로 쳐들어갔어. 여러 차례 인더스 강을 넘어 펀자브 지역까지 진격했고, 그때마다 많은 재물을 빼앗아 카불로 돌아왔지. 이때 북인도는 로디 왕조가 통치하고 있었어. 바부르는 몇 차례 인도를 침략하고 난 뒤 이로디 왕조가 아무런 힘이 없다는 걸 알게 됐어.

1526년 바부르는 로디 왕조의 근거지인 델리

를 공격했어. 델리 북쪽의 파니파트에서 치열한 전투가 벌어졌어. 로디 왕조의 이
브라힘 로디 술탄은 바부르의 군대를 대수롭지 않게 생각했어. 하긴 바부르의 병
사는 1만 2,000여 명에 불과했지만 이브라힘의 군대는 무려 10만 명이 넘었거든.
그러나 병사가 많다고 해서 전쟁에서 이기는 건 아니잖아? 13세기 초 칭기즈칸은
병사 7만 5,000명을 이끌고 거의 30배나 되는 금 왕조의 군대 200만 명과 싸워
결국 승리했어. 바부르의 군대는 병사 수는 적었지만 든든한 대포와 날쌘 기병대
가 있어 일당백의 용맹을 자랑했어. 과연 칭기즈칸의 후손이라 할 만하지?

이브라힘은 결국 파니파트 전투에서 패하고 말았어. 로디 왕조도 더불어 역사
속으로 사라졌지. 바부르는 델리에 자신의 제국을 세웠어. 무굴 제국이 탄생한 거
야. 바부르는 그 후 주변 민족들의 반란을 모두 제압함으로써 인도 북부 전역을 장
악했어.

바부르는 47세의 나이에 세상을 떠났어. 평생을 전쟁터에서 보냈다고 할 만큼
정복전쟁에 매달린 용맹한 장수였지. 바로 이 점 때문에 바부르는 무사의 이미지
가 강해. 그러나 그는 감수성이 풍부한 작가이기도 했어. 직접 회고록을 쓰기도 했
단다.

그의 인간적인 매력도 두고두고 칭송을 받고 있어. 병사들과 행군하던 중에 폭
설이 내렸어. 얼마나 눈이 많이 내렸는지 말들이 앞으로 나가지 못할 정도였다는
구나. 병사들은 급히 제설 작업에 들어갔어. 멀리서 이를 지켜보던 바부르는 직접
팔을 걷고 병사들과 함께 눈을 치웠다는구나. 오늘날로 치면 이등병이 눈을 치우
고 있는데, 대통령이 옆에 가서 함께 눈을 치우는 셈이야. 멋있지 않니?

무굴 제국은 훗날 6대 황제 아우랑제브가 권력을 잡기 전까지 아주 평화로운 시
기를 보냈단다. 이 모든 게 바부르가 기초를 잘 다져놨기 때문이야. 바부르는 힌두

교, 이슬람교를 가리지 않고 골고루 인재를 등용했어. 아프가니스탄인과 인도인을 구별하지도 않았어. 그야말로 만민평등주의를 몸소 실천한 거야. 이런 점 때문일까? 바부르는 오늘날까지도 많은 사람들에게 영웅으로 남아 있단다.

인도 대륙을 융합한 위대한 황제 악바르

1520년 술레이만 대제가 오스만 제국의 술탄에 등극해 유럽 공략을 본격화했어. 그로부터 10년이 지난 1530년, 무굴 제국을 세운 바부르가 세상을 떠났어. 그의 아들 후마윤이 2대 황제에 올랐지.

후마윤에게는 아버지가 가지고 있던 카리스마가 없었나봐. 다른 동생들이 반란을 일으켰지. 후마윤은 가까스로 동생들과 타협을 할 수 있었어. 겨우 권력을 안정시켰나 싶었는데, 이번에는 인도 북동쪽 벵골과 비하르 지역에 있던 아프간계 수르족이 반란을 일으켰어. 바부르가 무굴 제국을 세울 무렵 인도 북부에는 아프간계 민족의 작은 국가들이 여럿 있었어. 수르족도 그 가운데 하나였단다. 수르족은 바부르가 살아 있을 때는 납작 엎드려 있다가 약한 황제가 등장하니 슬슬 반기를 들기 시작한 거야.

1540년 후마윤은 수르족과 전쟁을 했어. 후마윤은 쉽게 승리할 거라고 생각했을 거야. 그러나 수르족을 이끄는 셰르 샤는 훌륭한 왕이었어. 그의 군대도 아주 강했지. 후마윤은 셰르 샤와의 전투에서 패하고 목숨만 건진 채 도망가야 했단다. 이 무렵 페르시아는 사파비 왕조의 타마스프

셰르 샤 북인도 아프간계 수르족의 수장으로 1540년 무굴 제국의 후마윤과 싸워 승리하여 델리에 수르 왕조를 세웠다. 인도의 가장 위대한 군주 가운데 한 명으로 손꼽힌다.

타흐마스프 1세 샤가 통치하고 있었지. 후마윤은 타마스프 1세 샤에게 몸을 맡겼어.

이때부터 약 15년간 인도 북부는 세르 샤가 세운 수르 왕조가 통치했어. 셰르 샤는 화폐를 정리하고 토지측량 사업을 벌이는

인도 델리의 후마윤 묘 무굴 제국의 제2대 황제 후마윤의 묘. 악바르 대제의 통치 기간 중인 1570년에 완공된 건축물로 유네스코 세계문화유산으로 등재됐다.

등 국가 제도를 착실히 정비해나갔어. 인더스 강에서 벵골에 이르는 대로를 건설하기도 했지. 셰르 샤의 이런 업적은 훗날 무굴 제국이 권력을 되찾은 뒤 아주 유용하게 쓰였어. 이런 점 때문에 셰르 샤는 무굴 제국의 황제가 아니면서도 오늘날까지 인도의 가장 훌륭했던 왕 가운데 한 명으로 손꼽힌단다.

사파비 왕조의 타마스프 1세 샤는 후마윤을 지원키로 결정했어. 1555년 후마윤은 페르시아로부터 지원받은 군대를 이끌고 델리로 진격했어. 이 전쟁에서 후마윤이 승리함으로써 무굴 제국의 역사가 되살아날 수 있었지. 그러나 후마윤의 운명도 다했어. 그는 1557년 7월 델리를 탈환한 지 6개월 만에 세상을 떠났단다.

13세의 어린 아이가 3대 황제에 올랐어. 그가 바로 악바르 대제야. 악바르 대제는 무굴 제국의 창건자인 바부르를 뛰어넘는 영웅이란 평가도 많아. 무굴 제국의 토대를 탄탄하게 구축한 황제도 악바르 대제란다. 그 때문에 대제란 칭호가 붙는 거야. 사실 악바르가 황제가 될 무렵에는 재상이 정치를 장악하고 있었어. 악바르 대제는 어른이 될 때까지 꾹 참았어. 18세가 되자 마침내 재상을 숙청하고 모든

권력을 장악했지. 이윽고 정복전쟁을 시작했어.

악바르 대제는 북인도 지역에서 무굴 제국에 저항하는 작은 나라들을 하나씩 정복하기 시작했어. 우선 델리 서부의 라자스탄 지방에 있던 라지푸트족을 제압할 필요가 있었어. 힌두교를 믿는 라지푸트족은 용맹하기도 용맹했지만 무굴 제국을 얕보고 있었기 때문에 본때를 보여줘야 했거든. 1568년 전투가 벌어졌어. 치열한 싸움 끝에 악바르 대제의 군대가 승리했어. 라지푸트족은 어쩔 수 없이 무굴 제국과 동맹을 맺어야 했지.

5년 후 악바르 대제는 구자라트 지방으로 진격했어. 그곳에는 아라비아 해와 인접한 수라트 항구가 있었는데, 그 항구야말로 무역의 요지였어. 그의 군대는 구자라트의 이슬람 왕국도 쉽게 정복했단다.

서쪽 지방을 공략했으니 이제 동쪽 지방을 칠 차례야. 3년 후 무굴 제국의 군대가 벵골 지방으로 향했어. 이번에도 무굴 군대는 어렵지 않게 벵골 지방을 점령했단다. 벵골에서는 아프간계 민족 국가들이 여럿 있었어. 악바르 대제는 벵골 지방의 아프간계 민족을 모두 굴복시켰어. 북인도 전역을 무굴 제국이 장악한 거야!

무굴 제국의 전성기를 이끈 황제
무굴 제국의 3대 황제 악바르 대제는 영토를 크게 확장했으며 이슬람교와 힌두교의 종교 갈등 해소를 위해 노력했다.

1580년대로 접어든 후에도 악바르 대제의 정복전쟁은 계속됐어. 이번에는 북서쪽으로 군대를 달렸지. 그의 군대는 펀자브 지방을 넘어 아프가니스탄의 카불에 이르렀어. 그곳에서부터 시작해 인더스 강 하류에 있는 신드 지방까지 모두 정복해버렸어. 무굴 제국의 영토가 점점 넓어지고 있지?

벵골과 구자라트는 각각 인도 중부와 남부로 통하는 관문이야. 이미 그 지역을 모두 차지했으니 그다음 정복지가 어딘지 짐작할 수 있겠지? 그래, 바로 인도 남쪽의 데칸 고원이야. 악바르 대제는 1590년대 후반 들어 몇 차례의 원정을 거듭한 결과 크리슈나 강 상류까지 영토를 넓혔단다. 인도 역사상 이렇게 넓은 영토를 가진 제국은 없었어. 악바르 대제가 큰

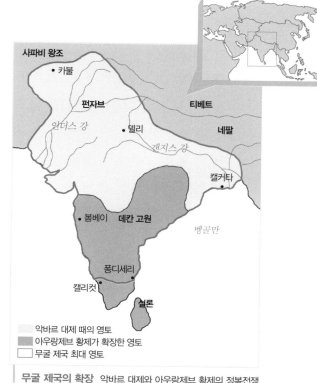

무굴 제국의 확장 악바르 대제와 아우랑제브 황제의 정복전쟁으로 무굴 제국은 남부 일부 지방을 뺀 인도 전역을 통일했다.

업적을 이룬 셈이지. 바로 이런 점 때문에 악바르 대제가 바부르를 뛰어넘는 정복 황제라는 평가를 받는 거야.

모든 종교가 어우러진 화려한 문화

악바르 대제는 정치도 깔끔하게 했어. 당시에는 종교 갈등이 가장 큰 문제였어. 힌두교도들은 이슬람교로 개종하라는 압박을 받았고, 종교를 바꾸지 않으면 따로 인두세라는 세금을 내야 했지. 서양과의 교류가 많아지면서 기독교도들도 늘어났어. 여러 종교가 뒤섞이니 종교 갈등이 생길 수밖에 없었

던 거야.

악바르 대제는 모든 종교를 포용함으로써 그 갈등을 해결했단다. 이 포용 정책에 따라 새로운 종교도 창시됐어. 이슬람교와 힌두교가 합쳐진 시크교가 대표적이야. 나나크라는 인물이 창시한 시크교는 이슬람교의 일신교 사상을 바탕으로 하되 인도 전통 신, 즉 힌두 신의 이름을 빌려다 썼어. 정신세계를 특히 강조하는 시크교는 오늘날 신도가 2,300만 명에 이르는 세계 5대 종교 중 하나가 되었어.

악바르 대제의 노력으로 무굴 제국은 최고의 전성기를 누렸단다. 악바르 대제가 1605년 세상을 뜨자 악바르 대제의 아들 자한기르가 무굴 제국의 4대 황제가 됐어. 자한기르는 아버지 악바르 대제의 정책을 대부분 그대로 계승했어. 자한

시크교의 황금 사원 인도 펀자브 지방 암리차르에 있는 시크교 사원이다. 시크교는 악바르 대제 때 창시되었으며, 황금사원은 1604년 완공됐다.

기르는 종교 융화 정책의 일환으로 그동안 말썽이 많았던 인두세를 완전히 없애기도 했지. 문화를 적극 보호하고 장려한 것도 자한기르가 악바르 대제와 비슷한 점이야. 1627년 자한기르가 죽자 그의 아들 샤자한 1세가 무굴 제국의 5대 황제에 올랐어. 샤자한 1세 또한 아버지와 할아버지의 정책을 그대로 계승했단다. 무굴 제국의 번영은 이때까지도 계속되었어.

이쯤에서 무굴 제국의 문화를 살펴볼까? 아마 인도 역사상 악바르 대제가 통치할 때만큼 문화가 융성했던 적은 없을 거야. 힌두교와 이

자한기르와 아바스 대제 무굴 제국의 4대 황제 자한기르가 꾼 꿈을 나타낸 그림. 왼쪽이 페르시아의 아바스 대제, 오른쪽이 자한기르 황제다.

슬람교 모두 번성했고, 두 종교의 문화가 한데 어우러져 독특한 인도 문화가 탄생했단다.

페르시아로부터 문화가 적극 수입돼 인도 문화와 뒤섞였어. 예를 들어볼까? 〈아라비안나이트〉라는 영화를 보면 남자 주인공이 헐렁한 바지를 입은 모습을 볼 수 있을 거야. 이런 형태의 옷차림은 페르시아의 이슬람교도 사이에 유행했지. 반면 인도 굽타 왕조^{320년~550년경} 시대의 작품들을 보면, 몸에 쫙 달라붙는 옷을 입은 불상들이 많아. 원래 인도 사람들은 이처럼 몸에 달라붙는 옷을 입었다는 뜻이지. 그

타지마할을 지은 황제 무굴 제국의 5대 황제인 샤자한 1세. 아들인 아우랑제브에 의해 강제로 황제의 자리에서 끌어내려졌다.

런데 무굴 제국의 백성들은 페르시아 양식의 헐렁한 바지를 즐겨 입었어. 페르시아의 옷차림이 인도의 힌두교도들에게 전파된 거야.

케밥이 인도에 전파된 것도 이 즈음이야. 원래 케밥은 중앙아시아 초원과 아라비아 사막을 누비던 유목민들의 음식이었어. 집이 아니니 아무래도 간편한 식사가 필요했겠지? 유목민들은 고기를 꼬치에 끼운 뒤 불에 구워 먹었어. 이 케밥은 오늘날까지도 중앙아시아 유목민의 후손인 터키에서 자주 볼 수 있는 대표 음식이 됐단

다. 이 케밥이 인도에도 전파됐어.

악바르 대제를 포함한 이슬람 황제들은 모스크라 불리는 이슬람 사원을 포함해 훌륭한 건축물을 많이 지었어. 대표적인 게 타지마할이지. 타지마할은 샤자한 1세 때 지어졌어. 샤자한 1세는 타지마할을 비롯해 델리 궁전, 샬리마르 정원 등 기념비적인 건축물을 지은 것으로 유명해.

타지마할은 무굴 제국의 수도였던 아그라 남쪽의 자무나 강변에 있어. 타지마할은 샤자한 1세의 세 번째 부인 뭄타즈 마할 _{아르주만드 바누}의 묘당^{廟堂}이야. 샤자한 1세는 뭄타즈 마할을 무척 사랑했어. 1631년 그녀가 죽자 그녀를 추모하

뭄타즈 마할 샤자한 1세의 아내다. 그녀를 기리기 위해 만들어진 묘당이 타지마할이다.

기 위해 22년간 매일 2만 명의 인부를 동원해 묘당을 만든 거야. 유럽의 건축 전문가까지 초빙했을 정도였어. 최고급 대리석으로 바닥을 깔았고 전 세계에서 수입한 보석들로 벽면을 장식했어. 타지마할을 짓느라 돈을 지나치게 많이 쓴 탓에 무굴 제국이 휘청거리기도 했단다.

　타지마할은 여러 건축 기법이 어우러진 건축물이야. 꼭대기는 뾰족하고 천장은 동그란 아치형으로 돼 있지. 그 위에는 돔 지붕을 얹었어. 돔을 받치고 있는 기둥은 팔각형이야. 이런 건축 기법은 페르시아 양식에 속한단다. 반면 궁전 안의 벽면에 장식된 현란한 보석들은 주로 연꽃 모양이 많아. 이 무늬는 힌두 양식이란다. 두 문화가 건축에서도 섞였다는 걸 알겠지? 그러나 이 무굴 제국의 찬란했던 문화도 곧 저물고 만단다.

▌**타지마할** 오늘날까지 인도를 대표하는 상징물이자 세계에서 가장 아름다운 건물 중의 하나다. 샤자한 1세 황제가 아내 뭄마즈 마할을 기리며 지은 묘당이다.

샤자한 1세는 수도를 아그라에서 델리로 옮겼어. 샤자한 1세는 델리에 여러 궁전을 지었어. 델리는 순식간에 무굴 제국의 중심지로 성장했지. 문제는, 샤자한 1세가 대형 건축 공사를 자주 벌이자 국가 재정이 바닥이 나버렸다는 거야. 국고가 비었으니 세금을 많이 거둬야겠지? 백성들은 당연히 고통스러웠을 거야. 무굴 제국은 샤자한 1세 이후 몰락의 길을 걷게 되었단다.

아우랑제브의 강압 통치와 무굴 제국의 추락

자한기르나 샤자한 1세는 모두 아버지에게 반란을 일으켰다는 공통점이 있어. 자한기르는 악바르 대제에게, 샤자한 1세는 자한기르에게 반란을 일으켰었지. 물론 두 반란 모두 진압됐고, 둘은 각각 아버지로부터 용서를 받은 뒤 황제의 자리에 올랐어. 이 역사는 고스란히 다음 세대로 이어졌어. 특히 샤자한 1세의 아들들은 후계자 자리를 놓고 권력 다툼을 심하게 벌였어. 샤자한 1세는 장남^{다라 시코}과 차남 순서대로 후계자를 삼으려 했지만 셋째 아들인 아우랑제브는 받아들이지 않았지. 결국 내란이 터졌고, 이 내란은 꼬박 1년간 계속됐어.

1658년 아우랑제브가 마침내 형제들을 모두 제거하는 데 성공했어. 아우랑제브는 다른 형제의 편을 든 아버지도 용서하지 않았어. 아우랑제브는 샤자한 1세를 아그라 성에 가둬버렸지. 샤자한 1세는 그곳에서 타지마할을 바라보며 하염없이 눈물을 흘리다 세상을 떠났단다.

형제를 죽이고, 아버지를 감금한 뒤 황제에 오른 아우랑제브는 백성들에게도 잔인한 통치를 했어. 사실 아우랑제브 황제는 인도 역사상 가장 넓은 영토를 다스린 인물이야. 그는 악바르 대제보다 더 먼 지역까지 원정을 나갔어. 데칸 지역 일대를 완전히 평정했고, 크리슈나 강 이남까지 무굴 제국의 영토를 넓혔지. 남부의 타밀 지역을 빼면 사실상 인도 대륙 전역을 정복한 거야. 지금까지 이만큼 넓은 영토를 정복한 황제는 없었어.

그런데도 아우랑제브 황제가 좋은 평가를 받지 못하는 것은 잔인한 독재 정치 때문이야. 아우랑제브는 바부르와 악바르 대제가 공을 들여 이룩한 인도의 화합을 완전히 깨버렸단다. 그는 독실한 이슬람교도였어. 포악한 성격 탓인지 아우랑제브는 그전까지의 황제와 달리 이슬람 지상주의를 선포했어! 바로 이게 비극의 시작이었지.

폭군 아우랑제브 아우랑제브 황제는 영토를 사상 최대로 넓혔지만 강압적인 통치로 무굴 제국의 균열을 가져왔다.

아우랑제브는 이슬람교를 제외한 모든 종교의 사원과 학교를 없애버렸어. 비^非이슬람교도에 물렸던 인두세를 부활시켰지. 당연히 힌두교를 믿고 있는 대다수 인도인의 경제 부담이 커지겠지? 힌두교와 시크교도들의 반란이 전국 곳곳에서 일어나기 시작했어. 특히 데칸 고원 지역의 마하라슈트라에 있던 마라타족의 반란이 거셌어.

마라타족은 북쪽으로 군대를 진격시켜 1663년에는 구자라트 지방의 무역 요충지인 수라트를 빼앗았어. 악바르 대제가 공을 들여 정복했던 바로 그 땅이야. 그런데도 아우랑제브는 마라타족의 반발을 대수롭지 않게 여겼었어. 오판이었지. 마라타족의 힘은 의외로 강했어. 그들은 1674년 데칸 고원 지방에 자신들의 나라, 즉 마라타 왕국을 세웠단다. 무굴 제국으로서는 최대의 강적이 생긴 셈이지.

그제야 아우랑제브도 아차 싶었나봐. 1700년 무렵 아우랑제브는 직접 군대를 이끌고 데칸 고원으로 원정을 떠났어. 마라타 왕국과의 전투는 무려 6년 이상을 끌었단다. 결과는 아우랑제브의 패배였어. 이 패배로 아우랑제브는 큰 충격을 받

마라타 왕국 무굴 제국이 사실상 멸망한 가운데 마라타 왕국이 힘을 키웠다. 마라타 왕국의 절정기 시절 지배 영역이다.

았어. 이 충격 때문이었을까? 아우랑제브는 1707년 세상을 떠나고 말았단다.

아우랑제브 황제의 뒤를 이어 아들 바하두르 샤 1세가 황제에 올랐어. 그 또한 치열한 형제들과의 권력 다툼에서 승리한 후에야 황제가 될 수 있었지. 그러나 5년 만에 죽고 말았어. 그다음 황제? 더 이상 무굴 제국의 황제를 기억하는 것은 의미가 없단다. 황제 자리를 놓고 치열한 권력 다툼이 벌어졌거든. 1712년부터 1750년까지 34년간 무려 8명의 황제가 바뀌었어. 1719년 한 해에만 4명의 황제가 바뀌기도 했단다. 게다가 전국에서 반란이 일어났고, 유럽의 침략도 심해졌지.

무굴 제국은 점점 쇠약해졌어. 1739년에는 페르시아 군대가 무굴 제국의 수도 델리를 점령했단다. 그다음에는 아프가니스탄 군대가 델리를 점령했고, 1750년에는 시크교 군대, 1760년에는 마라타 왕국의 군대가 델리 근처까지 진격했어. 수도가 수시로 위협받는 이런 제국을 제국이라 부를 수 있을까? 무굴 제국의 추락은, 그야말로 날개가 없는 추락이었단다. 무굴 제국은 공식적으로는 1857년 멸망했어. 그러나 실제로는 이때 이미 멸망했다고 해도 틀린 말은 아니야.

영국의 인도 진출과 인도인의 반영투쟁

1498년 포르투갈의 바스코 다 가마가 인도 캘리컷에 상륙한 후, 인도에는 유럽 열강들의 진출이 경쟁적으로 이뤄지고 있었어. 그러다 17세기로 들어서면서 영국이 이 경쟁에서 승기를 잡게 돼. 악바르 황제가 통치하던 1600년 12월, 영국 여왕 엘리자베스 1세가 인도에 동인도회사를 세우는 것을 허락한 거야. 그 후 영국은 인도 전역으로 동인도회사의 지점을 늘려나갔어. 자한기르 황제가 통치하던 1615년에는 인도 아무 곳에나 공관을 세울 수 있는 권리도 따냈지. 이때만 해도 인도인들은 영국인들이 인도를 발전시켜 줄 거라고 생각했어. 그래, 오판한 거야.

영국이 동인도회사를 세우고 2년이 지난 뒤 네덜란드도 인도에 동인도회사를 세웠어. 네덜란드는 이어 포르투갈로부터 인도네시아와 말레이 해협 주변의 섬들까지 빼앗았어. 그러자 영국이 위협을 느꼈는지 네덜란드를 견제하기 시작했어. 1652년 두 나라 사이에 전쟁_{제1차 영국·네덜란드 전쟁}이 터졌어. 두 나라는 여러 차례 전투 끝에 웨스터민스터 조약을 맺고 타협을 했어. 영국이 인도네시아 주변의 섬들에 집적거리지 않는 대신 네덜란드는 영국에게 인도 독점권을 내주기로 한 거야.

네덜란드가 인도에서 빠져나갔지? 그 빈 공간을 프랑스가 노렸어. 1664년 캘커타와 마드라스 주변에 프랑스 동인도회사가 2개의 공관을 세운 거야. 영국과

영국 동인도회사 런던에 본부를 둔 영국 동인도회사의 모습. 동인도회사는 유럽 국가들이 식민지를 착취하는 본부 역할을 했다.

프랑스의 충돌은 불을 보듯 뻔한 일이지?

영국 동인도회사는 1668년쯤 봄베이^{현 뭄바이}까지 차지했어. 동인도회사가 점점 커지고 있는 거야. 아우랑제브 황제가 통치하던 1686년, 기고만장한 동인도회사는 무굴 제국을 정복할 요량으로 전쟁을 선포했어. 그러나 아우랑제브의 군대는 아직 강했어. 동인도회사의 군대는 무참하게 패했고, 봄베이까지 포위되고 말았단다. 동인도회사로서는 그야말로 풍전등화의 위기를 맞은 거야.

동인도회사는 부랴부랴 아우랑제브 황제에게 사절단을 보내 잘못을 빌었어. 승리에 도취된 아우랑제브는 거만하게 영국의 사과를 받아들였어. 심지어 캘커타에 새로운 공관을 낼 수 있도록 특혜도 주었단다. 아우랑제브는 무굴 제국이 영국에 의해 사라질 거라고는 꿈에도 생각하지 못했겠지?

18세기 이후에는 영국과 프랑스가 인도에서 본격적으로 대립하기 시작했어. 1740년 유럽에서 오스트리아왕위계승전쟁이 터질 때나, 1756년 7년 전쟁이 터졌을 때에도 인도에 있는 두 나라의 동인도회사들이 전쟁을 벌였지. 그리고 1757년, 마침내 운명을 건 전투가 벌어졌어.

당시 벵골 지방을 다스리던 태수^{太守}는 시라지 웃다울라였어. 그는 영국 동인도회사를 몹시 싫어했어. 동인도회사가 밀무역을 하는 바람에 벵골 경제가 망가지고 있다고 생각했지. 고심 끝에 시라지 웃다울라는 영국인들을 캘커타에서 추방했어. 그러자 영국이 당장 반발했지. 영국 군대와, 프랑스의 지원을 받은 벵골 군대가 캘커타 북서

시라지 웃다울라 벵골 지방 태수로 영국 동인도회사가 벵골 경제를 망친다고 생각하여 영국인들을 추방했다. 이 사건으로 플라시 전투가 촉발됐다.

쪽의 플라시 평원에서 충돌했어. 이 전투가 유명한 플라시 전투란다.

이때 영국군은 약 3,000명 정도였어. 반면 벵골 군대는 5만 명을 훨씬 넘어섰어. 그러나 전투는 영국의 승리로 끝났단다. 그 이유는 첫째, 영국 군대의 무기가 첨단이었기 때문이야. 둘째, 벵골 군대의 사령관들이 대부분 영국에 매수됐어. 전투다운 전투가 벌어지기도 전에 벵골 부대들이 속속 영국 군대에게 항복했지.

플라시 전투에서 영국이 승리했으니 벵골 태수를 지원한 프랑스는 인도에서 설 땅이 사라졌어. 이제 영국이 인도 산업의 중심지 벵골을 독점할 수 있게 됐지. 그후 영국 동인도회사는 마치 하나의 정부처럼 인도를 지배하기 시작했어. 정부가 국민을 대상으로 세금을 거두듯 동인도회사는 인도인들에게 세금을 거뒀어. 그러나 일개 회사가 정부 역할까지 하겠다고 설치다보니 부작용도 컸어. 뇌물과 횡령 비리가 속출한 거야.

동인도회사는 겉으로 보기에 엄청나게 성장했어. 그러나 내부를 들여다보면 재정 상태가 엉망이었단다. 결국 영국 정부가 나섰어. 1773년 영국 정부는 노스규제법을 만들어 동인도회사의 권리를 모두 영국 의회가 인수하도록 했어. 동인도회사가 지배하는 지역을 영국 정부의 식민지로 만들려는 심산이었던 거야. 곧 인도에는 영국 총독과 최고법원이 설치됐어. 영국은 벵골의 초대 총독으로 워렌 헤이스팅스를 임명했단다. 영국은 1784년에는 인도법을 만들어 영국 정부가 인도 식민지 정부를 직접 지배할 수 있도록 했지.

인도 민중의 반영투쟁은 격렬했어. 특히 저항이 심했던 곳은 인도의 남부 지역이었어. 그곳에 있는 마이소르 왕국이 반영투쟁의 선봉에 섰단다. 마이소르 왕국은 1760년대 후반부터 네 차례에 걸쳐 영국 군대와 싸웠어. 이 전쟁이 유명한 마이소르 전쟁이야.

영국에 매수된 인도 플라시 전투가 끝난 후 영국 사령관과 인도 군지휘관이 만나고 있다. 몇몇 인도인들의 배신 덕분에 영국은 플라시 전투에서 쉽게 인도를 이길 수 있었다.

제1차 전쟁1766년~1769년은 마이소르 왕국의 승리로 끝났어. 영국 군대가 마이소르 왕국을 너무 얕봤던 거야. 제2차 전쟁1780년~1784년도 마이소르 왕국의 승리였어. 이 무렵 세계 곳곳에서 영국과 충돌하고 있던 프랑스가 마이소르 왕국의 편을 들었거든.

두 번의 전쟁에서 모두 승리한 마이소르 왕국은 기세가 등등했어. 그러나 첨단 무기를 앞세운 영국을 계속 이기기는 쉽지 않았지. 게다가 1789년 터진 제3차 전쟁에서는 프랑스가 군대를 철수시켜버렸단다. 바로 그해, 프랑스혁명이 터지는 바람에 인도를 지원할 여력이 없었던 거야. 영국 군대는 마지막 제4차 전쟁1798년~1799년에서 기어이 마이소르 왕국을 없애버렸단다.

영국은 마이소르 왕국의 땅을 피자 나누듯이 분할했어. 그동안 영국을 도와준 인도 대륙의 여러 작은 나라들에게도 땅을 줬지. 한때 무굴 제국의 수도까지 진격했던 마라타 왕국도 그런 나라 가운데 하나야. 인도 서부의 여러 부족이 동맹을 맺어 만든 마라타 왕국은 원래 영국에 맞서 싸웠었어. 그런데 1775년부터 영국과 세 차례 격돌하면서 기가 꺾였단다. 이 마라타 전쟁이 1818년 끝나면서 마라타 왕국의 동맹은 흩어졌고, 모두 영국의 식민지가 된 거야.

자, 정리해볼까? 무굴 제국이 약해지면서 작은 왕국들이 곳곳에 생겨났어. 영국과 프랑스는 그 나라들을 이용해 무굴 제국을 약화시켰지. 무굴 제국이 사실상 사라지자 영국은 나머지 작은 나라들도 무기력하게 만들었어. 그다음엔? 그래, 이제 인도가 영국의 세상이 된 거야.

통박사의 역사 읽기

🔍 종교 융화는 고도의 정치 전략

중국을 정복한 몽골족은 몽골 풍습을 버리고, 한족의 문화를 받아들였어. 나라 이름도 중국식인 원으로 바꿨지. 몽골족이 한족과 융화하기 위해 노력한 것 같지? 하지만 한족의 문화를 따랐을 뿐, 실제로는 한족을 차별했어. 몽골족의 지배를 받는 한족은 강력하게 저항했고, 결국 몽골은 이 반란에 무너졌어. 몽골족의 융화 정책은 실패한 거야. 반면 악바르 대제의 융화 정책은 아주 성공적이었어.

악바르 대제는 힌두교를 믿는 다수 민족들을 지배하기 위해 종교 융화 정책을 내세웠어. 몽골족은 한족을 차별했지만 악바르 대제는 진심으로 모든 종교를 포용하고 차별하지 않았어. 이 점이 다른 거야. 다수를 차지하는 힌두교도가 반발하지 않았기에 무굴 제국이 번영했잖아? 안타깝게도 아우랑제브가 이 '고도의 정치 전략'을 버리는 바람에 무굴 제국도 쇠약해졌지.

내리막길로 접어든 서아시아

1526년 무굴 제국이 탄생할 무렵 오스만 제국은 최고의 전성기를 달리고 있었어. 그러나 무굴 제국이 최고의 전성기를 맞던 16세기 후반부터 17세기 초반 무렵에는 거꾸로 오스만 제국이 눈에 띄게 약해지기 시작했어. 많은 역사학자들이 오스만 제국이 내리막길로 접어든 시점을 레판토 해전[1751년]으로 본다.

그 후 오스만 제국은 기독교 유럽 국가들의 협공을 받았어. 한때 유럽을 벌벌 떨게 했던 호랑이는 종이호랑이로 전락했고, 영토도 줄어들기 시작했어. 인도가 영국에게 정복됐다면 오스만 제국은 러시아로부터 집중 공격을 받았지. 이처럼 18세기 무렵이 되자 인도 대륙과 서아시아를 좌우한 사람들은 유럽인들이었단다. 아시아의 시대도 저물고 있는 거지.

오스만 제국, 유럽 열강이 얕잡아보기 시작하다

잠시 15세기부터 16세기까지의 유럽사를 더듬어볼까? 이 무렵 에스파냐와 포르투갈을 선두로 유럽 국가들은 세계로 뻗어나갔어. 대항해 시대가 열린 거지. 오스만 제국의 덜미를 잡은 나라도 바로 이 에스파냐였어.

오스만 제국은 프레베자 해전에서 승리함으로써 지중해의 동쪽 지역을 장악할 수 있었지? 오스만 해군은 여기에서 그치지 않고 베네치아의 영토인 키프로스 섬을 점령했어. 오스만 함대가 서쪽으로 이동하고 있는 것 같지 않니? 기독교 국가들이 긴장하기 시작했어.

무굴 제국의 악바르 대제, 사파비 왕조의 아바스 대제가 사방으로 영토를 넓히고 있을 때였어. 1571년, 베네치아는 과거 프레베자 해전의 '용사'들을 다시 소집했어. 이렇게 해서 만들어진 베네치아·에스파냐·로마 교황청 연합 함대가 그리스 레판토 앞바다에서 오스만 함대와 격돌했어. 이 전투가 레판토 해전이야.

이 전투에서 오스만 함대는 최악의 패배를 당하고 말았단다. 거의 모든 병사가

오스만 해군의 참패 오스만 해군은 그 전에 여러 차례 유럽 함대를 이겼지만 1571년의 레판토 해전에서 패한 후 내리막길을 타기 시작했다.

전사했고, 군함들도 박살이 났어. 이 전투에서 큰 공을 세운 에스파냐의 함대에는 '무적함대'라는 별명이 붙었단다.

이 패배로 오스만 제국은 지중해의 지배권을 빼앗겼어. 무역 독점권을 빼앗겼으니 상당히 큰 타격을 받았겠지? 그래, 오스만 제국이 내리막길로 접어든 거야. 물론 이 해전에서 패했다고 해서 하루아침에 약소국으로 전락한 것은 아니야. 1573년에는 키프로스 섬을, 다음해엔 튀니스를 완전히 정복하는 쾌거를 이루기도 했단다. 그렇지만 이 레판토 해전을 계기로 오스만 제국이 쇠퇴하기 시작한 것은 부정할 수 없는 사실이야.

아마 오스만 제국의 국민들은 술레이만 대제와 같은 술탄을 떠올렸을 거야. 만약 그런 술탄이 또 나타난다면 오스만 제국은 과거의 영광을 되찾았을지도 모르지. 그러나 그런 술탄은 더 이상 등장하지 않았어. 술탄들은 하나같이 사치스러웠어. 귀족들도 제 잇속을 챙기느라 정신이 없었어. 정복 활동이 멈췄으니, 식민지에서 많은 이익을 얻을 수도 없었지. 반면 군인과 관료는 더 늘어났어. 국가 재정은 파탄 지경에 이르렀어. 이러다가 국가가 월급을 주지 못하는 최악의 상황으로 치달을 판이었어.

그런데도 오스만 제국은 여전히 "우리가 세계 최고다!"며 자만하고 있었어. 전성기 때 오스만 제국의 과학 수준은 세계 최고 수준이었어. 그러나 서양 국가들은 꾸준히 과학기술을 발전시키고 있던 반면 오스만 제국은 제자리에 머물러 있었단다.

설상가상으로 유럽 국가들이 오스만 제국을 노리기 시작했어. 유럽 한복판으로 진출하려는 러시아와, 헝가리를 빼앗으려는 오스트리아가 당장 위험한 적으로 돌변했어. 레판토 해전이 터진 바로 그해에도 러시아와 오스만 제국은 몇 차례나 전투를 벌였단다. 이때부터 19세기 후반까지 러시아는 틈만 나면 오스만 제국을 공격했어.

17세기로 접어든 후 오스만 제국의 국력은 눈에 띄게 약해졌어. 한때 사파비 왕조와의 전투에서 잃었던 영토를 되찾은 적도 있지만, 이런 승전보는 아주 드물었어. 오히려 전쟁이 터질 때마다 유럽 국가들에게 조금씩 영토를 내주기 시작했지. 이쯤 되면 오스만 제국이 어떤 처지에 놓여있는지를 술탄은 깨달았어야 해. 그러나 술탄들은 여전히 오스만 제국의 힘을 과신했어.

아우랑제브가 무굴 제국을 통치하고 있던 1674년, 인도에서는 마라타 왕국이 독립을 선언한 뒤 무굴 제국에 저항하기 시작했어. 바로 이때부터 무굴 제국이 급격히 쇠퇴했지? 그로부터 9년이 흐른 1683년, 오스만 제국은 또 한 번의 결정적인 패배를 당한단다.

바로 그해, 메메드 4세는 군대를 오스트리아 빈으로 진격시켰어. 메메드 4세는 오스만 제국의 전성기 때인 1529년의 오스트리아 공격을 떠올렸나봐. 당시만 해도 군사력은 오스만 제국이 월등히 앞서 있었어. 오스트리아도 가까스로 오스만 군대를 막을 수 있었어. 그러나 17세기 후반에는 오스트리아 군대가 더 첨단을 달리고 있었단다. 반면 오스만 군대는 150여 년 전의 공격 방식을 고수하고 있었지. 게다가 1587년에는 내란이 일어났어. 메메드 4세가 폐위된

오스트리아 빈 전투 1683년 오스만 제국의 2차 오스트리아 빈 공격 당시 폴란드 군대가 오스만 군대에 맞서 싸우고 있다.

술탄 무스타파 2세 오스만 제국 제22대 술탄으로 1695년 즉위했다. 젠타 전투에서 패해 카를로비츠 조약을 맺고 발칸 반도 일부를 베네치아·폴란드·오스트리아 등에 주었다.

다음에도 내란은 계속돼 술탄이 여럿 바뀌었지.

이러니 전쟁의 결과는 뻔해. 오스만 제국이 대패했어. 기독교 유럽 국가들은 오스만 제국이 극도로 허약해졌다는 걸 확인했어. 바로 이때부터 반격이 시작됐단다. 오스만 군대가 필사적으로 맞섰지만 유럽 연합군들의 공격은 그치지 않았어.

1697년 세르비아의 젠타 지역에서 다시 전투가 벌어졌어. 오스만 군대는 22대 술탄 무스타파 2세가 이끌었어. 이 전투에서 오스만 군대는 그전까지 당해보지 않았던 최악의 패배를 맞았단다. 유럽 측 대표 선수였던 오스트리아는 이 전투에서 고작 500명의 병사를 잃었어. 그러나 오스만 군대는 무려 3만 명을 잃었다는구나.

유럽의 기독교 국가들이 호랑이로 돌변했어. 오스트리아, 러시아, 베네치아, 폴란드는 젠타 전투의 책임을 물라며 오스만 제국을 협박해 1699년 카를로비츠 조약을 체결했어. 오스만 제국은 도나우^{다뉴브} 강 이북의 영토를 모두 빼앗겼지. 헝가리와 트란실바니아^{루마니아 북서부}는 오스트리아에게 넘겨줬고, 펠로폰네소스 반도는 베네치아에게 빼앗겼으며, 우크라이나는 폴란드에게 줬어. 오스만 제국의 영토는 이때부터 축소되기 시작했어. 누더기 신세가 될 날도 얼마 남지 않았지.

제정러시아의 팽창과 오스만 제국의 추락

18세기 들어 오스만 제국의 추락은 계속됐어. 오스만 제국을 가장 괴롭혔던 유럽 열강은 러시아야. 러시아의 로마노프 왕조^{1613년~1917년}는

17세기 후반부터 오스만 제국을 노렸는데, 흑해 때문이었어. 흑해를 차지하면 그곳을 통해 지중해로 나갈 수 있고, 그렇게 되면 유럽을 넘어 대서양으로도 나갈 수 있지. 이 때문에 4대 황제인 표트르 대제는 1695년 오늘날 우크라이나 남동부의 아조프 해를 점령하기도 했단다. 오스만 제국이 곧 되찾았지만, 얼마 지나지 않아 러시아가 다시 빼앗고는 완전히 차지해버렸어.

당시 그 전쟁은 서막에 불과했어. 오스만 제국은 18세기 중반부터 19세기 후반까지 약 100여 년에 걸쳐 러시아와 여섯 번에 걸쳐 큰 전쟁을 치렀어. 이 전쟁이 러시아·투르크 전쟁^{러시아·터키 전쟁}이야. 물론 그전에도 오스만 제국과 러시아는 여러 차례 전쟁을 치렀단다. 이 6차례 전쟁에 포함되지 않은 전쟁도 많다는 뜻이지.

플라시 전투가 치러지고 11년이 지난 1768년, 제1차 러시아·투르크 전쟁이 터졌어. 당시 러시아의 황제는 예카테리나 2세 여왕이었어. 계몽 군주였던 예카테리

오스만 제국의 패배 오스만 제국은 제1차 러시아·투르크 전쟁에서 패배함으로써 러시아에 영토를 빼앗기고 내정 간섭을 허용하는 굴욕을 당했다. 그림은 제1차 러시아·투르크 전쟁의 승리를 기념한 작품 〈예카테리나 2세의 승리〉다.

셀림 3세 오스만 제국의 29대 술탄 셀림 3세는 황실 정예부대인 예니체리를 해체하고 유럽식 군대를 만들기 위해 개혁에 나섰지만 실패로 끝났다.

나 2세는 러시아의 영토 확장에 힘썼어. 러시아가 유럽 한복판으로 진출하려고 기를 쓰니까 프랑스가 오스만 제국을 부추겨 러시아와 싸우도록 했어. 결국 이 전쟁은 오스만 제국이 유럽 열강들의 힘겨루기에 놀아난 전쟁이라고 할 수 있지. 아직도 자신의 힘을 과신한 오스만 제국은 승리를 장담하며 러시아와 한판 붙었어. 물론 결과는 대패였지. 오스만 제국은 흑해 북동부와 크림 칸국을 러시아에게 내줘야 했단다.

영토만 내준 게 아니야. 오스만 제국은 러시아의 내정간섭을 인정하는 조약도 맺어야 했어. 러시아가 오스만 제국 영토 안에 있는 러시아정교 신도들을 보호하기 위해서라는 핑계를 대며 오스만 제국의 정치에 감 놔라 배 놔라 했단다. 천하의 오스만 제국이 고양이 앞의 쥐 신세가 된 거야.

제2차 전쟁1787년~1791년은 오스만 제국이 먼저 러시아를 공격하면서 터졌어. 1차 전쟁의 패배를 만회하고 자존심을 회복하기 위해서였어. 그러나 이 전쟁에서도 오스만 제국은 패하고 말았어. 결국 더 많은 영토를 러시아에 내줘야 했지.

이 무렵 유럽도 혼란스러웠어. 1789년 프랑스혁명이 일어났기 때문이야. 혁명의 열기가 유럽 전체로 퍼졌어. 모든 나라가 혁명을 막는 데 전념한 터라 러시아의 팽창을 막을 여유가 없었어. 결국 오스만 제국은 누구의 도움도 받지 못하고 모든 문제를 혼자 해결해야 했어.

1790년대로 접어들면서 29대 술탄 셀림 3세가 본격적인 개혁에 나섰어. 한때 술탄의 가장 충성스런 정예부대였던 예니체리를 기억하니? 그 예니체리는 이즈음 술탄은 안중에도 없는 군사 집단으로 변해 있었단다. 셀림 3세는 그들을 제거하고, 첨단 무기를 수입한 뒤 군대를 유럽식으로 바꾸려고 했어.

또한 오스만 제국에 유럽 국가들의 대사관을 설치하는 등 근대화 정책을 펼쳤어. 그러나 너무 늦게 시작한 개혁이었어. 게다가 예니체리를 비롯한 보수파 세력이 강하게 반발하는 바람에 개혁은 성공하지 못했단다. 셀림 3세는 술탄의 자리에서 쫓겨났고, 1808년 암살되고 말았어.

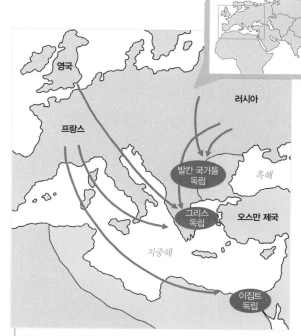

오스만 제국의 쇠퇴 18세기로 접어들면서 오스만 제국은 유럽 강대국의 공격을 받기 시작했다.

오스만 제국이 기울었으니, 유럽 열강들이 오스만 제국의 식민지에 눈독을 들이기 시작했어. 1798년, 프랑스의 나폴레옹이 오스만 제국의 영토인 이집트를 공격했어. 프랑스 군대는 순식간에 카이로를 점령했지. 뒤늦게 오스만 군대가 투입됐고, 이집트인들도 프랑스 군대에게 강하게 저항했어. 덕분에 나폴레옹의 원정은 2년 만에 실패로 끝났지만 이 사건을 계기로 오스만 제국은 더 큰 혼란에 빠져들었단다. 오스만 제국에 눌려 숨죽이고 있던 지역에서 서서히 저항의 불길이 솟아오른 거야. 독립을 선언하는 곳도 꽤 많았어. 아라비아 반도에서 일어난 와하브^{와하비야}운동이 대표적이야.

원래 와하브운동은 무함마드 이븐 압둘 와하브란 인물이 18세기 중엽에 시작한 이슬람 개혁운동이야. 그는 부패한 이슬람 세계를 처음으로 돌려놔야 한다고 주장했어. 그는 "코란으로 돌아가자!"고 외쳤어. 이슬람 사원을 포함해 형식만을 중요하게 여기는 모든 것을 파괴하자고 했지. 초기의 이슬람 시대로 돌아가 엄격하게 이슬람 계율을 지키며 살자는 거야. 바로 이슬람원리주의가 이때 등장한 거란다. 이슬람원리주의는 현대로 오면서 묘하게 왜곡됐어. 대표적인 이슬람 테러단체인 알 카에다가 바로 이 와하브파지.

와하브운동은 아랍 민족주의를 자극했어. 오스만 제국은 투르크족이면서도 이슬람 세계를 지배하고 있지? 와하브는 이슬람교가 아랍 민족 사이에서 태어났기 때문에 아랍 민족이 중심이 돼야 한다고 주장했어. 아랍 민족의 기세가 등등해졌겠지? 오스만 제국도 가만히 있지는 않았어. 오스만 제국은 "모든 이슬람 세력이 단결해야 서구 열강의 침략을 물리칠 수 있다!"고 주장했어. 아랍 민족주의에 범이슬람주의로 맞선 거지.

어느 쪽 주장이 맞는지는 각자 판단할 일이야. 다만 확실한 점은 이런 분열이 서아시아를 더욱 쇠약하게 만들었다는 거야. 서아시아는 암흑의 19세기를 맞게 된단다.

사파비 왕조의 영광, 아바스 대제와 함께 사라지다

사파비 왕조의 전성기는 제5대 샤인 아바스 대제가 열었어. 17세기 초반이었지. 아바스 대제는 수도를 이스파한으로 옮기고 본격적으로 사파비 왕조의 발전을 도모했어. 당시 오스만 제국은 술레이만 대제가 세상을 떠난 후 국력이 약해지기 시작할 때였지. 사파비 왕조는 그 틈을 타 오스만 제국을 공격해 영토를 되찾기도 했어. 수시로 북쪽 국경을 위협하던 우즈베크족을 멀리 쫓아내버렸지.

이때의 발전상은 오늘날까지 여러 기록으로 남아 있어. 수도 이스파한에는 무려 70만 명이 살고 있었다고 해. 동서양의 문물이 이 도시에서 많이 거래됐어. 무역이 발달했겠지? 이스파한은 또한 이슬람 시아파의 중심지가 됐어. 이곳에만 이슬람 사원인 모스크가 160개 정도 있었대. 이런 발전을 이룩한 황제이기에 이란인들은 아바스 1세를 아바스 대제라고 부르는 거야.

이스파한의 셰이크로트폴라 모스크 사파비 왕조의 수도 이스파한에는 이슬람 모스크가 많이 건축됐다. 아바스 대제가 1602년~1619년 이슬람 시아파 지도자인 셰이크 로트폴라를 위해 만든 모스크다.

그러나 오스만 제국이 그랬듯이 사파비 왕조도 1629년 위대한 군주 아바스 대제가 세상을 떠나자 국력이 약해지기 시작했어. 18세기로 접어들 무렵에는 오스만 제국으로부터 공격을 받아 영토를 다시 빼앗겼지. 오스만 제국이 아무리 약해졌다지만 사파비 왕조보다는 건재했던 거야.

사파비 왕조는 점점 위축되고 있었어. 그러다가 1722년 마침내 큰일이 났어. 중앙아시아 아프가니스탄에서 출몰한 아프간족이 공격해온 거야. 아프간족은 사파비 왕조의 수도인 이스파한을 점령해버렸어. 수도를 빼앗겼으니 나라가 망한 거나 다름없지? 다행히 사파비 왕조가 간신히 수도를 되찾는 데 성공했어. 그러나 곧 다시 아프간족에게 이스파한을 빼앗겼단다.

1736년 사파비 왕조의 마지막 샤 아바스 3세가 세상을 떠났어. 이로써 사파비 왕조는 11명의 샤를 배출한 끝에 멸망하고 말았어. 그 후 이란 지역은 아주 혼란스러웠어. 아프샤르 왕조, 잔드 왕조 등 작은 나라들이 난립했지. 이런 혼란은 50여 년간 계속됐어. 그러다 1794년 카자르 왕조가 이란 전역을 통일했지. 이 역사는 뒤에서 살펴볼 거야.

동남아시아 국가들의 몰락과 유럽 열강의 침략

남아시아와 서아시아의 역사를 살펴봤으니 동남아시아의 역사를 마저 살펴보도록 할게. 개괄적으로 보자면, 17세기까지는 종전의 모습과 크게 다르지 않아. 유럽 국가들의 진출이 보다 활발해졌다는 점만 빼면 말이야.

열강으로 변한 유럽 국가들은 18세기로 접어들 무렵부터 본격적으로 동남아시아를 공략하기 시작했어. 자바에 커피 농장이 만들어지면서 동남아시아 원주민은 하루 종일 중노동을 해야 했지. 오늘날 자바 커피는 유명한 커피 상표 가운데 하나지? 바로 이때부터 명성을 쌓은 거란다.

간단하게나마 이 지역 왕국들의 흥망을 살펴볼까? 우선 베트남부터!

베트남의 후레 왕조는 18세기 들어 재기가 불가능할 정도로 약해졌어. 귀족들은 권력 다툼을 벌였고, 청 왕조는 더 많은 이권을 차지하려고 베트남을 압박했지. 베트남 민중은 끝까지 저항했어. 그러나 청 왕조의 6대 황제 건륭제乾隆帝가 통치하고 있던 1789년, 후레 왕조는 멸망하고 말았단다.

타이에 있던 아유타야 왕조를 기억하지? 앙코르 왕조를 무너뜨린 아유타이 왕조는 북쪽으로 치앙마이, 남쪽으로 말레이 반도, 동쪽으로 캄보디아, 서쪽으로 미얀마까지 영토를 넓혔었어. 그 아유타야 왕조도 1767년 멸망했단다.

아유타야 왕조가 사라지자 10여 년간 타이 지역에는 큰 혼란이 계속됐어. 이 혼란은 아유타야 왕조의 군인이었던 짜오프라야 짜끄리란 인물이 나서면서 끝났지. 그는 모든 혼란을 제거하고 1782년 왕의 자리에 올랐어. 이렇게 해서 탄생한 왕조가 짜끄리 왕조^{방콕 왕조}야. 그래, 이 왕조가 오늘날까지 이어지고 있단다.

타이는 1932년 입헌군주제가 정착됐어. 그 제도는 현재까지 유지되고 있어. 타이에서 왕의 존재는 아무도 침범할 수 없는 신성한 존재로 여겨졌어. 오늘날까지도 타이에서 왕은 절대적 존재로 추앙받고 있단다.

미얀마의 통구 왕조도 1752년 멸망했어. 통구 왕조의 뒤를 이어 알라웅파야 왕조가 들어섰는데, 이 왕조가 미얀마의 마지막 왕조야. 미얀마 역사상 최대의 영토

아유타이 왕조의 사원 1630년 프라삿통 왕이 그의 어머니를 위해 세운 야왓차이왓타나람 사원이다. 앙코르와트를 본따 건축했다고 한다.

를 확보하기도 했던 알라웅파야 왕조는 1885년까지 이어졌지.

인도차이나 반도의 많은 나라들이 거의 비슷한 시기인 18세기 중후반 멸망했지? 짜끄리 왕조와 알라웅파야 왕조를 빼면 대부분 지역에서는 새로운 왕조가 들어서지 못했어. 그렇다면 인도차이나 반도에서 새로 권력을 잡은 세력은 누구일까? 바로 유럽 국가들이란다. 동남아시아는 이때부터 유럽 국가들의 침략을 받고 식민 통치를 받게 되었어.

아유타야 왕조에는 16세기부터 포르투갈 상인들이 건너와 무역을 했어. 처음에는 상인들이, 다음에는 선교사들이 건너왔어. 중국이나 일본도 모두 비슷한 과정을 밟았지. 처음에 유럽 사람들을 반긴 것도 비슷한 풍경이야. 그들은 부자였고, 첨단 무기도 선물로 줬거든. 그러나 유럽 사람들이 늘어나면서 범죄와 같은 부작용이 늘었어. 그 때문에 타이는 17세기 후반, 유럽 국가들과의 교역을 중지하기도 했단다.

말레이시아와 인도네시아 지역은 네덜란드가 일찍부터 장악하고 있었어. 1511년 포르투갈이 말라카 왕국을 차지했다고 했지? 네덜란드는 17세기 들어 포르투갈로부터 이 말라카를 빼앗았어. 말라카를 시작으로 해서 네덜란드는 점차 세력을 넓혀나갔지.

이 무렵 네덜란드는 지금의 인도네시아 자카르타인 바타비아에 동인도회사를 세웠어. 당시 그곳을 통치하고 있던 마타람 왕조가 네덜란드의 동인도회사를 공격했지만 이길 수 없었어. 오히려 마타람 왕조가 휘청거리기 시작했지.

그 후 마타람 왕조는 내부 반란을 제압하기 위해 네덜란드에게 도움을 요청하기도 했단다. 네덜란드는 왕을 도와주는 대신 무역 독점권을 요구했어. 들어줄 수밖에 없었겠지? 네덜란드는 이어 땅을 달라고 했어. 마찬가지로 허락할 수밖에 없었어. 1775년 마타람 왕조는 역사 속으로 사라졌어. 그 땅은 고스란히 네덜란드가 챙겼지.

🔍 정복 군주의 저주, 강력한 군주 뒤에는 몰락한다?

오스만 제국은 술레이만 대제가 세상을 떠난 16세기 중반부터 쇠퇴하기 시작했어. 중국 역사상 최고의 정복 군주 중 한 명으로 꼽히는 한 왕조의 무제 황제를 볼까? 무제는 실크로드를 개척했고, 서역까지 세력을 뻗쳤어. 명 왕조의 영락제는 남해원정을 통해 아프리카까지 진출했어. 이 두 명의 황제가 세상을 떠나자 한 왕조와 명 왕조 모두 기울기 시작했지. 이쯤 되면 정복 군주가 사라지면 나라가 기운다는 '법칙'도 만들 수 있을 것 같지?

틀린 말은 아니야. 정복전쟁 때문에 국가 재정이 바닥났지만 황제가 무서워 모두 입을 다물었지. 황제가 죽고 난 뒤 반란과 권력투쟁 같은 부작용이 나타나게 돼 있어. 그다음은 나라가 쇠퇴하는 것밖에 더 있겠니? 정복전쟁도 적당한 수준이 좋겠지?

동아시아, 마지막 왕조 시대

오스만 제국과 무굴 제국이 유럽 국가들에게 호된 시련을 당하고 있던 17세기 중반, 중국에서는 최후의 왕조인 청 왕조가 탄생했어. 일본에도 최후의 바쿠후인 에도 바쿠후가 들어섰지. 한반도에서는 조선 왕조가 중반기를 넘기고 있었어.

동아시아는 지리적 위치 때문에 서아시아보다 유럽과 얽히는 시기가 다소 늦어. 그러나 17세기 중반부터는 동아시아도 유럽 국가들과 교류가 본격화됐단다. 대표적인 사례를 들자면, 중국이 이 무렵 러시아와 국경을 놓고 다투기 시작했어. 일본은 그보다 이른 15세기에 이미 포르투갈과 교류를 시작하기도 했지. 그래, 동아시아가 유럽 열강들의 공세를 피할 수 없게 된 거야. 19세기가 되면 동아시아도 유럽 국가들의 먹잇감이 되고 만단다.

여진족의 후손 누르하치, 청 왕조를 탄생시키다

우선 만주 지역으로 가볼까? 그곳에 있는 만주족의 움직임이 심상치 않기 때문이야. 만주족은 금 왕조를 건설한 여진족의 후손이야. 금 왕조는 13세기 초 칭기즈칸에 짓밟히기 전까지 중국 북부를 장악한 강자였어. 명 왕조는 이런 여진족이 뭉치는 것을 두려워했어. 그 때문에 여진족을 세 파벌로 쪼개 통치했지. 만주 북쪽의 야인여진족, 헤이룽黑龍 강 성 주변의 해서여진족, 지린吉林 성 주변의 건주여진족이 그 파벌이야.

명 황실은 여진족을 크게 압박하지는 않았어. 3대 황제인 영락제는 몽골족의 후손들이 세운 북원北元을 공략할 때 여진족과 동맹을 맺기도 했지. 여진족도 명 왕조의 문화를 받아들이면서 점차 중국인처럼 변해갔단다.

세 여진족 가운데 두각을 나타낸 파벌은 건주여진족이야. 청 왕조를 건설한 누르하치努爾哈赤는 건주여진족에 속해 있는 한 부족의 추장 아들이었단다.

누르하치 가문은 원래 친명파였어. 16세기 중반 건주여진족의 왕이 명 왕조에 대해 반란을 일으킨 적이 있는데, 그때도 누르하치 가문은 명 왕조의 편에서 싸웠단다. 그런데 이 전투에서 누르하치의 할아버지와 아버지가 명 왕조의 배신으로 죽고 말았어. 누르하치가 명 왕조에 대해 이를 갈기 시작한 게 이때부터야.

무굴 제국의 악바르 대제가 인도 전역을 정복하고 있던 1583년, 성인이 된 누르하치가 마침내 군대를 일으켰어. 그는 3년 후 건주여진족을 통일하고, 만주족이란 새로운 이름을 붙였어. 그들이 사는 곳이 만주였기 때문이지. 여진 문자를 발명하고 제도를 정비하는 등 제국 건설 작업도 시작했어.

누르하치가 급속도로 성장하고 있었지만 명 황실

청 왕조를 연 누르하치 만주족을 통일해 한족의 명나라를 몰아내고 청나라를 세웠다. 중국식 표기로 천명제라고 부른다.

은 대수롭지 않게 생각했어. 누르하치가 명의 고위 관료들에게 계속 뇌물을 바쳤기 때문이야. 오히려 누르하치는 명 황실로부터 벼슬까지 받았단다. 명 황실은 자기를 덥석 물 호랑이에게 날개를 달아주고 있었던 거야.

누르하치가 야금야금 다른 여진족들을 정복하고 있던 1592년, 임진왜란이 터졌어. 조선을 지원하느라 명 왕조가 정신이 없었겠지? 물론 만주 지역에 대한 경계도 소홀해졌어. 기회다! 누르하치는 여진족 통일에 속도를 냈어. 마침내 1616년 누르하치는 여진족을 통일하고 칸, 즉 황제에 올랐어. 이 나라가 후금後金이란다. 금 왕조의 영광을 재현하겠다는 뜻이었지. 후금은 20년 후 나라 이름을 청으로 바꿨어. 그래, 중국 최후의 왕조인 청 왕조를 말하는 거야. 청의 초대 황제 태조이기도 한 누르하치는 후금을 세우면서 천명天命이란 연호를 사용했어. 그 때문에 천명제로 불리기도 한단다.

누르하치는 즉각 명 왕조를 향해 진격했어. 후금 군대는 약해빠진 명의 군대를 격파하며 중국 본토를 공략했지. 랴오둥 반도가 곧 후금의 수중에 떨어졌어. 이제 명 왕조가 끝장날 거 같지? 그러나 누르하치는 끝내 명 왕조를 무너뜨리지 못했단다. 샤자한 1세가 무굴 제국의 황제에 오르기 1년 전인 1626년, 누르하치는 명과 전투할 때 입은 부상이 악화돼 세상을 떠났어.

영웅은 사라졌지만 그의 업적은 청나라의 기틀이 됐단다. 그가 여진 문자, 즉 만주 문자를 만들었다고 했지? 그는 팔기군八旗軍이라는 최강의 군대도 만들었어. 팔기군은 군대를 여덟 개의 부대로 나누고, 각 부대별로 깃발을 달리 사용했기 때문에 붙여진 이름이야. 팔기군은 유목 부족의 강인함을 가지고 있었어. 감히 맞설 군대가 없었어. 명과의 전투에서도 용맹을 발휘했지. 명의 군대가 거의 모든 전투에서 패한 것도 이 팔기군 때문이란다.

누르하치의 뒤를 이어 아들 홍타이지^{皇太極}가 칸
의 자리에 올랐어. 홍타이지도 후금의 세력을 넓
히는 데 전념했어. 칸이 된 바로 다음해인 1627년
에는 조선을 침략했고, 1635년에는 내몽골, 그러
니까 오늘날의 네이멍구 자치구를 정복했단다. 이
때 원의 전국 옥쇄를 손에 넣으면서 홍타이지는
1636년에 나라 이름을 청으로 바꿨어. 자신의 연
호도 숭덕제^{崇德帝}로 바꿨지. 그래, 홍타이지가 청
의 2대 황제 태종 숭덕제이야. 숭덕제는 그해 조
선을 다시 침략했어. 이 전쟁이 병자호란^{丙子胡亂}

청의 2대 황제 숭덕제 누르하
치의 8남으로 1626년 황제가 되었
다. 숭덕제는 후금의 국호를 청으로
바꿨다.

이지. 숭덕제는 명 왕조와 전투를 많이 했지만 중국 본토를 장악하지는 못한 채
1643년 세상을 떠났어. 그의 뒤를 이어 아홉 번째 아들이 세조 순치제^{順治帝}가 됐
단다.

이자성의 난과 명 왕조의 멸망

　　　　자, 시선을 돌려 같은 중국 땅에 있던 한족의 명 왕조를 보도록 할까?

　　　　홍타이지가 청의 2대 황제에 오르고 2년이 지난 1628년, 숭정제^{崇禎帝}
가 명의 17대 황제에 올랐어. 이 황제가 명 왕조의 마지막 황제란다. 숭정제는 황
제를 농락하는 환관의 우두머리 위충현^{魏忠賢}을 제거하는 등 나름대로 정치를 잘
해보려고 했어. 그러나 이미 기운 나라는 도로 세울 수가 없었지.

대신들은 여러 당파로 분열돼 당쟁을 거듭했어. 정치가 엉망이었겠지? 더 큰 문
제는 외부로부터 다가왔어. 그래, 바로 청의 위협이 갈수록 커진 거야. 숭정제는

명의 마지막 황제 17대 황제 숭정제는 농민 반란군 이자성에게 1644년 베이징이 함락되자 아들들을 자금성으로 피난시키고, 부인들과 딸들을 죽이고 자결했다.

군대를 보강해야 한다고 생각했어. 돈이 필요하겠지? 그 돈을 어디에서 얻겠니? 백성들이야. 가엾은 백성들은 더 많은 세금을 내느라 등골이 휘어졌어. 백성들의 불만이 점점 커졌지.

결국 전국에서 반란이 일어나기 시작했어. 이 반란군 가운데 가장 강력했던 게 이자성^{李自成}의 군대였어. 이자성은 원래 시골의 병사였단다. 월급이 거의 나오지 않자 홧김에 부패한 상관을 죽여버리고 반란군에 합류했지. 그때는 왕가윤^{王嘉胤}이란 인물이 농민 반란군의 지도자였어. 그러나 얼마 지나지 않아 왕가윤은 전투 중에 목숨을 잃었고, 고영상^{高迎祥}이란 인물이 지휘권을 넘겨받았단다. 이때가 1631년이었는데, 이자성은 바로 이 고영상의 밑으로 들어갔어.

이자성은 곧 두각을 나타냈어. 1635년 전국의 반란군이 허난^{河南} 성의 잉양^{滎陽}이란 곳에 집결했어. 어떻게 하면 명의 군대와 잘 싸울 수 있을까를 논의하기 위해서였지. 바로 이 회의에서 이자성이 여러 농민 반란군을 연합하자고 제안했어. 반란군이 농민 연합군으로 성장한 셈이지.

이듬해 고영상의 반란군은 시안^{西安}으로 쳐들어갔어. 이 전투에서 고영상이 목숨을 잃었어. 그의 뒤를 이어 이자성이 반란군 지도자로 승진했지. 그 후 이자성의 군대는 명의 정부군과 곳곳에서 전투를 벌였어. 아직까지는 명의 군대가 완전히 무력하지는 않았나봐. 반란군이 격파되고 이자성만 가까스로 목숨을 건질 때도 있었단다.

이 무렵 청의 군대가 명을 정복하기 위해 본격적으로 군대를 움직였어. 명 왕조로서는 엎친 데 덮친 격이 됐지. 병사가 부족한 명 왕조는 우선 이자성과 싸우는 군대를 빼 청과 싸우도록 했어. 그러자 이자성이 그 틈을 타 재기하는 데 성공했어. 이자성은 병사들이 서민의 재산을 약탈하지 못하도록 엄하게 단속했어. 정복한 땅은 농민에게 나눠줬고, 세금을 깎아주겠다는 공약도 내걸었지.

명 왕조의 착취에 시달린 농민들이 이자성을 전폭 지원하기 시작했어. 민심이 이자성에게 기운 거야. 이자성은 뤄양洛陽을 정복한 뒤 공약을 그대로 이행했어. 황족을 모두 죽이고는 그 재산을 백성들에게 나눠준 거야. 백성들은 만세를 불렀겠지?

영국의 동인도회사가 인도 대륙을 야금야금 먹어 들어가고 있을 때였어. 1644년 이자성은 시안을 정복한 뒤 대순大順이라는 나라를 세우고, 황제의 자리에 올랐어. 이제 명의 황제 숭정제가 있는 베이징을 정복하는 일만 남았지? 이자성의 군대는 베이징으로 진격했고, 수월하게 성을 점령했단다. 숭정제는 이때 스스로 목숨을 끊었어. 명 왕조가 역사 속으로 사라지는 순간이지.

그러나 이자성의 나라인 대순은 오래가지 못했어. 명나라의 이름난 장수 오삼계吳三桂가 청나라에 투항했기 때문이야. 오삼계는 청의 앞잡이가 돼 돌아왔고, 같은 민족인 이자성을 공격했어. 이자성의 군대가 패했어. 이자성은 베이징에서 도망치다가 스스로 목숨을 끊었단다. 이로써 명 왕조를 잇는 한족 왕조가 될 수도 있었던 대순은 채 1년도 안 돼 멸망하고 말았어.

오삼계는 이자성이 베이징을 점령했을 때만 해도 같은 한족으로서 이자성에게 반감을 가지지 않았어.

청나라를 도운 명나라 장수
오삼계는 명의 이름난 제독이었으나 이자성이 베이징을 함락하자 청의 순치제에 투항하여 그 후 청나라 군대의 중국 본토 입성을 도왔다.

그랬던 오삼계가 마음을 바꾼 것은 여자 때문이었단다. 이자성의 부하가 오삼계가 좋아하던 여자를 빼앗아간 거야. 오삼계는 홧김에 청의 황제 순치제에게 투항했어. 오삼계는 용맹하기로 소문이 나 있어 청 왕조의 군대도 대적하기 힘든 장수였다는구나. 그런 장수가 항복했으니 청으로서는 반기지 않을 이유가 없지? 게다가 오삼계는 활짝 문을 열어놓고 "청이여, 어서 오세요!"하고 있잖아? 이제 중국은 만주족의 세상이 됐단다.

강희제, 청의 황금기를 열다

청 왕조는 한족에 대해 강압적인 정책을 펼쳤어. 한족은 만주족을 비판할 수 없었어. 만주족의 머리 형태인 변발을 해야 했고 만주족의 옷을 입어야 했지. 그러나 청 왕조는 또한 당근 정책도 썼어. 능력만 있다면 민족에 상관없이 고위 관료가 될 수 있도록 한 거야. 덕분에 청 왕조는 일찌감치 중국에 정착할 수 있었단다.

3대 황제인 순치제는 남아 있는 명 왕조 세력을 제거하는 데 전념했어. 그의 뒤를 이어 1661년, 4대 황제 성조 강희제康熙帝가 등극했어. 바로 이때부터 청 왕조는 번영의 길을 달리기 시작했단다. 강희제는 여덟 살에 황제에 오른 후 무려 61년간 중국을 통치했어. 청의 황제 가운데 가장 장수한 황제로 기록돼 있지.

강희제가 황제가 오를 때까지만 해도 명 왕조의 세력이 미약하지만 남아 있었어. 그들은 난징에 수

청의 3대 황제 순치제 베이징에서 이자성을 몰아내고, 명 왕조의 잔존 세력을 모두 진압해 청 왕조의 기틀을 닦았다.

도를 정한 뒤 남명^{南明}이라 이름 지었어. 청 황실은 남쪽 지역에 아직 남아 있는 명의 세력을 토벌하기 위해 3명의 장수 오삼계, 경정충^{耿精忠}, 상지신^{尙之信}을 그 지역의 왕, 즉 번왕으로 임명하고 통치를 맡겼어. 남명의 마지막 황제인 영력제^{永曆帝}는 이자성의 군대를 진압했던 오삼계에게 처형됐단다. 이때 정성공^{鄭成功}이란 인물이 타이완으로 넘어가 저항의 불씨를 살렸지. 이로써 강희제는 중국 본토를 통일하는 데 성공했어. 그러나 곧 다른 반란이 터졌어. 오삼계가 반란의 장본인이었단다.

정성공 남명의 장수로 타이완으로 건너가 청나라에 저항했다. 정성공이 죽은 후 내분이 계속되다 1683년 타이완은 청나라에 정복됐다.

남명이 제거되자 강희제는 오삼계 등 세 번왕들이 더 이상 쓸모없다고 생각했단다. 강희제는 번왕을 없애려고 했어. 바로 이 때문에 번왕들이 반란을 일으킨 거야. 그래서 이 반란을 '삼번의 난'이라고 불러. 1673년 오삼계와 나머지 번왕들은 명 왕조의 부활을 선언하며 들고 일어섰어. 이 반란은 8년간 계속됐어. 그러다가 오삼계가 죽은 후 완전히 진압됐지.

강희제는 삼번의 난을 지켜보면서 군대를 장악해야 한다고 생각했어. 모든 군대를 중앙의 팔기군에 포함시켰고, 팔기군은 황제의 명령만을 따르도록 했지. 강력한 중앙집권제를 구축한 거야. 강희제는 2년 후인 1683년 정성공의 일가가 버티고 있던 타이완도 정복했단다. 본토에 이어 타이완까지 평정한 거지.

러시아는 이 무렵 오스만 제국뿐만 아니라 중국으로도 세력을 넓히고 있었어. 오스만 제국은 당했지만 중국은 그렇게 호락호락하지 않았단다. 러시아 로마노프 왕조의 표트르 대제도 강력한 황제였지만 청 왕조의 강희제 또한 강한 황제였

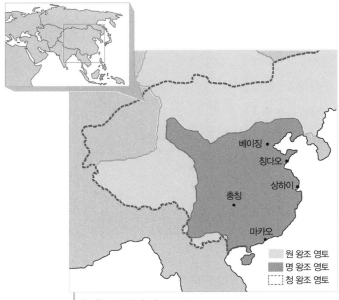

청 왕조의 최대 영토 만주족이 세운 청 왕조는 원, 명 왕조의 통치기보다 훨씬 큰 영토를 정복했다.

원 왕조 영토
명 왕조 영토
청 왕조 영토

어. 황제들이 둘 다 강하니, 충돌은 불을 보듯 뻔하지? 1650년대부터 두 나라는 국경선 주변에서 수시로 전투를 벌였어. 러시아 군대가 중국 국경 마을로 진격하기도 했지. 결국 강희제가 직접 군대를 이끌고 러시아 군대를 토벌했어. 청의 군대는 1685년 러시아의 아르바진 요새를 빼앗기

도 했단다.

두 나라는 1689년 네르친스크에서 평화조약을 맺었어. 러시아에서는 아무르 강이라고 부르는, 바로 그 헤이룽 강을 국경선으로 확정지었지. 두 나라가 자유무역을 합의하기도 했어. 얼핏 보면 공평한 조약 같지만 실제로는 청 왕조의 의견이 더 많이 반영됐단다. 청 왕조의 판정승이라고 할 수 있겠지? 러시아는 훗날 이 조약을 백지화하고 중국으로부터 많은 영토를 빼앗았단다.

강희제는 몽골 고원도 정복했어. 명 왕조를 괴롭혔던 몽골족의 오이라트 왕국을 기억하지? 네르친스크 조약을 체결한 이듬해, 강희제는 직접 군대를 이끌고 이 나라를 정벌하러 나섰단다. 중국의 황제가 직접 몽골 원정에 나선 것은 명 왕조의 영락제 이후 처음 있는 일이었어.

몽골 원정은 몇 년에 걸쳐 이뤄졌어. 몽골족은 티베트까지 달아나 그곳의 왕을

죽이고 정권을 빼앗았어. 청의 군대가 쫓아갔지만 힘을 되찾은 몽골 군대에게 패하기도 했지. 엎치락 뒤치락하던 싸움은 1720년에 가서야 끝이 났어. 청은 몽골을 완전 제압했고, 티베트를 흡수했단다.

청의 전성기 연 강희제 8세에 4대 황제가 되어 61년간 청나라를 통치했다. 중국 본토를 통일하고 청나라의 전성기를 열었다.

강희제의 업적은 이밖에도 많아. 그는 한족의 우수한 문화를 기꺼이 받아들였어. 종교에 대해서도 관용을 베풀었어. 로마 가톨릭교의 포교 활동도 허용했단다. 그러나 로마 가톨릭교가 중국의 전통의례를 미신이라 비난하며 금지하자 강희제는 그들이 포교 활동을 하지 못하도록 추방해버렸어. 중국의 전통의례에 대한 간섭은 곧 중국에 대한 내정간섭이라 여겼던 거지. 이때 중국의 전통의례를 포용했던 예수회 선교사들은 중국에 남아 있을 수 있었어.

강희제는 그렇게 많은 전쟁을 치르면서도 국민에게 세금을 더 받지 않았어. 이런 경우는 흔치 않지. 강희제의 이런 노력 때문에 청 왕조를 거부하던 한족들도 점차 강희제를 칭송하기 시작했어. 그 덕분에 중국은 다시 황금기를 맞았어. 오늘날 중국인들은 강희제를 황제 중의 황제란 뜻에서 '강희대제'라고 부른단다.

강희제는 아들만 35명이었어. 다음 황제 자리를 놓고 권력 다툼이 있었겠지? 강희제는 자식들이 권력을 놓고 유혈극을 벌이는 게 싫었나봐. 그는 후계자를 지정하지 않는다고 선언했어. 그 대신 유언장에 후계자 이름을 적어 넣고, 자신이 죽은 뒤 열어보라고 했단다. 이렇게 해서 청 왕조에서는 황제의 후계자를 따로 정하지 않는 관행이 생겨났어. 황제가 죽은 뒤 유언을 열어 보고, 거기에 적혀 있는 인물을 황제로 추대하는 거지.

아편과 사치, 전성기의 청에 지기 시작한 그림자

강희제의 뒤를 이어 1722년 5대 황제 세종 옹정제雍正帝가 취임했어.

옹정제도 큰 탈 없이 중국을 통치한 황제야. 그의 뒤를 이어 1735년, 고종 건륭제乾隆帝가 6대 황제로 취임했어. 건륭제는 할아버지와 아버지가 탄탄하게 구축한 청나라를 더욱 번영시킨 황제로 평가받고 있어. 건륭제는 강희제를 본받아 왕성한 정복 활동을 벌여 베트남과 네팔까지 영토를 확장시켰단다.

역사학자들은 강희제, 옹정제, 건륭제가 통치했던 약 135년을 청의 최고 전성기로 보고 있어. 그러나 건륭제가 통치할 때부터 청 왕조는 내리막을 타기 시작했단다. 탄탄했던 청 왕조가 쇠퇴기로 접어든 거야. 왜 그랬을까?

이 무렵 청 왕조를 밑에서부터 갉아먹고 있던 것이 있었어. 바로 아편이야. 아편을 중국에 퍼뜨린 사람들은 영국 동인도회사의 무역상들이었어. 영국 동인도회사는 1715년부터 중국과 무역을 했어. 그렇지만 좀처럼 이득을 얻지 못했지. 그럴 만한 이유가 있었어. 이때 영국이 판 물건은 주로 모직물이었는데, 중국인들은 모직물로 된 옷을 별로 좋아하지 않았단다. 당연히 안 팔리겠지? 반면 중국이 파는 차는 유럽 사람들이 엄청 좋아했어. 영국으로서는 매년 큰 폭의 무역 적자를 기록한 셈이지. 바로 이 무역 적자를 메우기 위해 영국이 아편을 팔기 시작한 거야.

옹정제는 황제에 오르고 7년이 지난 1729년, 아편 금지법을 만들었어. 그러나 이미 많은 중국인이 아편에 중독된 뒤였지. 아편은 불법으로 거래되기

청의 5대 황제 옹정제 강희제의 뒤를 이어 황제에 올라 청의 전성기를 구가했지만 영국인들이 들여온 아편 때문에 골머리를 앓았다.

시작했어. 바로 이 아편 때문에 중국은 19세기에 큰 굴욕을 경험하게 된단다.

무굴 제국은 1757년 플라시 전투로 영국의 반식민지가 됐어. 오스만 제국은 1768년 러시아의 침략을 당했지. 중국에서는 이런 전투가 터지지는 않았어. 영국은 아편을 퍼뜨리는 방법으로 중국을 잠식해나갔어. 아편은 전쟁보다 더 악랄하게 청나라를 괴롭혔어.

청의 6대 황제 건륭제 청나라는 건륭제에 이르러 영토가 네팔까지 확대됐지만 청 왕조가 쇠퇴한 시점도 이때부터다.

아편으로 나라가 몸살을 앓고 있을 때 청 황제와 대신들은 사치를 즐기고 있었어. 특히 건륭제 때 고위 관료들의 부패는 극에 달했어. 건륭제가 총애했던 인물인 화신和珅이 대표적이야. 그는 세금 업무를 총괄하는 관료였는데, 업무는 뒷전이었고 제 잇속 챙기는 데 혈안이 돼 있었단다. 심지어 황제에게 가야 할 공물까지 빼돌렸다는구나. 화신은 건륭제의 다음 황제인 가경제嘉慶帝 때 사형에 처해졌단다.

건륭제 자신도 그리 검소하지 않았어. 강희제는 전쟁 자금을 궁궐에서 마련할 정도로 백성들에게 부담을 주지 않으려 했던 황제야. 할아버지와 달리 건륭제는 재산을 모으는 데 열심이었어. 황제나 신하나 모두 돈만 밝히고 있으니 청 왕조의 운명도 그리 밝아보이지 않지?

황실이 부패하면 지방 관리들도 부패하지. 그렇다면 누가 가장 힘들겠니? 바로 백성들이야. 백성들은 탐관오리들을 피해 도망 다니다 반란군에 가담하기 시작했어. 원나라 때 반란을 일으켰던 백련교도들을 기억하지? 18세기 후반 들어 이 백련교도들이 전국에서 반란을 일으켰단다.

건륭제의 호화로운 순행 건륭제가 순행하는 모습을 묘사한 1575년의 그림이다. 청나라의 영토를 크게 확장한 건륭제는 백성들에게 황실의 부와 위엄을 과시하기 위한 순행을 여러 차례 나섰다. 순례 때마다 국고의 돈을 지나치게 낭비했고 사치와 향락을 즐겨 백성들의 원성을 샀다.

이제 누가 봐도 청 왕조는 약해지고 있었어. 1796년 7대 황제인 인종 가경제가 즉위했어. 그러나 가경제는 기울기 시작한 청 왕조를 도로 세우지 못했어. 사실 황제와 고위 관료들은 청 왕조가 기울고 있다는 사실도 깨닫지 못했단다. 유럽 국가들이 야금야금 중국 경제를 갉아먹고 있는데도 대수롭지 않게 여긴 거야. 왜 그런지 아니? 청 왕조가 세계의 중심이라는 자만심에서 헤어나지 못했기 때문이지. 투르키스탄까지 뻗은 영토, 주변의 모든 민족이 임금의 나라로 모시는 나라…. 이런 인식에 사로잡혀 있었던 청 왕조는 우물 안의 개구리와 다를 바 없지.

바로 이 무렵 영국에서는 산업혁명이 일어났어. 산업혁명은 이윽고 유럽의 다른 나라에도 전파되기 시작했어. 유럽은 과학기술이 하루가 다르게 발전하고 있었던 거야. 과학기술 발달에 힘입어 유럽 여러 나라들이 부강해졌어. 그러나 중국은 아직까지도 "우리가 최고다!"라며 유럽 국가들을 변방의 야만인으로만 생각하고 있었어. 그 결과는 채 100년이 지나지 않아 나타나게 돼. 중국은 영국의 반식민지가 되고 말았지. 그 역사는 다음 장에서 살펴볼게.

🔍 배신극의 종말

오삼계는 명과 청 왕조를 오가며 배신에 배신을 거듭했어. 이 때문에 배신자의 상징처럼 받아들여지고 있지. 배신의 목적은 부귀영화일 거야. 과연 그 목적을 이뤘을까?

명 왕조 밑에서 출세를 거듭한 오삼계는 청이 성장할 무렵 국경을 지키는 장수였어. 명이 기울자 즉각 청에 투항했지. 같은 한족인 이자성, 남명의 영력제를 모두 제거한 대표적인 매국노야. 그 공을 인정받아 1662년에는 청나라에서 원난의 번왕으로 봉해졌어.

그러나 청의 4대 황제였던 강희제는 그를 못 믿었어. 번왕 자리를 빼앗으려 했지. 그러자 오삼계는 반란을 일으켰어. 반란 구호는 "명나라를 부활시키자!"였단다. 따르는 사람이 있었겠니? 오삼계는 쓸쓸히 죽음을 맞았단다. 배신자의 종말은 늘 비참했어. 역사는 거짓말을 하지 않거든.

일본, 에도 바쿠후는 저물고
상업 자본주의는 싹트다

　오스만 제국과 무굴 제국, 중국의 청 왕조…. 16세기부터 18세기까지 아시아의 최대 강국은 이 세 나라일 거야. 그러나 약속이나 한 듯이 세 나라 모두 유럽 국가들의 침탈에 시달리고 있었지.

　아직까지 서양 국가들은 동아시아의 섬나라 일본을 본격적으로 노리지 않았어. 그러나 일본과 서양 국가들과의 교류는 이어지고 있었단다. 일본은 16세기 중반부터 포르투갈과 교역을 시작했고, 에스파냐로부터 가톨릭을 받아들였어. 이후에는 네덜란드와 깊은 관계를 맺기도 했지.

　이 무렵 일본을 장악한 정부는 에도 바쿠후였어. 도쿠가와 이에야스가 1603년 에도에 바쿠후를 세웠지? 이어 1605년에는 아들 도쿠가와 히데타다에게 2대 쇼군의 자리를 넘겨줬어. 다른 사람이 넘보지 못하게 아들을 일찌감치 쇼군으로 만든 거야. 물론 권력까지 내놓지는 않았지.

에도 바쿠후의 쇼군, 절대 권력자가 되다

도쿠가와 이에야스는 2대 쇼군인 아들 도쿠가와 히데타다의 배후에서 모든 걸 조종했단다. 그러나 도요토미 히데요시의 아들 도요토미 히데요리를 제거한 후 모든 긴장이 풀렸나봐. 도쿠가와 이에야스는 전국 통일 작업을 완수한 뒤 1616년 파란만장한 삶을 마감했어. 도쿠가와 히데타다는 그제야 쇼군으로서 제대로 실권을 행사했어.

도쿠가와 이에야스의 노력 덕분에 초기 에도 바쿠후는 그 어느 때보다 쇼군의 권력이 강했어. 도쿠가와 이에야스는 우선 지방 영주, 즉 다이묘들을 세 등급으로 재정비했어. 물론 등급에 따라 대우도 달랐지.

가장 높은 등급은 도쿠가와 가문의 친척들에게만 주어진 신판다이묘^{親藩大名}야. 두 번째 등급은 오래전부터 도쿠가와 이에야스를 섬겨 왔던 충신들에게 주어졌어. 후다이다이묘^{譜代大名}라고 불렀지. 최하위 등급인 도자마다이묘^{外樣大名}는 도쿠가와 이에야스가 권력을 잡자 뒤늦게 합류한 다이묘들이야.

신판다이묘들은 에도 주변의 좋은 땅을 받았어. 후다이다이묘들도 그보다는 못하지만 그럭저럭 괜찮은 영지를 얻었지. 그러나 도자마다이묘들은 멀리 구석에 처박혀 있는 영지밖에 얻지 못했어. 당연히 반발이 컸겠지? 에도 바쿠후도 그 점을 잘 알고 있었어. 혹시라도 반란이 일어날까봐 도자마다이묘 주변에는 신판다이묘와 후다이다이묘를 배치했단다.

도쿠가와 히데타다 도쿠가와 이에야스의 아들로 1616년 이에야스 사후 실질적인 권력을 잡았다. 일국일성령을 내려 쇼군 세력 강화에 힘썼다.

에도 바쿠후는 그래도 불안했어. 가마쿠라, 무로마치 바쿠후가 모두 다이묘를 휘어잡지 못해 무너졌다는 점을 도쿠가와 이에야스라고 모를 리 없잖아? 다이묘를 관리할 묘안이 필요했어.

1615년 에도 바쿠후는 한 지역에 한 개의 성만 짓도록 하는 일국일성령一國一城令을 내렸어. 원래 지방의 큰 다이묘는 성을 여러 개 갖고 있었고, 각 성마다 사무라이 군대가 있었단다. 만약 그 다이묘가 여러 성의 군대를 모아 반란을 일으킨다면? 에도 바쿠후는 그럴 확률을 아예 없애버리기로 한 거야. 다이묘들은 자신이 살고 있는 성 하나를 빼고 모든 성을 허물어야 했어. 도쿠가와 히데타다는 나아가 다이묘끼리 결혼할 때에는 반드시 쇼군의 허락을 받도록 했어. 두 가문이 합쳐져 강력한 다이묘 가문이 탄생하는 것을 차단하려는 계산이었지.

이쯤 되면 쇼군에게 감히 도전할 세력이 없겠지? 그래도 마음이 안 놓였는지 에도 바쿠후는 다이묘들을 더 강하게 억눌렀어. 제3대 쇼군인 도쿠가와 이에미쓰 때 실시된 '바쿠후 의무근무제'가 바로 그거야. 다이묘가 영지와 수도를 번갈아가며 1년씩 살도록 한 제도였어. 다이묘의 가족은 에도에 볼모로 잡아뒀지. 다이묘들은 에도에 있는 가족이 행여 다칠까봐 딴짓을 할 수 없었어.

이제 쇼군은 절대 권력자가 됐어. 수도 에도는 번영하기 시작했지. 물론 머잖아 지방의 다이묘들이 다시 꿈틀거린단다. 찬밥 신세였던 도자마다이묘들이 18세기 무렵부터 바쿠후를 타도하는 데 앞장 선거야. 그들은 바쿠후 시대를 끝내고 메이지 정부를 세웠단다. 그 이야기도 곧 할 거야. 조금만 기다려.

도쿠가와 이에미쓰가 3대 쇼군으로 있을 무렵 일본은 아주 어수선했어. 1대 쇼군 도쿠가와 이에야스는 1612년, 가톨릭이 전파된 지 60여 년 만에 금지령을 내렸었어. 도쿠가와 이에미쓰는 이 가톨릭 금지령을 더욱 강화해 가톨릭을 전면 금지했어. 전국에서 가톨릭 신도들이 들고 일어났지. 1637년에는 신도가 많았던 규슈九州 지방에서 농민 반란인 '시마바라의 난'까지 일어났어. 농민뿐만이 아니야. 그전까지만 해도 다이묘와 쇼군에게 절대복종했던 사무라이까지 반란을 일으켰어.

반란을 일으킨 사무라이들은 대부분 로닌浪人이었어. 에도 바쿠후가 들어설 때 많은 다이묘들이 몰락했지? 그 다이묘 밑에 있던 사무라이들은 주인을 잃었으니 갈 데가 없어졌어. 그들이 바로 로닌이야. 요즘으로 치면 실업자 사무라이인

겐로쿠 시대를 연 쇼군 도쿠가와 쓰나요시는 1680년 5대 쇼군이 되어 경제와 문화를 발전시켜 에도 바쿠후의 전성기인 겐로쿠 시대를 열었다.

셈이지. 로닌들은 에도 바쿠후를 원망했겠지? 로닌들은 곳곳에서 반란이 일어나자 기회를 엿보고 있었어. 도쿠가와 이에쓰나가 1651년 4대 쇼군에 오른 직후였어. 유이 쇼세이 등의 로닌들이 드디어 "바쿠후를 타도하자!"며 반란을 일으켰지. 무려 3,000여 명의 로닌이 이 반란에 참여했단다. 도쿠가와 이에쓰나는 힘겹게 이 반란을 잠재웠어.

청의 강희제가 삼번의 난을 진압하기 1년 전인 1680년, 도쿠가와 이에쓰나가 세상을 떠나고 그의 동생 도쿠가와 쓰나요시가 5대 쇼군에 올랐어. 그가 쇼군으로 있을 때 에도 바쿠후는 최고의 문화 전성기를 맞았어. 그 시절을 당시 연호인 겐로쿠元祿를 붙여 '겐로쿠 시대'라고 부른단다.

겐로쿠 시대의 가장 큰 특징은 사무라이들이 칼을 버렸다는 거야. 쇼군은 사무라이들이 행정 능력을 키우고 학문을 익히도록 했어. 그래, 사무라이들이 관료가 된 거야. 사무라이들은 점점 칼 대신 펜을 쓰는 존재로 변해 갔단다.

에도 바쿠후와 함께 쇠퇴한 바쿠후 시대

이제 에도 바쿠후의 중기 역사를 볼까?

이란의 사파비 왕조가 멸망하기 20여 년 전인 1716년, 도쿠가와 요시무네가 8대 쇼군에 올랐어. 그가 쇼군이 될 무렵의 일본 경제는 상당히 발전해 있었어. 상인과 수공업자들이 나날이 성장하고 있었지. 그렇지만 국가 재정까지 좋았던 것은 아니야. 18세기 초반에는 에도 바쿠후의 재정이 바닥나 있었고, 강력했던 쇼군의 권위도 무너진 상태였지. 한마디로 좋은 시절이 다 간 거야.

도쿠가와 요시무네 쇼군은 즉각 개혁을 실시했어. 재정 확보가 가장 큰 과제겠지? 농촌부터 살려야 했어. 농지를 개간했고, 조세제도도 고쳤어. 전국에 사치 금지령도 선포했어. 화려한 옷이나 장신구를 착용하는 것도 금지됐지.

도쿠가와 요시무네는 부패한 정치를 바로잡기 위해 직접 백성의 소리를 듣기로 했어. 수도였던 에도 시내 한복판에 투서함을 설치했지. 신문고와 비슷해. 백성은 직접 쇼군에게 상소를 올릴 수 있었어. 이 투서함을 통해 들어온 의견 가운데 쓸만한 것은 제도로 만들었어. 가난한 사람들을 무료로 돌봐주는 기관이 만들어진 게 대표적인 예야. 도쿠가와 요시무네가 실시했던 이 개혁은 당시의 연호를 따 교호 개혁이라고 불러.

교호 개혁을 실시한 쇼군 도쿠가와 요시무네는 에도 바쿠후의 8대 쇼군에 올라 바쿠후의 전반적인 개혁인 교호 개혁을 실시했다.

교호 개혁이 성공했을까? 글쎄, 초기에는 성공하는 듯 했어. 그러나 결과는 좋지 않았지. 문제는 흉년이 겹치면서 1730년대부터 쌀값이 지나치게 뛰었다는 데 있었어. 한번 오른 쌀값이 좀처럼 떨어지지 않자, 빈민들이 쌀을 달라며 폭동을 일으켰단다. 백성들의 생활이 힘들어졌으니 세금도 덜 걷혔겠지? 바쿠후 재정도 다시 나빠질 수밖에 없었어.

건륭제가 청의 마지막 전성기를 구가하던 1745년, 도쿠가와 요시무네의 아들 도쿠가와 이에시게가 9대 쇼군이 됐어. 도쿠가와 이에시게는 나약한 인물이었단다. 아버지처럼 권력을 꽉 쥐고 개혁을 주도할 만한 그릇이 못 됐어. 이때부터 쇼군의 자문격인 로주老中가 정치를 좌우하기 시작했단다.

간신 다누마 오키쓰구 로주가 된 1745년부터 부정부패를 축재했다. 1787년 파면되어 재산을 몰수당했다.

당시 로주는 다누마 오키쓰구였어. 그는 9대 쇼군에 이어 10대 쇼군 밑에서도 로주를 맡았단다. 10대 쇼군 도쿠가와 이에하루가 세상을 떠난 1786년까지 권력의 맨 꼭대기에서 떵떵거리며 살았지.

권력의 핵심부에 있는 인사들이 오랜 세월 맘대로 권력을 휘두르면 분명히 부작용이 생기게 돼 있어. 혼슈 중앙부의 사라가에 있는 다누마 오키쓰구의 집에는 손님들이 끊일 새가 없었다는구나. 창고는 손님들이 가지고 온 선물로 넘쳐났어. 그들은 쇼군 가문이 아니라 로주에게 인사 청탁을 하고 있었던 거야. 이 모양이니 정치가 제대로 돌아갈 리 없겠지? 쇼군의 권위는 날이 갈수록 추락했고, 교호 개혁은 먼 옛날의 이야기가 돼버렸어.

그러나 모든 정치가들이 다누마 오키쓰구처럼 간신이었던 것은 아니야. 바쿠후의 영광을 되찾으려고 혼신의 힘을 기울인 로주도 있었단다. 그 인물이 바로 마쓰다이라 사다노부야.

1787년 도쿠가와 이에나리가 11대 쇼군이 됐어. 이 무렵 일본은 심각할 정도로

간세이 개혁을 실시한 쇼군
1787년 11대 쇼군이 되어 다누마 오키쓰구를 로주에서 파면하고 겐세이 개혁을 실시했다.

어수선했어. 바쿠후 재정은 파탄할 지경이었고, 쌀값은 하늘 모르고 치솟고 있었어. 부패한 정치인들만 제 배를 불리고 있었지. 쇼군은 다누마 오키쓰구를 즉각 파면하고, 마쓰다이라 사다노부를 로주에 앉혔어.

마쓰다이라 사다노부는 강력한 개혁에 착수했어. 당시 연호를 따 '간세이寬政 개혁'이라고 부르지. 간세이 개혁은 본질적으로 교호 개혁과 크게 다르지 않아. 농업을 장려하고, 외국과의 무역을 제한했어. 어? 일본이 외국과 무역을 활발히 하지 않았느냐고? 아니야. 이 무렵 일본은 쇄국정책으로 돌아서 있었단다. 이에 대해서는 조금 있다가 살펴볼 거야.

간세이 시대에는 지나치다 싶을 만큼 금지 조항이 많았어. 사치를 줄인다는 명분으로 여러 사람이 모여서 술을 마시거나 가벼운 도박을 하는 것도 금지할 정도였지. 개혁도 자연스러워야 해. 사람들이 불편해하면 성공할 확률이 낮지. 게다가 부패한 정치인들은 교묘하게 살아남았어. 이러니 간세이 개혁이 성공할 리 없지? 마쓰다이라 사다노부가 로주에서 해임되면서 개혁도 끝났단다.

에도 바쿠후는 19세기 들어 마지막 개혁에 착수해. 그 개혁이 1841년부터 3년간 실시된 덴포天保 개혁이야. 이에 대해서는 뒤에서 살펴볼게. 결과만 귀띔하자면 덴포 개혁도 실패로 끝났어. 이로써 에도 바쿠후 중기 이후의 3대 개혁은 모두 실패로 돌아갔어. 그 결과는? 그래, 에도 바쿠후의 멸망이었지.

에도 바쿠후의 경제, 상업자본주의의 싹이 트다

이번에는 경제적인 측면에서 에도 바쿠후의 초기와 중기 역사를 한꺼번에 보도록 할게. 이 부분은 오늘날의 일본을 이해하는 데 아주 중요하단다. 일본이 경제 대국으로 성장할 수 있었던 밑거름이 바로 이 무렵 만들어졌기 때문이야.

일본은 17, 18세기 때부터 상업이 크게 발달했단다. 정치가 어수선했으니 경제도 엉망이었을 거라고 생각하기 쉽지만 그렇지는 않아. 명 왕조가 상공업을 억제했지만 상공업은 보란 듯이 번영했지? 아무리 보수적인 왕조라도 역사의 흐름을 막을 수는 없다는 얘기야.

에도 바쿠후는 초기부터 사무라이와 농민들을 완전히 분리해 농민들은 농사에 전념토록 했어. 방치됐던 황무지가 개간됐어. 많은 땅이 비옥한 농지로 바뀌었지. 품종과 농기구도 잇달아 좋은 것으로 바뀌었어. 당연히 농업 생산량이 크게 늘었겠지? 먹고 살만해지자 풍족하고 편리한 생활을 위한 물품들이 필요해졌어. 그런 물품을 만드는 수공업이 발달했고, 그런 물품을 사고파는 상업이 발달했지. 에도, 즉 오늘날의 도쿄는 이때부터 경제 중심지로 성장하기 시작했단다.

에도 바쿠후는 3대 쇼군 도쿠가와 이에미쓰가 1639년 유럽 국가들과의 무역을 금지함으로써 쇄국정책으로 돌아섰어. 당연히 해외무역은 주춤했겠지? 그러나 일본 내부의 상업은 더욱 발달했단다. 바쿠후 재정이 바닥이 났지? 그럼에도 불구하고 일본 경제는 전체적으로 호황이었어. 상공업의 힘이라고 볼 수 있겠지?

에도 바쿠후 중반부의 쇼군들, 특히 8대 쇼군인 도쿠가와 요시무네는 교호 개혁을 통해 상업을 억제하려고 했어. 상인의 힘이 커지기 때문에 국가 재정이 오히려 약해진다고 생각했던 거야. 그러나 이미 커진 상인들의 세력을 막을 수는 없었어. 바로 이 상인과 수공업자들을 조닌町人이라고 불렀단다. 쇼군들은 대체로 조닌들을 좋아하지 않았어. 왜 그랬겠니? 농사를 장려하기 위해서였어. 일부 조닌들은 오늘날의 사채업자처럼 농민들에게 돈을 꿔주고 높은 이자를 함께 받았단다. 그런 상인들을 제지하기 위해서라도 조닌을 눌러야겠지?

사실 에도 바쿠후 시대까지만 해도 조닌은 농민보다 천대받는 사람들이었어. 조선과 중국 등 유교권 국가에서는 학자와 지식인이 가장 높은 신분이었어. 일본에서는 사무라이들이 가장 신분이 높았지. 상층부는 이렇게 달랐지만 상인들이 가장 낮은 신분이었다는 점은 같았어. 그래, 사농공상士農工商 서열의 맨 밑바닥이 상인이었지.

바로 이 점 때문에 오히려 조닌들이 자유로울 수 있었단다. 아무도 신경을 쓰지 않으니 맘껏 장사를 할 수 있었던 거지. 조닌들은 대체로 경제적으로 넉넉했어. 큰돈을 번 조닌들도 많았지. 경제적으로 넉넉하지만 사회적으로 천대를 받은 셈이

서민 예술의 대명사 가부키 가부키는 17세기부터 세력이 성장한 조닌들에 의해 육성된 대중문화다. 1858년 에도에서 상연된 가부키의 한 장면.

지. 그런 사람들이 정치에 돈을 쓰겠니? 아니야. 그들은 문화에 빠졌어. 오늘날 일본의 대표적인 전통문화들이 바로 이 무렵의 조닌들에 의해 만들어졌고, 동시에 크게 발달한 거야. 가부키歌舞伎라는 연극과 노가쿠能樂라는 가면극이 대표적이지. 17세기 이후에는 가부키 배우들이 스타 대접을 받기도 했어. 대중문화가 이때부터 일본에서는 크게 발전했던 거야. 바로 이 점 때문에 이 당시의 문화에 '조닌 문화'라는 이름을 붙인단다.

머잖아 조닌들은 문화뿐만 아니라 경제와 정치체제까지 바꾸기 시작했어. 어떻게 해서 이런 일이 가능했을까?

다이묘의 주 수입원은 농민들로부터 세금으로 걷은 쌀이야. 다이묘는 사무라이를 거느리고 있었지? 그들의 봉급으로는 쌀을 직접 주거나 돈으로 바꿔서 줬어. 이 과정 중간에 조닌들이 끼어 있었단다. 조닌들은 그때그때의 물가에 따라 물건값을 달리 매겼어. 어떤 때는 쌀 한 가마니가 열 냥이지만 어떤 때는 다섯 냥밖에 되지 않는 식이야. 이렇게 되면 쌀보다는 돈을 갖고 있는 게 더 좋겠지? 게다가 돈을 갖고 있으면 쌀 말고도 많은 품목을 살 수 있잖아? 중국에서도 은이 화폐로 쓰이면서 이런 자본주의 초기 모습이 나타났지? 일본에서도 17세기부터 중국과 같은 현상이 나타난 거야.

조닌들의 활약은 이것으로 끝나지 않아. 상공업자들이 영국에서 명예혁명을 일으킨 것처럼 일본에서도 조닌들이 바쿠후 타도에 앞장서게 돼. 조금만 기다려. 그 이야기는 다음 장에서 살펴볼게.

무기를 가장 먼저 수입한 나라

이번에는 유럽과의 관계를 살펴볼까? 16세기에서 18세기 사이 아시아의 주요 국가들이 유럽으로부터 시달리고 있었지? 일본은 좀 독특해. 원하는 것만 수입하고, 나중에는 딱 문을 닫아버렸단다.

1543년 포르투갈의 상선이 일본 규수 가고시마鹿兒島 남쪽의 다네가 섬種子島에 도착했어. 중국으로 항해하던 중 태풍을 만나는 바람에 표류하다가 일본에 상륙한 거지. 포르투갈 사람들은 그 지역의 다이묘에게 조총을 선물로 줬어. 그런데 이 조총이 다이묘를 감동시켰단다. 이 무렵 일본은 센고쿠 시대였지? 명중률과 파괴력이 모두 높은 첨단 무기를 얻었으니 다이묘가 감동할 법도 하지?

바로 이 조총이 일본이 서양 문물 가운데 가장 먼저 수입한 품목이야. 무기만 보면 사족을 못 쓰는 걸 보면 훗날 일본이 군국주의 국가가 된 게 우연이 아닌 것 같지? 어쩌면 일본 지배층의 혈관에 '전쟁의 피'가 흐르고 있었던 게 아닐까?

어쨌든 이때부터 유럽과 일본의 교류가 시작됐어. 포르투갈은 여름마다 일본 규슈를 방문했고, 에스파냐는 가톨릭을 전파했지. 일본에 가톨릭을 전파한 사람은 에스파냐의 예수회 소속 프란시스코 사비에르 신부야. 그는 1549년 가고시마에 상륙했어. 다이묘들은 가톨릭을 순순히 받아들였어.

동양의 사도 사비에르 에스파냐의 예수회 선교사로, 1549년 일본 규수 가고시마 도착하여 가톨릭을 포교했다.

가톨릭은 순식간에 퍼져나갔어. 1573년 무로마치 바쿠후의 문을 닫은 오다 노부나가도 가톨릭을 보호하고 장려했단다. 그 결과 1578년에는 당시 수도인 교토에 교회가 들어섰어. 가톨릭 신도는 10만 명을 넘어섰지. 도요토미 히데요시도 처음에는 가톨릭을 보호했어. 그러다가 권력을 잡더니 돌변했어. 1587년 서양의 가톨릭 선교사와 신도들은 모두 일본 땅을 떠나라는 포고령을 발표했어. 가톨릭 신도들에게는 그야말로 마른하늘에 날벼락이 떨어진 거야.

도요토미 히데요시가 이처럼 돌변한 것은 '권력' 때문이었어. 원래 일본에서는 천황만이 유일한 황제이자 신이었어. 쇼군도 천황을 뛰어넘을 수는 없지. 그런데 가톨릭에서는 만민평등을 주장하고 있어. 도요토미 히데요시는 이 가톨릭의 교리를 이용하고 싶었던 거야. 이 교리대로라면 천황과 쇼군이 평등하기 때문에 쇼군이 능력만 있다면 천황을 넘어서도 상관없잖아? 게다가 당시에는 불교 세력이 특히 강했어. 웬만한 절은 강력한 군대를 가지고 있었고, 주지 스님은 막강한 다이묘나 다름없었지. 불교 세력을 약화시키기 위해서라도 신흥 종교가 필요한 상황이었어. 바로 이 두 가지 이유 때문에 오다 노부나가와 도요토미 히데요시는 가톨릭을 보호했던 거야. 그런데 이제 일본 통일을 눈앞에 두고 있어. 모든 권력을 장악했으니 가톨릭의 평등사상은 위험한 사상이 돼버렸지. 생각해봐. 평등사상이 '쇼군과 다이묘도 평등하다'는 식으로 해석될 수도 있잖아. 이젠 도요토미 히데요시에게 가톨릭은 적이 된 거야! 왜 탄압했는지 알겠지?

그의 뒤를 이어 권력을 잡은 도쿠가와 이에야스는 가톨릭이 맘에 들지는 않았지만 일본인 신도들을 의식해 전면 금지하지 않았어. 그런 정책을 바꾼 사람들은 네덜란드 상인들이었어. 무슨 소리냐고?

세키가하라 전투가 벌어지기 6개월 전인 1600년 4월, 네덜란드의 상선이 일본에 도착했어. 네덜란드 상인들은 사실상 쇼군이나 다름없는 도쿠가와 이에야스를 알현했어. 떨떠름해 하는 도쿠가와 이에야스에게 그들은 묘한 이야기를 했어. "우리는 종교에 관심 없습니다. 오로지 무역만을 원합니다."

사실 네덜란드 상인들의 속셈은 가톨릭 국가인 포르투갈과 에스파냐를 일본에서 몰아내려는 거였어. 네덜란드는 대표적인 신교 국가였거든. 네덜란드 상인들은 "두 나라가 일본과 무역을 하지만 실제 목적은 일본을 가톨릭 국가로 만들고 식민지로 삼으려는 거다!"라며 이간질을 했어.

이 네덜란드의 전략이 먹혀들었어. 1612년 도쿠가와 이에야스는 가톨릭 금지령을 선포했어. 서양의 선교사만 내보낸 게 아니야. 일본인들도 가톨릭을 믿지 못하도록 했어. 이미 신도가 된 사람들은 종교를 버리라고 강요했고, 종교를 포기하지 않으면 처형했단다. 문제는, 이미 가톨릭이 상당히 널리 퍼졌다는 거야. 민중은 종교를 포기하지 않았어. 수많은 사람들이 처형됐지. 가톨릭에 대한 대박해가 시작된 셈이야.

이 박해로 1637년 규수 지역에서 시마바라의 난까지 일어났어. 이 농민 반란은 이미 살펴봤지? 규수는 가톨릭이 가장 먼저 상륙한 지역이야. 그 때문인지 유달리 가톨릭 신도들이 많았어. 에도 바쿠후는 가톨릭을 믿는 다이묘를 끌어내리고 새로이 바쿠후에 순종하는 다이묘를 그 자리에 앉혔는데, 그게 화근이 돼 반란이 일어난 거란다. 이 반란을 진압하는 데만 10만 명 이상의 병사가 동원됐다니 얼마나 격렬했는지 짐작하겠지?

에도 바쿠후는 서양 문화가 위험하다는 사실을 깨달았어. 1639년 바쿠후는 포르투갈 상선이 일본에 들어오는 것까지 금지했어. 그래, 일본이 쇄국정책으로 돌아선 거야. 다만 딱 한 나라만은 종전처럼 일본과 무역을 할 수 있었어. 바로 네덜란드였지. 네덜란드 무역상은 매년 한 번씩 일본을 찾아왔고, 이 배의 선장은 쇼군과 만나 서양이 어떻게 돌아가는지를 이야기했단다.

견공의 유래

에도 바쿠후 5대 쇼군인 도쿠가와 쓰나요시는 후
계자 문제로 고민을 많이 했어. 아들이 좀처럼 생
기지 않았기 때문이야. 어느 날 그의 어머니가 점
을 봤어. 점을 봐준 스님이 이렇게 말을 했대. "쇼
군은 개의 해, 즉 술년戌年에 태어났으니 개를 잘
돌봐야 아들을 얻을 수 있다."

도쿠가와 쓰나요시

터무니가 없지? 그러나 쓰나요시 쇼군은 이 말을
믿었단다. 그는 바로 살생금지령을 내렸고, 특히
개에 대해서는 각별히 대하라는 포고를 내렸어. 서
민들은 그 자신은 굶으면서도 개는 잘 먹여야 했
어. 그렇게 하지 않으면 감옥에 가야 했단다.

서민들은 이때부터 개를 높여서 '견공犬公'이라고 불렀어. '공'이란 말은 보통 학식이나 권
세가 높은 사람을 가리킬 때 쓰는 말이었어. 개를 그런 사람의 반열에 올린 거지.

임진왜란이 끝난 후 동아시아의 지도가 많이 바뀌었어. 중국에서는 명 왕조가 비틀거리기 시작했어. 훗날 만주족이 명 왕조를 무너뜨리고 청 왕조를 세우지. 일본에서는 도쿠가와 이에야스가 오랜 기다림 끝에 에도 바쿠후를 세우고 권력을 잡았어.

그러나 정작 모든 전투가 치러진 한반도에는 큰 변화가 없었어. 왕조가 바뀌지도 않았고, 더 혼란스러워지지도 않았단다. 현명한 왕이 등장해 모든 개혁을 진두지휘했기 때문이야. 덕분에 임진왜란으로 피폐해진 한반도가 되살아나고 있었어.

이 개혁을 주도한 왕은 1608년 조선의 15대 왕이 된 광해군이야. 광해군은 훗날 폭군으로 돌변하지만 왕에 오를 당시에는 아주 현명했었어. 그는 국내외 모든 정책을 뜯어고쳤단다. 이를테면 대동법大同法은 그가 추진한 국내 정책 중 대표적인 성공작이야. 대동법은 가지고 있는 땅의 크기에 따라 세금을 내는 방식이야. 땅을 많이 가지고 있으면 많은 세금을 내지만 땅을 적게 가지고 있으면 적은 세금을 내는 거지.

세금은 땅에만 매겼던 게 아니야. 당시 민중들은 지방의 특산품을 공물로 내야 했어. 그러니까 민중들은 농사를 지어 쌀을 만들어 바쳐야 했고, 따로 일을 해 지방 특산품을 만들어 공물로 바쳐야 했던 거야. 이중삼중으로 힘이 드는 셈이지. 광해군은 율곡 이이가 1569년 건의했고, 임진왜란 중인 1594년 잠깐 시행되었다 폐지된 대동법을 부활시켰어. 대동법 시행을 통해 특산품을 쌀로 대신 낼 수 있도록 한 거야. 이제 농민들은 농사에만 전념해 많은 쌀을 수확하면 모든 걸 해결할 수 있게 된 거야. 당연히 백성들이 환영했겠지?

광해군이 대동법을 시행한 이유는, 무엇보다 임진왜란을 치르면서 농지가 황폐해졌기 때문이야. 땅이 많은 대지주야 어떤 방식으로 세금을 거두든 큰 타격이 없겠지만 토지 크기에 상관없이 세금을 부과하면 자영업자들의 타격이 크겠지? 광해군은 세금도 효율적으로 거두고, 백성들의 부담도 줄일 수 있는 조세제도를 고민하다 대동법을 시행한 거야. 이 제도는 지주들의 반발로 당장 전국적으로 시행하지는 못했어. 18세기 무렵이 돼야 전국에서 실시됐단다.

실리 외교를 펼친 광해군 조선의 15대 왕으로 대동법을 실시하고, 명과 청 왕조 사이에서 자주적·실리적 외교를 펼쳤다.

광해군의 대외 정책을 볼까? 그는 우선 일본과의 화해를 시도했어. 1609년에는 일본과 기유 조약己酉條約을 체결한 뒤 사절단을 파견하기도 했지. 그의 대외 정책이 현명했다는 사실은 명 왕조와의 관계에서 잘 드러난단다. 1616년 만주족이 후금을 건국했어. 광해군은 후금을 주목했어. 머잖아 후금이 명 왕조보다 더 큰 세력으로 성장할 거라고 확신했어.

명 왕조를 단박에 멀리하면 명에게는 배신자 소리를 들을 테고, 사대주의에 빠진 조선의 신하들은 불같이 화를 내겠지? 그러나 명 왕조와 가까이 지내면 후금이 화를 낼 거야. 광해군은 교묘하게 중립을 유지하면서 양쪽으로부터 신임을 얻었어. 그래, 실리 외교를 펼친 거야. 덕분에 한반도에서 전쟁이 일어나지 않았지.

1623년 서인들이 광해군을 끌어내렸어. 광해군이 형제를 죽이고 계모인 인목대비도 유폐시킨 패륜아悖倫兒라는 게 이유였어. 왕의 시호도 주지 않았어. 그 때문에 오늘날에도 광해군은 왕이라 부르지 못하는 거야.

그러나 이 쿠데타의 본질은 권력투쟁이었어. 광해군의 중립 외교가 서인들을 화나게 한 거지. 서인들은 이 인조반정仁祖反正으로 능양군을 16대 임금 인조로 옹립

했어. 당연히 인조는 서인들의 중국 사대주의를 따라 명 왕조를 상국^{上國}으로 모
셨지. 다시 친명배금이 조선 대외 정책의 골격이 됐어. 후금이 가만히 있었겠니?
아니야. 당연히 전쟁이 터졌어.

　1627년 후금의 대군이 조선을 침략했어. 정묘호란이지. 인조는 무능했어. 강화
도로 피신하는 것 말고는 달리 선택이 없었어. 조선은 후금을 형의 나라로 모시기
로 하고 항복했어. 그제야 후금이 군대를 철수시켰지.

　1636년 후금은 나라 이름을 청으로 바꾼 직후 조선에 대해 형이 아닌 임금의
나라, 즉 상국으로 대우할 것을 요구했어. 조선은 이를 받아들이지 않았어. 명 왕
조를 추종하는 사대주의자들이 강하게 반발했기 때문이야. 화가 난 청의 숭덕제
는 조선을 다시 침략했어. 이 전쟁이 바로 병자호란^{丙子胡亂}이야. 인조는 남한산성
으로 피신했어. 그러나 고작 겨울 한 철밖에 버티지 못하고 항복했단다. 조선은 명
과의 관계를 모두 청산하고 청 왕조만 상국으로 모시기로 했지. 조선의 왕세자인
소현 세자와, 그의 동생인 봉림대군은 인질로 잡혀갔어.

개혁 군주 영조 1724년 조선
의 21대 왕에 올라 탕평책을 시
행하여 붕당의 대립을 완화시키
고 인재를 고르게 등용했다.

　명 왕조가 멸망한 다음 해인 1645년, 청 왕조에
8년간 볼모로 잡혀갔던 봉림대군이 돌아왔어. 봉림
대군은 1649년 조선의 17대 임금 효종에 올랐어. 효
종은 청 왕조를 공격할 계획을 세웠어. 안타깝게도
그 계획은 실행에 옮기지 못했지. 효종은 오히려 러
시아 로마노프 왕조와 청 왕조가 국경 분쟁을 일으
키자 청 왕조를 지원하기 위해 군대를 보내야 했단
다. 효종이 꽤나 속상했겠지?

　당쟁은 이 무렵에도 계속되고 있었어. 그 때문에

전쟁이 없는 평화기였지만 조정은 늘 불안했지. 19대 임금 숙종 때는 장희빈을 왕비로 책봉하고 인현왕후를 폐위하는 과정에서 남인과 서인의 갈등이 아주 심했단다.

이런 상황에서 1724년 영조英祖가 21대 임금에 올랐어. 영조는 당쟁을 뿌리 뽑는 데 전력을 기울였어. 1725년 실시한 탕평책蕩平策이 대표적인 제도지. 당파를 가리지 않고 골고루 인재를 등용하는 제도야. 4년 후인 1729년에는 청의 옹정제 황제가 아편 금지법을 만들었단다. 두 나라의 왕이 비슷한 시기에 개혁을 추진한 셈이지.

영조의 개혁은 계속됐어. 이란의 사파비 왕조가 1736년 멸망했어. 그로부터 15년이 흘렀지. 1751년, 영조는 세금으로 내는 군포를 두 필에서 한 필로 줄이는 균역법均役法을 시행했어. 줄어든 세금은 양반들이 내도록 했어. 양반들이 반발했겠지? 영조는 개의치 않고 밀어붙였어. 서슬 퍼런 왕의 개혁 강행에 모든 대신들은 입을 다물었단다.

영조의 개혁이 계속되는 동안 서아시아는 격동의 시간을 보내고 있었어. 오스만 제국은 러시아로부터 집중 공격을 받았지. 1768년에는 제1차 러시아·투르크 전쟁이 터지기도 했어.

1776년, 정조正祖가 왕에 올랐어. 정조는 왕실 도서관인 규장각奎章閣을 중심으로 개혁을 추진했어. 규장각은 겉으로 보면 도서관일 뿐이야. 그러나 실제로는 정조의 지시를 받고, 정조를 받드는 특별 기관이었어. 유능한 인재들이 이곳에 모여 개혁 정책

정조 조선의 22대 왕으로 영조의 뒤를 이어 1776년 왕위에 올라 규장각을 중심으로 개혁을 추진했다.

수원 화성 정조 시대에 정약용이 거중기를 이용해 1794년부터 1796년까지 지은 성곽이다. 건축 방법의 과학성과 아름다움이 인정돼 유네스코 세계문화유산으로 등재됐다.

을 만들었던 거지.

영조와 정조는 나라가 강해지기를 원했어. 그 소원이 어느 정도 이뤄지는 것 같았어. 18세기 후반부터 실학이 꽃을 피우기 시작한 거지. 사파비 왕조가 사라진 이란 땅에 카자르 왕조가 세워지기 시작한 1794년이었어. 조선의 실학자 정약용_{丁若鏞}이 자신이 발명한 거중기를 이용해 수원 화성을 짓기 시작했어. 2년만에 완공된 수원 화성은 과학적 기법을 동원해 만든 첫 근대적 건축물이란 평가를 받고 있어.

실학사상은 크게 중농학파와 중상학파로 나뉜단다. 중농학파는 농업을 장려해 국력을 키워야 한다고 주장했어. 농사를 중요시했기 때문에 경세치용_{經世致用} 학파라고도 불렸어. 반면 중상학파는 국력을 키우려면 상공업을 장려해야 한다는 입장이었지. 이들은 청에서 선진문물을 배우고 왔기 때문에 북학파_{北學派}라고도 불렸어.

　실학사상의 선구자는 18세기 초반의 유형원과 이
익李瀷이야. 특히 이익은 조선이 중국의 간섭을 벗어
나려면 중국에 의존하지 않고 스스로 우뚝 서야 한
다고 주장하기도 했단다. 유형원과 이익에 이어 정
약용으로 이어진 학파가 중농학파야. 반면 중상학파
는 훨씬 급진적이었어. 그들은 상공업의 발전만 주
장한 게 아니야. 사농공상으로 나뉘어져 있는 신분
제도까지 없애야 한다고 주장했단다. 유수원, 박지
원, 박제가가 대표적인 인물이야.

실학자 다산 정약용 정조 때의
실학자로, 개혁을 주장했으며 수
원 화성을 축조했다.

　만약 영조와 정조 시대가 조금만 더 계속됐더라면 조선은 암흑의 19세기와
20세기를 맞지 않았을지도 몰라. 그러나 역사는 냉정했어. 정조가 세상을 떠난 후
극도의 혼란이 시작됐단다.

11장

격변의 시대와 열강의 침략

(1800년경 ~ 1900년경)

19세기로 접어들면서 유럽 국가들은 노골적으로 아시아를 빼앗으려고 했어. 오스만 제국은 완전히 누더기가 됐고, 무굴 제국은 영국의 식민지로 전락했지. 청 왕조도 아편 전쟁에서 처참한 패배를 당했지. 다른 나라들도 상황은 비슷해. 이란의 카자르 왕조도 영국과 러시아 틈바구니에서 고생했고, 동남아시아도 열강의 각축장이 됐어. 한반도? 19세기 후반부에 일본에게 강제 개항되는 운명을 맞았지.

19세기의 아시아는 쓰러지고 있었어. 식민지로 전락한 아시아의 민중들은 강력한 저항운동을 벌였지만 역부족이었어. 지배층이 개혁을 추진했지만, 피상적인 개혁에 머물렀기에 성과도 없었어. 참으로 암울한 19세기였지.

다만 일본은 좀 상황이 달라. 일본도 미국의 압력을 이기지 못하고 나라의 문을 열었지만 곧바로 서구를 닮기 시작했어. 19세기의 아시아 역사는 이 일본에서 시작해볼까?

일본, 아시아의 열강이 되다

1841년 에도 바쿠후의 12대 쇼군 도쿠가와 이에요시는 덴포 개혁을 실시했어. 이 개혁은 교호 개혁, 간세이 개혁의 연장선상에 있었어. 부패한 관리들을 몰아내고, 절약을 강조했지. 그러나 이 개혁 역시 성공하지 못했어. 근대로 접어들고 있는 시점에서 중세의 제도를 유지하려는 시도가 성공할 리 없겠지? 그러나 몰락하고 있는 에도 바쿠후는 지푸라기라도 잡고 싶은 심정이었을 거야.

에도 바쿠후와 달리 신흥 세력은 눈부신 속도로 성장하고 있었어. 그들은 곧 바쿠후와 대립하게 됐고, 마침내 바쿠후를 무너뜨렸어. 이게 바로 메이지 유신이야. 그 후 일본은 군부 국가의 길을 걷기 시작했고, 곧 유럽 열강과 어깨를 나란히 하는 아시아의 열강이 됐어. 아시아의 비극은 이때부터 시작됐다고 볼 수 있지.

국운을 건 개항

1853년 7월 일본, 에도 만 우라가浦賀 항구 앞바다에 미국 배 네 척이 나타났어. 일본은 외국과의 교역 경험이 적지 않은 터라 처음에는 크게 긴장하지 않았어. 그런데 자세히 보니 이 배들은 그전의 상선들과 많이 달랐어. 대포로 중무장한 군함이었던 거야. 바로 미국 동인도 함대였지.

미국 동인도 함대의 사령관 매슈 페리 제독은 개항을 요구했어. 일본이 나라의 문을 열고, 일본 안에서 미국 상품이 자유롭게 판매되도록 허용하라는 거야. 페리 제독은 이와 같은 요구 조건을 담은 미국 밀러드 필모어 대통령의 친서를 에도 바쿠후에 전달했어. 일본이 극도로 긴장하기 시작했어. 약 13년 전 중국이 영국에게 저항했다가 묵사발이 된 아편 전쟁의 기억이 떠오른 거야.

일본은 미국도 영국만큼 강하다는 사실을 잘 알고 있었어. 에도 바쿠후는 개항할 것이냐, 저항할 것이냐를 놓고 고민에 빠졌어. 개항하려면 200여 년간 계속해 온 쇄국정책을 버려야 하고, 저항하려면 일본의 국운을 걸어야 해. 결정하기가 쉽지 않겠지? 게다가 12대 쇼군 도쿠가와 이에요시가 병으로 죽고 말았어. 에도 바쿠후는 일단 위기를 넘기기로 했어. 페리 제독에게 이듬해까지 결정을 미뤄달라고 부탁한 거야. 의외로 페리 제독은 이 부탁을 들어줬고, 함대를 철수시켰어.

일본의 문을 연 미국인
미국의 동인도 함대를 이끈 매슈 페리 해군 제독이다. 군함을 이끌고 일본을 협박해 강제로 개항하게 만든 인물이다.

약 7개월이 지났어. 1854년 2월 미국 동인도 함대가 다시 일본 앞바다에 나타났어. 페리 제독도 이번에는 확실히 일본의 문을 열려는 심산이었나봐. 종전보다 많은 7척의 함선을 끌고 왔지. 미국 동인도 함대의 무력시위에 놀란 바쿠후는 더 이상 버틸 수가 없다고 판단했어. 결국 나라의 문을 열기로 결정했지. 13대 쇼군에 오른 도쿠가와 이에사다는 3월 미국과 화친 조약가나

일본의 개항 1954년 3월 일본은 미국과 화친 조약을 체결하며 문을 열었다. 요코하마에서 일본 천황의 사절단이 페리 제독의 동인도 함대를 맞고 있다.

가와 조약을 체결했어.

이제 미국 배들이 자유로이 일본 항구를 드나들게 됐어. 그런데도 미국은 에도 바쿠후를 더욱 강하게 압박했어. 더 많은 양보를 받아내려는 속셈이었던 거야. 미국은 원래 중국을 노렸지만, 이 무렵 중국은 영국이 장악하고 있었어. 미국은 '꿩 대신 닭'이라는 계산을 하고 일본을 독차지하려고 했어. 그러니 항구 개방만으로 는 미국의 성에 차지 않았던 거야.

1858년 7월, 에도 바쿠후는 미국과 추가 조약을 체결했어. 이번에는 미국에게 치외법권과 최혜국 대우를 보장하는 수호통상조약해리스 조약이었어. 말이 조약이지, 사실상 이 조약으로 일본은 미국의 반식민지로 전락했어. 이때 쇼군은 도쿠가와 이에모치였어. 13대 쇼군 도쿠가와 이에사다가 병으로 죽고, 열두 살의 어린 나이에 14대 쇼군에 오르고 얼마 되지 않은 때였지. 쇄국정책을 버리고 일본의 문을 여는 중요한 시기에 에도 바쿠후의 쇼군들은 병마와 싸우느라 큰 역할을 못한 셈이야. 이 수호통상조약은 바쿠후의 수상 격인 다이로大老 이이 나오스케가 나서서 체결했어.

일단 문이 열리면 다시 닫기는 쉽지 않아. 게다가 문은 더욱 넓어지기 마련이지. 영국과 네덜란드, 러시아, 프랑스가 미국이 진출한 방법을 그대로 따라 하면서 일본에 진출했어. 당연히 이 나라들도 불평등조약을 체결했겠지? 미국과 유럽 열강들은 이 무렵부터 아시아 전역에서 이런 불평등조약을 강요하기 시작했어. 그래, 아시아가 식민지로 전락하고 있었던 거야.

그 후의 일본은 아주 혼란스러웠어. 사실 일본만 그런 게 아니야. 중국도 그랬고, 조선도 그랬어. 외국 세력을 받아들이자는 세력과 항전하자는 세력이 팽팽하게 대립하고 있었지. 일본에서는 쇼군이 개국을 찬성했고, 천황고메이 천황이 개국을 반대했어. 사실 천황이 무슨 힘이 있었겠니? 천황은 쇼군을 견제하기 위해 일단 반대편에 섰던 거야. 그러나 바쿠후에 반대하는 사람들이 천황 주변에 모이면서 개국 반대파도 꽤 큰 집단으로 성장했지.

개항을 반대한 천황 일본의 121대 천황 고메이는 개항을 반대하여 에도 바쿠후의 쇼군과 대립하였다.

보통 개혁파들은 낡은 것을 거부하고 새로운 것을 받아들이자는 입장을 취해. 그런데 일본의 개혁파는 아주 독특했어. 그들은 바쿠후란 낡은 제도는 거부했지만, 서양 문물이란 새로운 것은 받아들이지 않았단다. 오히려 존왕양이尊王攘夷, 즉 천황을 받들고 서양을 배척한다는 표어를 내걸었어. 조선과 청나라에서는 보수파들이 "우

리 것을 지키고 서양의 것을 배척하
자!"라는 표어를 내걸었지. 이 점만
보더라도 일본의 근대 역사는 동아
시아의 다른 두 나라와 많이 다르다
는 걸 알 수 있어.

개혁파의 이이 나오스케 암살 1860년 3월 에도에서
개혁파를 지지하는 로닌들이 미국과 조약을 체결한 이이
나오스케의 행렬을 습격해 암살한 사건을 그린 그림이다.

어쨌든 천황을 중심으로 한 개혁
파와 쇼군을 중심으로 한 보수파의
갈등은 갈수록 심해졌어. 일본과 미국의 수호통상조약이 체결된 후에는 일촉즉발
의 지경까지 이르렀지. 심지어 1860년에는 조약 체결에 앞장섰던 이이 나오스케
가 개혁파로부터 대낮에 암살되는 사건이 발생하기도 했어.

바쿠후는 크게 긴장했어. 개혁파의 세력이 아주 보잘것없는 줄 알았는데, 그게
아니었던 거야. 그런데 이 개혁파의 뿌리가 누군지 아니? 바로 도자마다이묘란다.
도쿠가와 이에야스에게 찍혀 변방으로 몰린 다이묘들이었지.

변방의 개혁파, 중심에 서다

도자마다이묘는 가장 등급이 낮은 다이묘들이야. 수도인 에도에서 멀
리 떨어진 곳에 영지를 얻었지. 그것도 모자라 에도 바쿠후는 도자마
다이묘를 항상 감시했어. 도자마다이묘들도 이런 에도 바쿠후를 따르지 않았어.
자기들을 미워하는 정권이니 당연하겠지? 도자마다이묘들은 이를 갈았고, 에도
바쿠후를 몰아내기 위해 힘을 길렀지. 18세기에 들어서면서 도자마다이묘들은 강
해지기 시작했어. 오늘날 가고시마 현인 사쓰마薩摩와 야마구치山口縣 현인 조슈長
州 지역의 도자마다이묘들이 그중 가장 두드러졌단다.

이 지역들은 서양 문물이 가장 먼저 전해진 곳이야. 외국과의 무역도 가장 활발했지. 당연히 일본의 다른 지역보다 상업이 발달했겠지? 수도인 에도만큼 대도시로 성장하지는 못했지만, 이들 지역도 나름대로 꽤 컸어. 에도를 화려한 명품에 비유한다면 사쓰마와 조슈는 값은 싸지만 튼튼하고 실용적인 상품으로 볼 수 있지.

1853년 미국의 군함이 일본 앞바다에 나타나 개국을 요구하며 협박했지? 이 무렵 에도 바쿠후는 이미 몰락하고 있었어. 그러나 사쓰마와 조슈 지역은 오히려 부강해지고 있었어. 일찍부터 상업이 발달한 덕택에 지역 경제가 대호황이었던 거야. 게다가 두 지역의 다이묘들은 강력한 개혁을 통해 부패한 정치인을 모두 몰아냈어. 그 자리에는 패기 있는 젊은 정치인들을 앉혔지. 재정이 넉넉하니 첨단 무기를 많이 사들일 수 있었겠지? 두 지역의 군사력은 에도 바쿠후와 싸워도 될 만큼 탄탄해졌단다. 한때 변방의 다이묘에 불과했던 두 지역은 곧 일본 정치의 중심으로 우뚝 섰어.

반면 쇠락한 에도 바쿠후는 미국 군함 앞에 무력하게 무릎을 꿇었어. 이윽고 미국과 화친 조약을 체결했어. 바쿠후를 반대하는 도자마 다이묘들이 공격하기에 이처럼 좋은 구실이 없겠지? 도자마 다이묘들은 바쿠후를 타도하자며 사쓰마와 조슈를 중심으로 뭉치기 시작했어. 바로 이 세력이 존왕양이를 구호로 내세운 개혁파였단다.

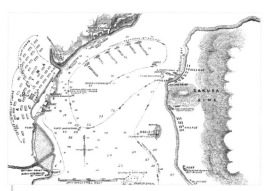

19세기 중엽의 가고시마 지도 가고시마는 1549년에 프란시스코 사비에르가 상륙해 일본 최초로 가톨릭을 전한 곳이며, 19세기 중엽에는 근대 공업 발달의 중심지였다.

1860년 바쿠후의 다이로가 암살됐다고 했지? 다이로가 대낮에 피살되는 마당에 누가 바쿠후를 따르겠니? 팽팽하던 저울추가 이때부터 개혁파로 기울기 시작했단다. 바쿠후 세력은 급격하게 추락하기 시작했지.

바쿠후 세력이 급해졌어. 바쿠후는 고민 끝에 천황과 타협하기로 했어. 그전까지는 모든 권력을 바쿠후가 장악했고, 천황은 허수아비였지? 이제는 상황이 달라졌어. 개혁파들이 고메이 천황을 지지하고 있었거든. 바쿠후는 고메이 천황에게 권력을 똑같이 나누자고 제안했단다. 이렇게 하면 바쿠후를 유지할 수 있을 거라고 판단한 거지. 고메이 천황이 이 제안을 받아들였어. 일본 정치가 안정을 되찾게 될까? 아니야. 이번에는 개혁파 내부 갈등이 터져 나왔단다. 사쓰마 파벌과 조슈 파벌이 충돌한 거야.

처음에는 천황을 가까이에서 모신 사쓰마 파벌이 강한 것처럼 보였어. 그러나 곧 조슈 파벌이 바쿠후와 천황 사이를 오가며 중요한 사안을 정리했어. 이런 역할을 하면서 조슈 파벌의 세력이 더 커졌지. 사쓰마 파벌은 군대를 일으켰어. 그러나 조슈 파벌을 이기지는 못했단다. 조슈 파벌이 정권을 장악했어. 복잡하지? 두 파벌의 권력투쟁이 상당히 심했다는 것만 기억해둬.

두 파벌은 개혁파의 대표 선수야. 두 파벌 모두 서양을 배척했어. 그러나 머잖아 두 파벌 모두 서양을 받아들이자는 쪽으로 입장을 바꿨어. 어떤 계기가 있었던 것일까?

일본이 서양에 문을 연 항구 가운데 가나가와神奈川 현의 요코하마橫濱가 있었어. 이 항구에서는 무역을 하는 외국인을 심심찮게 볼 수 있었지. 외국인의 거주지도 만들어져 있었단다. 문제는, 외국인들의 행패가 심했다는 거야. 그 덕분에 시비가 끊이지 않았고, 결국 살인 사건으로 이어지고 말았어.

사쓰에이 전쟁 사무라이들이 영국인을 길거리에서 죽인 사건을 계기로 1863년 8월 영국과 일본 사쓰마 사이에 터진 전쟁을 묘사한 그림이다. 영국 함대가 사쓰마의 가고시마를 공격하고 있다.

1862년 9월, 당시 사쓰마의 다이묘인 시마즈 히사미쓰가 행차하고 있었어. 그런데 우연인지, 의도적으로 그랬는지는 모르겠지만 영국인 4명이 그 행렬 주변에서 길을 비켜서지 않았어. 사쓰마의 사무라이들이 순식간에 영국인들을 모두 죽여버렸어. 이 사건을 계기로 1863년 사쓰에이 전쟁사쓰마·영국 전쟁이 터졌어. 사쓰마 다이묘가 영국 측의 배상금 요구를 거절하자 영국이 함대를 보내 공격한 거야. 이 전쟁은 사쓰마의 참패로 끝났지. 곧이어 미국, 영국, 프랑스, 네덜란드 연합군이 조슈를 공격했어. 서양 국가들은 사쓰마는 이미 호된 맛을 봤으니, 조슈만 꺾으면 서양을 반대하는 세력이 모두 기가 꺾일 것이라고 생각했어. 서양 국가들의 의도대로 됐어. 조슈도 참패한 거야. 이 전쟁으로 두 파벌은 서양의 기술이 우수하다는 것을 깨달았어. 두 파벌은 모두 서양을 받아들여야 한다는 쪽으로 입장을 바꿨단다.

대정봉환과 메이지 유신

서구 열강과의 싸움에서 패한 후 사쓰마와 조슈 파벌은 화해했을까?

아니야. 오히려 종전보다 더 치열하게 싸웠어. 그들의 싸움이 치열하자 그 틈을 노려 권력을 되찾으려는 바쿠후도 기지개를 펴기 시작했어. 정치가 다시 복잡해졌지?

그러던 중 1864년 8월 사쓰마 파벌이 군대를 일으켜 조슈 파벌을 완전히 몰아냈어. 이듬해 조슈 파벌이 다시 반란을 일으켰지만 이번에는 천황의 지시에 따라 바쿠후 군대가 그들을 진압했단다. 어쩌면 바쿠후가 중앙정부로서 지방의 반란을 진압한 것은 이게 마지막일 거야. 최후의 불꽃을 활짝 피운 셈이지.

그토록 강력했던 조슈 파벌이 허약한 바쿠후 군대에게 무너졌어. 더불어 바쿠후를 타도하려는 세력도 흐트러졌지. 사쓰마 파벌이 바쿠후와 싸우고는 있지만, 혼자서는 뜻을 이룰 수 없었어. 아직까지도 바쿠후는 무너지지 않았던 거야. 오히려 다시 살아날 기미를 보이기까지 했지.

사쓰마 파벌은 고민 끝에 때로는 동지였고, 때로는 적이었던 조슈 파벌에게 손을 내밀기로 했어. 개혁파의 양대 산맥이 다시 뭉쳐야 바쿠후를 타도할 수 있을 거라고 판단한 거야. 1866년 3월, 두 파벌은 사쓰마 · 조슈 동맹^{삿초 동맹}을 체결했어. 바쿠후가 상당히 긴장했겠지?

사실 1866년은 일본 역사에서 그 어느 때보다 극적인 해란다. 도쿠가와 요시노부가 15대 쇼군이 됐고, 몇 달 후에는 메이지가 새로운 천황에 올랐거든. 천황과 쇼군이 모두 바뀐 거야. 무릇 새로운 역사는 이처럼 정권이 바뀔 때 가장 많이 일어나지. 일본의 역사도 곧 새로 쓰이게 돼.

사쓰마 · 조슈 동맹이 만들어지자 바쿠후 타도 세력이 다시 모여들었어. 일전일퇴를 거듭하던 전세는 곧 바쿠후 타도 세력으로 기울게 됐지. 머잖아 바쿠후가 문을 닫아야 할 지경에 놓인 거야.

해가 바뀌고 1867년이 됐어. 바쿠후의 군대와, 바쿠후 타도를 위해 모인 군대가 최후의 결전을 눈앞에 두고 있었어. 바쿠후에서는 쇼군인 도쿠가와 요시노부가 직접 군대를 지휘하고 있었어. 결사항전의 기운이 느껴지지? 물론 사쓰마 · 조슈

대정봉환을 선언한 쇼군 에도 바쿠후의 마지막 쇼군인 도쿠가와 요시노부. 대정봉환을 선언해 천황에게 정치권력을 돌려줬다.

동맹도 절대 물러서지 않을 기세였단다. 이제 어느 한 쪽이 죽어야만 끝나는 전투가 벌어지겠지?

그러나 치열한 전투는 벌어지지 않았어. 15대 쇼군 도쿠가와 요시노부가 중대한 결단을 내렸기 때문이야. 쇼군은 "천황에게 권력을 넘겨주고 그 밑으로 들어가겠다!"고 선언했어. 이 선언이 일본 역사에서 가장 중요한 사건 가운데 하나인 대정봉환大政奉還이란다. 정치를 천황에게 돌려준다는 뜻이야. 이 조치를 통해 바쿠후는 사라졌고, 메이지 천황이 권력의 꼭대기에 앉았단다.

그러나 메이지 천황의 정권이 아직 자리를 잡은 것은 아니야. 메이지 천황은 강력한 군사력으로 바쿠후 군대를 제압했지만 바쿠후를 지지하는 세력이 많이 남아 있었어. 전국에서 반란이 일어났지. 메이지 천황은 즉각 반란을 제압했어. 이제 단 한 곳만 제압하면 메이지 천황이 일본 전역을 장악하게 돼. 그곳이 바로 바쿠후의 수도였던 에도야. 쇼군이 대정봉환을 선언했지만 핵심 인사들은 에도 성에서 저항하고 있었거든.

1868년, 메이지 천황의 군대가 에도 성을 점령하는 데 성공했어. 곧 천황 정부가 이곳으로 이사 왔지. 이곳이 오늘날의 도쿄야. 메이지 천황은 비로소 천황 즉위식을 가졌고, 자신의 이름인 메이지를 연호로 삼았어. 이 정부가 바로 메이지 정부야.

가마쿠라 바쿠후, 무로마치 바쿠후, 에도 바쿠후로 이어지면서 300여 년간 일본을 장악했던 무사정권이 무너지고 천황을 중심으로 한 메이지 정부가 들어섰어. 정부의 핵심 요직은 대부분 조슈와 사쓰마 지역 사람들이 가져갔지. 그들 또한 무사, 곧 군인들이었어. 결국 외형상 바쿠후 정치 체제에서 왕정 체제로 돌아섰지만, 권력은 여전히 군인들이 가지고 있는 셈이지. 이 군인들은 우수한 서양 문물을 앞서 받아들였고, 농업보다는 상공업에 익숙한 사람들이야. 더불어 세계대전을 일으

천황의 도쿄 입성 메이지 천황은 에도 바쿠후를 몰아낸 후 수도를 교토에서 도쿄로 옮기고 에도 성을 황궁으로 하였다. 그림은 메이지 천황이 교토에서 도쿄로 가는 모습을 묘사했다.

킨 장본인들이지. 이들이 중심이 돼 메이지 유신을 시작했어.

서구 열강 따라잡기와 청일 전쟁

메이지 유신은 메이지 정부가 일본을 근대화하기 위해 실시한 개혁을 가리키는 말이야. 메이지 천황이 외형상으로는 개혁을 주도했어. 그러나 이미 말한 대로 조슈와 사쓰마 출신의 군인 정치인들이 모든 것을 주물렀지. 천황은 최고 권력을 상징하는 인물이 됐지만, 현실 정치에서는 아무것도 할 수 없었어. 천황의 시대는 사실상 끝났다고 할 수 있지.

메이지 정부는 이 개혁을 통해 무엇보다 중앙집권제를 강화했어. 그전까지만 해도 지방의 행정 단위는 한藩이었고, 한의 우두머리인 다이묘를 바쿠후가 임명했어. 다이묘는 세 부류로 나뉘었지? 다이묘는 자신의 영지에서 독립된 왕과 같은 존재였어. 모든 특권은 대대손손 자식들에게 이어졌지. 메이지 정부는 이 제도를 송두리째 바꿔버렸어. 모든 땅을 몰수했고, 중앙에서 공무원을 파견해 땅을 관리

메이지 천황 대정봉환으로 쇼군에게서 권력을 되찾은 메이지 천황은 메이지 유신을 단행해 일본의 근대화를 추구했다.

하도록 했지.

메이지 정부는 신분제도도 없애버렸어. 물론 지배층은 귀족으로 따로 분류했지만, 귀족 이외에는 모두 평등하게 평민 신분으로 통일한 거야. 농민들 위에 군림했던 사무라이들은 평민으로 떨어졌고, 심지어 칼을 차고 다니는 것도 금지됐단다. 전통적인 사무라이들이 사라지기 시작한 거야.

메이지 정부는 일본식 상투도 자르도록 했단다. 러시아가 열강이 될 수 있었던 것은 황제가 직접 유럽을 돌며 우수한 문화를 받아들였기 때문이야. 러시아 황제는 러시아의 전통 복장을 모두 금지시켰어. 메이지 정부도 독일, 영국, 미국에 지식인을 파견해 첨단 문물을 배우도록 했단다. 러시아가 순식간에 서양을 닮았던 방식 그대로 일본도 서양과 닮아가고 있었어.

메이지 정부는 이 '서양 닮기'를 통해 일본을 강한 나라로 키우려고 했어. 공장을 잇달아 세운 것이나, 근대 학교를 세워 교육을 강화한 것이 모두 부국강병을 위한 것이었지. 그러나 무엇보다 서양 국가들을 벤치마킹하려 했던 것은 군대였어. 메이지 정부는 강한 군대가 있어야 나라가 강해진다고 생각했어. 정부의 핵심 인사들이 모두 군인 출신이니 그런 생각을 할 법도 하지?

메이지 정부는 첨단 무기를 도입했고, 군대도 크게 늘렸어. 군대 조직은 상부의 명령이 하부에까지 일사분란하게 전달되지? 메이지 정부는 바로 이 점 때문에 군대를 천황 직속으로 뒀어. 천황의 명령만 떨어지면 즉각 군대를 움직일 수 있도록 하기 위해서였지. 천황의 배후에는 사쓰마와 조슈 지역 출신의 군인 정치인들, 그리고 '근대판' 사무라이들이 있었어. 그래, 사실상 그들이 군대를 장악한 거야. 군부 국가 일본은 이렇게 시작됐단다.

여기까지만 일본이 열강을 닮았더라면 좋았겠지만, 일본은 한 걸음 더 나아갔어. 일본 스스로가 열강이 되기로 한 거야! 그 첫 제물이 된 나라가 바로 조선이었지. 1875년 일본은 미국 동인도 함대가 그랬던 것처럼 한반도의 강화도 앞바다에서 대포를 펑펑 쏘며 개항을 요구했어. 이듬해인 1876년, 조선과 강화도 조약^{병자수}호 조약을 맺고, 강제로 조선의 문을 열었지.

일본이 군부 국가로 치닫고 있었지만 아직까지도 내부 정치는 혼란스러웠어. 모든 권력을 빼앗긴 사무라이들과 권력투쟁에서 밀려난 파벌들이 메이지 정부에 반기를 든 거야. 1877년 두 세력이 함께 반란을 일으켰어. 전쟁이 터진 거야. 이 전쟁이 세이난 전쟁인데, 그들이 첨단 무기로 무장한 메이지 군대를 이길 수는 없었겠지? 이 전쟁을 마지막으로 일본에서 사무라이는 완전히 사라졌단다.

모든 적이 사라지자 메이지 정부는 본격적으로 근대화를 추진했어. 1889년에는

메이지 헌법의 공포 메이지 정부가 1889년 2월에 헌법을 반포하는 모습을 묘사한 〈헌법반포약도〉다. 헌법의 반포로 일본은 아시아 최초의 입헌군주제 국가가 됐다.

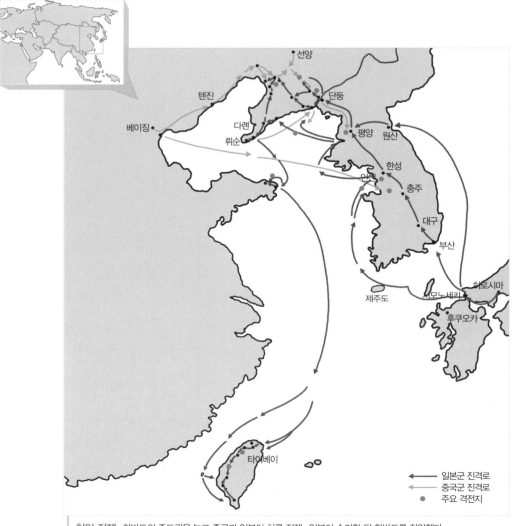

←	일본군 진격로
←	중국군 진격로
●	주요 격전지

청일 전쟁 한반도의 주도권을 놓고 중국과 일본이 치른 전쟁. 일본이 승리한 뒤 한반도를 장악했다.

자유주의자들의 요구를 수용해 만든 헌법이 공포되었지. 헌법 1조에는 천황이 모든 권력을 가진다는 점을 분명히 했어. 이런 형식의 정치제도를 입헌군주제라고 부르지. 그래, 일본은 아시아 최초로 입헌군주제를 채택한 나라가 됐어.

일본이 훌쩍 커버렸어. 어느새 동아시아 최대의 맹주인 청나라를 넘보기 시작했지. 1894년 조선에서 동학농민운동이 일어난 것을 구실로 일본은 조선에 군대를 파견했어. 조선의 지배권을 빼앗기지 않으려는 청 왕조가 가만히 있을 리 없겠지? 두 나라는 한반도에서 격돌했어. 이 전쟁이 청일 전쟁이야.

청일 전쟁은 완전한 일본의 승리로 끝났단다. 일본은 아시아에서만큼은 다른

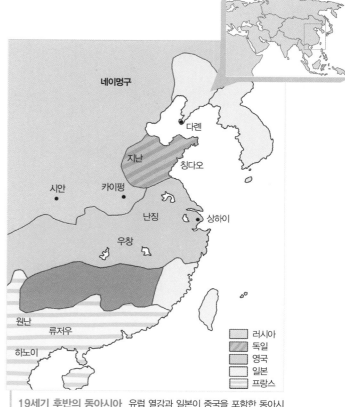

러시아
독일
영국
일본
프랑스

19세기 후반의 동아시아 유럽 열강과 일본이 중국을 포함한 동아시아 전체를 사실상 장악하고 있다.

어느 나라도 넘볼 수 없는 열강이란 사실을 증명했다며 거들먹거렸어. 세계도 놀랐지. 일본이 발전하고 있다는 사실을 알고는 있었지만, 중국을 격침시킬 정도로 성장했으리라고는 꿈에도 생각하지 못했거든.

일본은 청 왕조와 시모노세키 조약_{마관 조약}을 체결하고, 타이완과 랴오둥 반도를 빼앗았어. 청 왕조는 조선에 대한 지배권도 일본에게 넘겨줘야 했지. 동아시아에서 일본이 최대 강국으로 떠오르는 순간이었어. 그러나 일본은 중국으로부터 빼앗은 땅을 곧 돌려줘야 했어. 유럽 열강들이 일본을 밀어냈기 때문이야.

열강 일본의 승리 일본이 승리한 청일 전쟁을 소재로 그린 그림이다. 이때부터 일본은 태양을 상징하는 제국주의 깃발을 사용했다.

이 무렵 러시아가 아시아 진출에 힘쓰고 있었어. 러시아는 일본이 큰 걸림돌이 될 거라고 생각했지. 러시아는 독일, 프랑스와 힘을 합쳐 일본에게 "까불지 마라"라고 위협했어. 세 나라는 일본에게 땅을 돌려주고 중국에서 철수하라고 했어. 이 세 나라의 간섭으로 일본은 눈물을 흘리며 중국에서 철수해야 했단다. 그러나 일본은 마음속으로 복수를 외치고 있었어. 일본은 1904년 러일 전쟁에서 복수를 갚는단다. 그 후의 이야기는 다음 장에서 할게.

통박사의 역사 읽기

🔍 일본은 영국을 닮았다?

일본은 여러 모로 영국과 비슷해. 둘 다 섬나라라는 점이 같지? 영국에서는 기사도가, 일본에서는 사무라이 정신이 아주 중요했어. 둘 다 주군에 대한 충성을 맹세했지.

상인과 수공업자, 즉 부르주아가 시민혁명을 일으킨 나라가 영국이야. 일본도 비슷해. 조닌이 에도 바쿠후의 경제를 주도했고, 훗날 자본가로 성장했어. 비슷한 시기에 일본도 영국과 비슷한 발전을 하고 있었던 거야. 영국에서 가장 먼저 입헌군주제를 시작했고, 일본은 아시아에서 가장 먼저 이 제도를 시작했다는 점도 비슷해.

가장 크게 다른 점이 있어. 영국은 민주주의를 발전시켰지만 일본은 군국주의로 나아갔다는 거지. 일본이 그 점까지 영국을 닮았으면 얼마나 좋았을까? 아쉬운 대목이야.

아시아의 맹주 중국, 체면을 구기다

영국은 1715년 중국에 무역 기지를 설치한 후 본격적으로 중국과 무역을 하기 시작했어. 영국은 모직물을 수출했고, 중국은 차와 비단, 도자기 등을 수출했지. 이 무역에서 손해를 본 쪽은 영국이었어. 중국인들은 모직물로 된 옷은 야만인이나 입는 거라며 거들떠보지도 않았지. 반면 유럽 사람들이 중국 상품을 좋아하는 바람에 영국의 수입량은 해마다 늘어났어.

막대한 무역 적자를 메우기 위해 영국 동인도회사는 대책 마련에 들어갔어. 정상적인 무역으로는 흑자를 낼 수 없다는 결론이 났지. 뭔가 묘안이 필요했어. 동인도회사는 불법적인 방법도 불사했어. 인도에서 생산한 아편을 중국에서 몰래 파는 거야. 이 아편때문에 중국은 체면을 구기게 됐단다.

영국, 중국을 아편 소굴로 만들고 더러운 전쟁을 하다

영국의 동인도회사가 막대한 양의 아편을 중국에 밀수출했어. 중국에는 아편 중독자가 속출했어. 이 소식은 황제의 귀에도 들어갔지. 이때가 18세기 초반이야. 당시 황제인 옹정제는 아편 금지법을 만들었어. 그러나 법은 있으나 마나였어. 아편 중독자는 더욱 늘어났고, 덩달아 아편 수입량도 크게 늘어났지.

19세기로 들어와서도 이런 상황은 달라지지 않았어. 1810년부터 1830년까지 20여 년간 무려 10배나 아편 수입이 늘었단다. 중국 곳곳에는 아편을 흡입하는 장소인 아편굴이 생겨났어. 청 왕조는 영국에게 아편을 팔지 말라고 공식 항의했어. 영국의 대답은 그야말로 가관이었단다. 중국인들이 안 사면 문제가 될 일이 없다는 거야.

1839년 청 왕조의 8대 황제 선종 도광제 道光帝 는 임칙서 林則徐 란 인물을 유럽 국가들의 무역 공관이 밀집해 있는 광저우 廣州 로 파견했어. 임칙서는 아편을 아주 싫어했고, 강직한 성격의 인물이었단다. 도광제는 그가 아편 문제를 잘 해결할 거라고 생각했어. 과연 그렇게 됐을까?

임칙서는 유럽 열강들의 무역 공관에 경고장을 보냈어. 아편을 계속 밀수해 퍼뜨린다면 모두 처형하고 아편을 몰수하겠다는 거야. 당시 외국의 문물은 공행이란 중국 무역상을 통해 수입하게 돼 있었어. 공행은 해외무역에 관한 독점권을 가진 상인들을 부르는 말이야. 임칙서는 공행들에게도 같은 내용의 경고문을 보냈지.

아편굴 영국 동인도회사의 밀무역으로 들어온 아편은 중국 전역에 퍼져 곳곳에 아편을 흡입하는 장소가 생겨났다.

공행들은 임칙서가 어떤 인물인지 잘 알고 있었어. 모두 겁을 먹고 아편 거래를 중단했단다. 그러자 영국 상인들이 답답해졌어. 공행이 움직이지 않는 한 아편을 중국에 내다 팔 수 없잖아?

영국 상인들은 임칙서에게 뇌물을 주고 문제를 해결하려 했어. 임칙서가 더 화가 났어. 그는 외국 공관에서 일하는 중국인들을 모두 철수시켜 버렸단다. 결국 영국이 굴복할 수밖에 없었어. 임칙서는 2만 상자가 넘는 아편을 압수해 없애버렸어.

임칙서 영국의 아편 밀수에 강경책으로 맞선 중국의 관료다. 훗날 아편 전쟁을 유발했다는 이유로 파면됐다.

임칙서는 나아가 모든 외국 무역상들에게 아편 밀수를 하지 않겠다는 서약서를 내라고 엄포를 놓았어. 외국 상인들이 처음에는 꼬리를 내리기는 했지만, 이 무렵에는 유럽 열강들이 세계로 뻗어나가던 시점이야. 그런 나라의 상인들이 서약서를 냈겠니? 당연히 모두 거절했지. 임칙서가 발끈했어. 그들에게 모두 광저우에서 나가라는 포고령을 내렸어. 갈등이 폭발 직전까지 치달은 거야.

영국도 물러나지 않았어. 1840년 2월, 영국 정부는 청나라와의 전쟁을 위해 함대를 파견했어. 4개월이 지난 후 영국 함대가 중국 앞바다_{마카오 해역}에 나타났지. 영국 함대는 중국을 향해 맘껏 대포를 쏘아댔어. 이렇게 해서 시작된 전쟁이 그 유명한 아편 전쟁_{제1차 중영 전쟁}이란다. 세계 근대·현대사에서 최초로 '더러운 전쟁'이라는 별칭을 가지게 된 전쟁이지.

사실 영국에서도 이 전쟁을 할 것이냐 말 것이냐를 놓고 치열한 논쟁이 벌어졌었단다. 청의 군대와 무기가 모두 구식이기는 하지만 수천 년간 아시아의 맹주 자리를 고수했던 나라잖아? 자칫 전쟁에서 영국이 패할 수도 있다는 걱정이 들었던 거야. 그러나 막상 전쟁을 해보니 쓸데없는 걱정이었어. 청 왕조는 정말 허약했어!

영국 함대가 진격해 오자 청 황실은 즉각 임칙서를 파면했어. 강경책으로만 일

관한 임칙서에게 모든 책임을 뒤집어씌운 거야. 그러나 이 정도로 영국이 만족하지는 않았어. 영국은 몰수한 아편을 모두 배상하고, 동시에 홍콩을 떼어달라고 요구했어. 영국과 중국의 대표단은 여러 차례 협상을 벌였지만 의견 차가 커 결렬되고 말았지.

1841년 4월 영국 군대가 광저우에 상륙했어. 영국군의 약탈과 학살이 시작됐지. 영국 군대는 파죽지세로 중국 땅을 유린했단다. 영국 군대는 이듬해 8월까지 상하이上海, 난징, 베이징을 차례대로 공격했어. 중국의 농민과 민중들이 곳곳에서 봉기했지만, 최신 무기를 가진 영국군에 대항하기에는 턱없이 부족했어. 도광제는 결국 항복을 선언했지. 중국이 고작 2년 만에 영국에게 무릎을 꿇은 거야.

두 나라의 대표는 영국의 군함 콘월리스 호에서 난징 조약을 체결했어. 이 조약에 따라 중국은 홍콩을 영국에게 내줬어. 상하이와 광저우를 포함해 5개의 항구를 개방해야 했고, 막대한 배상금을 물어야 했지.

그뿐만이 아니야. 영국에게 최혜국대우를 준다는 내용도 조약에 추가됐어. 중국 역사에서 이렇게 큰 치욕은 아마 없었을 거야. 그러나 치욕은 끝나지 않았어. 영국인이 중국에서 범죄를 저질러도 그 영국인을 재판할 수 있는 권리는 영국의 영사가 가지도록 했어. 중국 안에 있는 모든 영국인이 치외법권을 가지게 된 거야. 굳이 설명하지 않아도

허약한 중국 아편 전쟁에서 영국의 최신 무기에 구식 무기로 맞서고 있는 중국 군대의 모습이다. 이 전쟁을 통해 중국 청 왕조가 얼마나 허약해졌는지 증명됐다.

난징 조약을 맺고 있는 영국과 청나라 난징에 정박 중이던 영국 군함 콘월리스 호에서 영국의 전권대사 포틴저와 청 왕조는 난징 조약을 맺었다. 이 조약으로 청 왕조는 영국에 5개항을 개항하고 최혜국대우, 치외법권을 주게 된다.

불평등조약이란 걸 잘 알겠지?

영국이 터놓은 길을 따라 다른 열강들도 속속 중국으로 진출하기 시작했어. 1844년에는 미국과 프랑스가, 1847년에는 스웨덴과 노르웨이가, 1851년에는 러시아가 각각 중국과 조약을 체결했지. 결과는 충분히 예상할 수 있지? 열강들은 일찌감치 대량생산을 통해 값싼 제품을 생산하고 있었어. 그 제품들이 무한정 중국으로 쏟아졌어. 중국의 전통 산업은 심각한 타격을 입었지. 그래, 중국이 파탄나기 시작한 거야.

태평천국운동과 애로 전쟁

아편 전쟁이 끝나고 9년이 흐른 1851년, 광시廣西 성의 한 시골 마을에서 반란이 일어났어. 1만여 명의 반란군은 태평천국太平天國의 수립을 선언했어. 그들은 만주족의 청 왕조를 몰아내고 한족의 나라를 부흥시킨다는 멸만흥한滅滿興漢을 구호로 내세웠단다.

이 반란을 '태평천국운동'이라고 불러. 배상제회拜上帝會라는 종교 단체가 주도

했지. 배상제회는 상제^{上帝}, 즉 하느님을 받드는 종교 단체였어. 홍수전^{洪秀全}이란 인물이 1843년 광둥 성에서 만들었지. 홍수전은 자신을 예수 그리스도의 동생으로, 상제의 명령을 받아 중국을 구하기 위해 왔다고 선전했어.

때는 청 왕조 말기, 백성의 삶이 가장 어려웠던 시절이야. 많은 민중이 피난처를 찾아 배상제회로 몰려들었어. 배상제회가 처음부터 무장봉기를 계획한 건 아니야. 배상제회의 세력이 급속도로 확장되는 데 두려움을 느낀 청 왕조가 무자비한 탄압을 했기에 배상제회도 1851년 무장봉기를 한 거지.

태평천국 군대의 기세는 대단했어. 미국 동인도 함대가 일본의 문을 열라며 대포를 펑펑 쏘아대던 해인 1853년, 태평천국 군대는 난징을 점령하고, 마침내 태평천국을 세웠단다. 난징은 남쪽 수도라는 뜻이야. 그만큼 중요한 도시지. 이런 도시를 반란군에게 빼앗길 정도이니 청 왕조가 얼마나 허약했는지 알 수 있겠지? 태평천국 군대는 더욱 기세를 올려 청 왕조의 수도인 베이징으로 진격했어. 태평천국 군대가 베이징을 정복할 수 있을까?

태평천국운동 홍수전의 반란군은 난징을 정복한 뒤 태평천국을 세웠다. 그림은 태평천국 군대와 청나라 군대가 대치하고 있는 모습이다.

이번에는 벽에 부닥쳤어. 여러 이유가 있어. 우선 태평천국 지도자들 사이에 내분이 터졌어. 홍수전은 건재했지만 2인자 자리를 놓고 여러 장수가 자기들끼리 권력투쟁을 벌인 거야. 내분은 사기를 떨어뜨릴 뿐만 아니라 전투력까지 떨어뜨리지.

유럽 열강도 개입하기 시작
했어. 태평천국운동이 시작됐을
때만 해도 유럽 열강들은 팔짱
을 끼고 구경하는 입장이었어.
배상제회가 기독교 성향을 띠고
있었기 때문에 태평천국운동이
청 왕조의 힘을 약화시킬 거라
고 유럽 열강들은 판단했던 거
야. 굿이나 보고 떡이나 먹자는
심산이었지. 그랬던 유럽 열강
이 태도를 싹 바꿔 청 왕조의 진
압 작전을 돕기 시작했어. 그 이
유가 뭘까?

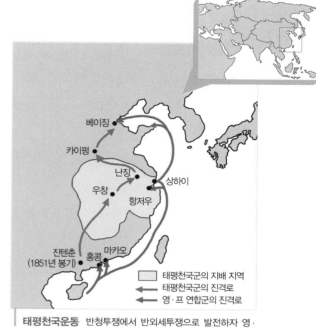

태평천국운동 반청투쟁에서 반외세투쟁으로 발전하자 영·
프 연합군이 수도 베이징까지 쳐들어왔다.

　태평천국 군대가 내분으로 시끄럽던 1856년 10월, 애로 호 사건이 터졌어. 애
로 호는 영국 소속의 아편 밀수 선박이었는데, 중국 당국에게 단속을 당했어. 영국
은 즉각 난징 조약을 어겼다며 청 왕조를 윽박질렀지. 영국은 "영국의 국기가 걸
려 있는 배를 중국이 무단으로 침입했다"며 선전포고를 했어. 이렇게 해서 애로
전쟁^{제2차 중영 전쟁}이 터졌단다.

　영국과 프랑스 연합 함대는 1857년 12월 광저우를 점령했어. 연합 함대는 이윽
고 베이징을 향해 진격했지. 이때 미국과 러시아도 전쟁에 뛰어들었어. 한 나라도
버거운데 중국은 영국, 프랑스, 미국, 러시아 모두를 상대해야 했어. 청 황실은 빨
리 불을 끄는 게 낫겠다 싶었나봐. 1858년 항복을 선언하고, 열강들과 톈진^{天津} 조

약을 체결했단다.

텐진 조약은 아편 전쟁 직후 체결한 난징 조약보다 훨씬 불평등했어. 열강들은 항구 10개를 추가 개방하라고 했고, 외국인들이 아무런 제지를 받지 않고 중국 전역을 여행할 수 있도록 보장하라고 했어. 그뿐이 아냐. 기독교의 포교 활동도 완전 자유화하고, 청 황실이 선교사 보호를 약속하라는 요구도 했단다. 막대한 배상비도 당연히 요구 조건에 포함돼 있었지.

이런 불평등조약에 서명하고 싶겠니? 중국도 마찬가지 심정이었어. 어쩌면 서양 세력이 물밀 듯이 밀려들어오는 게 겁났을 수도 있겠지. 청 황실은 조약을 비준하지 않고 시간을 끌었어. 그러자 화가 난 열강들이 다시 함대를 이끌고 나타났어. 이번에는 엄포로 끝나지 않았어.

1860년 10월 영국과 프랑스 연합군이 베이징에 입성했어. 그들은 황실의 정원인 원명원圓明園을 파괴했어. 궁궐에 있던 온갖 보물과 문화재를 약탈했지. 열강 군대는 약탈의 증거를 없애기 위해 궁궐과 도시를 불태워버렸단다. 이중삼중의 약탈인 셈이지. 베이징은 그야말로 아비규환의 도시가 돼버렸어. 청의 9대 황제 함풍제咸豊帝는 무기력하게 두 손을 들 수밖에 없었어. 중국은 열강들과 베이징 조약을 체결했어. 텐진 조약의 내용을 모두 담았고, 주룽九龍 반도를 영국에 내주는 조항이 추가됐어. 러시아도 연해주를 얻었지.

이 전쟁의 결과가 중국 민중을 분노케 했어. 태평천국운동의 목표도 수정됐어. 청 황실뿐만 아니라 열강들도 몰아내는, 반외세투쟁으로 바뀐 거야. 바로 이것이 열강들이 태평천국운동을 방관하다가 강경 진압으로 태도를 바꾼 이유란다. 청 황실의 힘을 약화시키는 데 기여한 반란이 자신들을 겨냥하니 늑대처럼 숨겨뒀던 이빨을 드러낸 거지.

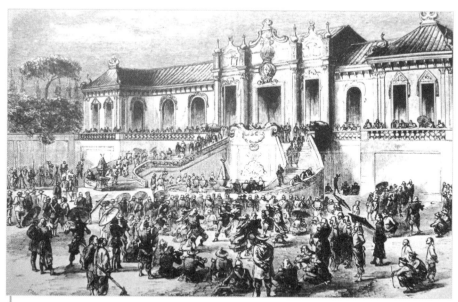

약탈하는 열강들 애로 전쟁 직후 청 왕조의 강화 조약 비준이 늦어지자 열강 군대는 베이징에서 약탈을 자행했다. 원명원을 약탈하고 있는 영국과 프랑스 군대의 모습이다.

    열강들은 청 왕조에 유럽의 첨단 무기와 군사기술을 전수했고, 우수한 부대까지 빌려줬어. 이 용병 부대를 상승군常勝軍이라고 불렀지. 전투에서 항상 이기는 부대란 뜻이야. 상승군 앞에 태평천국 군대는 초라하기 그지없었어. 한때 베이징 근처까지 장악했던 태평천국의 영토는 갈수록 좁아졌고, 1864년에는 태평천국의 거점인 난징이 상승군에게 함락됐어. 홍수전은 끝내 뜻을 이루지 못하고 세상을 떠났지.

양무와 변법자강, 청 왕조의 개혁운동

    아편 전쟁이 끝난 이듬해, 동치제同治帝가 청의 10대 황제가 됐어. 그러나 이때 그의 나이는 고작 세 살에 불과했어. 그 어린 아이가 나라를 통치할 수는 없지. 함풍제의 후궁이자 동치제의 어머니였던 서태후 ^{西太后} 와, 함풍제의 황후였던 동태후 ^{東太后} 가 섭정을 하기 시작했어. 여인천하의 시대가 온 거지.

두 명의 태후는 나름대로 개혁을 추진했어. 여기에 함풍제의 동생인 공친왕도 정치에 뛰어들어 개혁을 거들었어. 그들은 중국이 서양의 과학기술을 도입하지 않았기 때문에 약소국으로 전락했다고 생각했단다. 청나라가 강해지려면 유럽 국가들처럼 강한 군대와 첨단 군사 장비를 확보해야 한다고 믿었어. 이렇게 해서 시작된 청나라의 근대화운동이 바로 양무 ^{洋務} 운동이란다.

양무운동은 몇 단계에 걸쳐 진행됐어. 광서제 ^{光緒帝} 가 11대 황제에 오른 1875년 초까지는 근대화의 골격을 갖추는 데 전념했어. 학교를 세워 서양 과학을 집중 공부하도록 했고, 첨단 무기를 만드는 공장도 건설했지. 군대 조직도 서양을 본떠 개혁하기 시작했어. 이후엔 외국자본에 맞선 민족자본과 민간 기업의 양성에 힘을 쏟아 경제를 부흥시키려 했어.

여인천하를 연 서태후 후궁 출신이지만 자신의 조카를 양아들로 삼아 황제로 만들고, 배후에서 청 왕조를 좌우한 인물이다. 양무운동이 실패로 돌아간 후 보수파의 우두머리가 되었다.

양무운동은 중국 황실이 주도한 대대적인 개혁이자, 마지막 개혁이야. 그러나 이 개혁운동의 결과는 만족스럽지 않았어. 1894년 발발한 청일 전쟁에서 양무운동의 결과가 그대로 드러났지. 작은 섬나라 일본에게 무참히 패하고 말았어! 중국 사람들은 모두 충격에 빠졌지. 30년 넘게 서구를 좇아 개혁에 전념했잖아? 그런데 작은 섬나라 일본에게 패하다니! 그제야 양무운동이 뭔가 잘못

됐다는 것을 중국 사람들은 깨달았어.

왜 양무운동이 실패했을까? 여러 가지 이유가 있겠지. 우선 중국의 골격을 유지하면서 서양의 문물을 도입하겠다는 양무운동의 중체서용中體西用 정신 자체가 시대에 맞지 않는다는 지적이 있어. 지배층이 부

양무운동 때 지은 무기 공장 난징에 세워진 무기 공장인 금릉기기국에서 대포, 화약을 생산하는 모습이다. 청 황실은 서양의 군수 시설을 받아들여 군사력을 키우려 했다.

패했다면 그들을 손보지 않는 한 서양 문물을 아무리 많이 도입해도 나라는 바뀌지 않겠지? 두 명의 태후와 공친왕은 나름대로 개혁을 추진했겠지만 그들의 권력 투쟁도 상당히 심했단다. 나라가 혼란스러울 수밖에 없겠지? 반면 일본은 메이지 천황을 중심으로 한 입헌군주제를 새로 도입했어. 확실히 달라졌지? 그 때문에 일본은 개혁에 성공할 수 있었던 거야.

양무운동의 허실을 정확히 짚은 인물도 있었어. 청일 전쟁이 터지기 6년 전인 1888년이었지. 캉유웨이康有爲란 인물이 광서제에게 부패한 지배층을 몰아내야 한다는 상소를 올렸어. 광서제는 상소의 내용에 동의했어. 그러나 서태후가 권력을 틀어쥐고 있어 움쭉달싹도 하지 못했지.

청일 전쟁에서 크게 패하고 양무운동도 사실상 실패로 끝나면서 상황이 약간 달라졌어. 중국 백성들은 황실의 통치자들을 더 이상 믿지 않았어. 곳곳에서 반란도 일어났지. 서태후는 몸을 납작 엎드릴 때라고 생각했어. 서태후는 자신의 측근

캉유웨이 변법자강운동을 주도했지만 보수파의 쿠데타로 권력을 잃었다. 그 후 일본으로 망명을 떠났다.

이었던 재상을 파면하고, 그 자신도 정계 은퇴를 선언했어. 서태후는 별궁으로 물러났지. 그렇지만 이 모든 게 정치 쇼에 불과했단다. 황궁인 자금성에 서태후의 심복이 쫙 깔려 있었던 거야. 별궁에서 정치를 한 셈이지.

그래도 지금이 서태후를 몰아내기에는 가장 좋은 때였어. 1898년 캉유웨이가 부패한 지배층을 몰아내고 법을 개혁해 중국의 체질을 바꿔야 한다는 상소를 다시 올렸어. 이번에는 광서제가 캉유웨이를 불렀어. 광서제는 그에게 정치 개혁을 추진하라며 모든 권한을 줬어. 캉유웨이는 대대적인 개혁에 착수했지. 이 개혁운동이 변법자강變法自彊 운동이란다. 무술년에 이뤄졌다고 해서 무술변법戊戌變法이라고도 부르지.

캉유웨이 파벌, 즉 변법파는 서태후 파벌을 모두 파면했어. 그러나 변법파는 두려움에 떨고 있었어. 황제로부터 전권을 위임받아 진행하는 개혁이었지만, 서태후의 보수파는 여전히 강했거든. 게다가 변법파의 움직임 하나하나가 모두 서태후에게 보고되고 있었어. 서태후 파벌이 언제 군대를 이끌고 자금성으로 쳐들어올지 모르는 상황인 거지. 고민 끝에 변법파는 서태후가 움직이기 전에 먼저 쳐야 한다는 결정을 내렸어.

이때 변법파가 찾아간 인물이 위안스카이袁世凱였단다. 훗날 중화민국의 대총통이 되는 인물이지. 변법파는 위안스카이에게 거사를 함께 하자고 제안했어. 위안스카이는 어느 쪽이 자기에게 유리할지를 계산했고, 서태후를 최종 선택했어. 그는 서태후에게 변법파의 거사 계획을 밀고해버렸단다.

서태후의 명령을 받은 보수파들이 즉각 쿠데타를 일으켰어. 결국 103일 만에 변법자강운동은 막을 내리고 말았어. 변법파의 지도자인 캉유웨이는 일본으로 망명을 떠났단다. 양무운동에 이어 또 한 번의 개혁 시도가 물거품이 되고 만 거지. 이제 중국에서 희망이 사라진 것처럼 보이지 않니?

통박사의 역사 읽기

🔍 위가 안 바뀌면 개혁은 실패한다

동아시아의 강국 청, 서아시아의 강국 오스만 제국은 건국과 멸망 역사가 비슷하단다. 청을 건국한 만주족은 중국 한족에게는 변방 민족에 불과했어. 오스만 제국을 세운 오스만 튀르크족도 이슬람 지배 민족인 아랍 민족과는 거리가 멀었지. 그러나 만주족과 오스만튀르크족은 각각 한족과 아랍 민족을 몰아내고 동아시아와 서아시아의 강자가 됐어.

청 왕조는 1861년 양무운동을 시작했어. 이보다 32년 전인 1839년에는 오스만 제국이 탄지마트 개혁을 추진했지. 두 개혁은 모두 실패했단다. 지배층, 즉 상층부가 주도했지만 상층부는 전혀 개혁되지 않았다는 점도 똑같아.

무릇 개혁이란 모두가 바뀌어야 성공한다는 점, 역사가 확실히 증명해주고 있지?

열강에 유린당한 아시아, 저항과 개혁

　아시아 국가 가운데 유일하게 서구 열강을 닮아가는 나라, 일본의 19세기 역사를 살펴봤지? 세계의 중심이라고 자만하던 중국의 역사도 살펴봤어.

　이제 동아시아를 뺀 나머지 지역의 역사를 볼 거야. 그러나 서아시아, 중앙아시아, 남아시아, 동남아시아 등 지역별로 굳이 살펴볼 필요도 없어. 한결같이 같은 역사를 밟고 있었거든. 아시아 전역이 유럽 열강들로부터 유린당하고 있었단다.

　특히 '유럽 속의 아시아' 국가인 오스만 제국은 열강의 영토 싸움에 휘말려 완전히 누더기가 되고 말았어. 유럽 열강은 그런 오스만 제국을 '유럽의 병자'라고 불렀다는구나. 그 오스만 제국의 역사부터 보도록 할게.

오스만 제국의 대혼란과 근대화 노력

　　오스만 제국의 역사는 유럽의 역사와 맞물려 있는 경우가 많아. 15세기 중반, 동로마 제국을 무너뜨린 후 발칸 반도의 대부분을 차지했지?

유럽 국가들은 오스만 제국의 침략에 벌벌 떨었어. 19세기에는 정반대가 됐지. 오스만 제국이 열강들의 싸움에 휘말려 누더기 신세가 돼버린 거야.

1830년 유럽 사람들의 영원한 정신적 고향인 그리스가 오스만 제국으로부터 독립했어. 그해 알제리는 프랑스에게 빼앗겼어. 1년 뒤에는 오스만 제국이 이집트에 파견한 총독 무함마드 알리가 오스만 제국의 술탄에 도전하며 아라비아 반도와 시리아 지역의 영토를 점령했어. 오스만 제국은 1840년 유럽 열강들이 끼어든 덕에 간신히 무

무함마드 알리 오스만 제국의 이집트 총독이었으나 1841년 독자적인 왕조를 세워 이집트를 근대적 독립국가로 발전시켰다.

함마드 알리의 군대를 이 지역에서 물러나게 할 수 있었지. 이 지역은 사실상 이때 오스만 제국의 지배를 벗어났어. 무함마드 알리는 이듬해 이집트에서 독자적으로 왕조를 세웠어. 불과 10년 안팎인 시간이야. 얼마나 빠른 속도로 오스만 제국이 무너지고 있는지 알 수 있겠지?

영토만 빼앗긴 게 아니야. 유럽 열강은 경제적으로도 오스만 제국을 침탈하고 있었단다. 특히 영국이 군침을 많이 흘렸지. 1838년, 영국은 오스만 제국과 통상조약을 체결하는 데 성공했어. 영국은 이로부터 2년 후 중국과 아편 전쟁을 치르지? 전쟁에서 이긴 후에는 불평등조약을 체결했어. 오스만 제국에서도 마찬가지였단다. 통상조약이 체결된 후 값싼 유럽 제품이 오스만 제국에 쫙 깔렸어. 오스만 제국을 경제적으로 정복한 유럽 무역 상인들은 중앙아시아로 진출하려고 했어.

1839년 7월, 압뒬메시드압둘마지드 1세가 오스만 제국의 31대 술탄에 올랐어. 그는 개혁을 하지 않으면 오스만 제국이 멸망할 거라고 생각했어. 4개월 후, 압뒬메

압뒬메시드 1세 1839년 오스만 제국 31대 술탄에 올라 중국의 양무 개혁과 비슷한 탄지마트 개혁을 실시했다.

시드 1세는 탄지마트 개혁을 선포했어. 중국의 양무운동과 마찬가지로 오스만 제국을 근대화하기 위한 개혁이었지.

개혁의 내용을 볼까? 우선 의회제도를 도입한다는 내용이 두드러져. 그러나 의회는 술탄의 승인을 얻어야 법을 만들 수 있었단다. 군대도 서구식, 더 구체적으로 말하면 독일식으로 뜯어고치기로 했어. 또한 서구식 교육을 도입하는 것도 개혁 방안에 포함돼 있었어. 그러나 이 개혁은 성공하지 못했어. 왜 그랬을까?

탄지마트는 다른 말로 '은혜 개혁'이라고도 불려. 통치자가 백성들에게 개혁을 통해 은혜를 베푼다는 뜻이야. 지배층은 꿈쩍도 하지 않고 나머지만 고치려 했다는 걸 잘 알겠지? 술탄은 유럽 열강들로부터 차관을 끌어들여 근대화에 박차를 가했어. 개혁의 내용만 좋으면 뭐해? 이처럼 외채를 늘려놨으니 국가 재정만 파탄 상태에 놓였을 뿐이야.

게다가 압뒬메시드 1세는 술탄의 권력을 더 강화시키려고 했어. 강력한 중앙집권제를 추진한 거야. 반대파들이 가만히 있지 않겠지? 오스만 제국을 노리고 있던 영국과 러시아도 훼방을 놨어. 개혁이 성공할 수 없는 이유가 참 많지?

탄지마트 개혁은 1876년 34대 술탄 압둘하미드 2세가 등극함으로써 공식 폐기됐어. 이때 새로운 개혁이 시작됐거든. 당시 재상인 미드하트 파샤는 술탄이 모든 권력을 쥐는 한 오스만 제국은 재기할 수 없을 거라고 생각했어. 그는 유럽의 입헌 군주제를 모델로 한 미드하트 헌법을 만들었어. 개혁을 원하는 눈빛이 많았기 때문에 갓 술탄이 된 압둘하미드 2세는 이 법을 거부할 수 없었어. 마침내 1876년

12월 미드하트 헌법이 반포됐단다.

미드하트 헌법은 아시아에서는 최초로 만들어진 근대 헌법이란다. 일본이 메이지 개혁을 단행한 뒤 헌법을 채택한 게 1889년의 일이니, 오스만 제국이 13년 앞서 기록을 달성한 셈이지. 이 헌법에 따라 오스만 제국에는 언론과 출판, 종교의 자유가 실현됐어. 이슬람 국가에서 다른 종교를 자유롭게 믿을 수 있게 된 거지.

그러나 술탄 압둘하미드 2세는 이 법을 좋아하지 않았어. 입헌군주제가 시행되면 술탄의 권한이 줄어들기 때문이지. 러시아가 술탄을 도왔어! 바로 이듬해인 1877년 제6차 러시아·투르크 전쟁제2차 동방 전쟁이 터진 거야. 술탄은 위기를 틈타 헌법을 정지시키고 의회를 해산했어. 그래, 오스만 제국이 과거로 돌아간 거야. 이 전쟁 덕분에 술탄은 권력을 되찾았지만, 오스만 제국은 많은 걸 잃은 셈이지. 다행

오스만 제국의 패배 제6차 러시아·투르크 전쟁을 소재로 만들어진 작품이다. 전략적 요충지였던 니코폴 성에서 오스만 군대가 패배하여 나오는 장면을 묘사했다.

히 미드하트 헌법은 1908년 청년투르크당이 혁명에 성공함으로써 부활할 수 있었단다.

끝으로 러시아·투르크 전쟁에 대해 조금만 더 살펴보도록 할까? 1차, 2차 전쟁은 앞에 살펴봤지? 3~6차 전쟁은 모두 19세기에 터졌어. 1853년에 터진 5차 전쟁은 크림 전쟁제1차 동방 전쟁으로 더 많이 알려져 있지. 6차 전쟁이 끝난 후에는 발칸반도의 슬라브족 국가들이 모두 독립하거나 자치권을 얻었어. 오스만 제국이 조각난 거야. 이 전쟁들에 대해서는《통세계사》와《통유럽사》에서 충분히 다뤘기 때문에 여기서는 생략할게.

세포이 항쟁과 인도의 근대화운동

19세기 초반이 되자 영국은 인도의 거의 대부분을 차지했어. 다만 펀자브와 신드 지역은 아직 영국의 식민지가 아니었어. 이 무렵 러시아가 강력한 남하 정책을 추진하고 있었기 때문이야. 그렇지만 영국이 조금 더 강했어. 아편 전쟁이 터지고 3년이 지난 1843년, 신드 지방도 영국의 수중에 떨어졌단다.

마지막 남은 지역은 딱 하나야. 바로 펀자브 지방이지. 이 지방은 시크교도들이 차지하고 있었어. 영국은 무력으로 영토를 빼앗으려 했어. 시크교도들도 맞섰어. 이렇게 해서 1845년 시크 전쟁이 터졌어. 5년여 동안 저항했지만 강력한 영국을 이길 수는 없었어. 시크 왕국은 멸망했고, 마침내 인도 전역이 영국의 식민지가 됐어. 무굴 제국? 물론 존재하기는 했어. 하지만 있으나 마나 한 제국이었단다.

1853년 중국 난징에서 태평천국이 건국됐지? 4년 후, 이와 비슷한 민중의 저항운동이 인도에서도 일어났단다. 인도 전역에서 영국에 반대하는 세포이 항쟁이

반영투쟁을 점화한 세포이 항쟁 영국의 동인도회사에 고용된 인도인 용병 세포이들의 반란을 시작으로 인도 민중이 반영투쟁을 벌였다.

시작됐어!

세포이는 영국의 동인도회사에 고용된 인도인 용병을 가리키는 말이야. 세포이들은 영국이 인도의 여러 왕국들과 전투를 할 때 영국 편에서 총을 들었어. 조국을 식민지로 만드는 데 기여한 공으로 많은 급료를 받았지. 그러나 영국인들은 그들을 동료가 아닌, 머슴처럼 부렸어. 세포이들의 불만이 쌓였겠지? 그러던 가운데 탄약이 든 통에 묻어 있는 기름이 돼지와 소의 기름이란 소문이 퍼지기 시작했어. 당시 탄약통은 끝부분을 입으로 물어뜯어야 열 수 있었단다. 세포이들은 힌두교도이거나 이슬람교도 둘 중에 하나였어. 종교적 이유 때문에 힌두교는 소, 이슬람교는 돼지를 입에 대지 않지. 돼지와 소의 기름을 입에 대는 것은 이들에게 엄청나게 모욕적인 일이었어. 급료를 받으려면 그 기름을 입에 대야 하겠지? 세포이들은 마침내 참았던 분노를 터뜨렸어. 1857년 5월 세포이들은 병기고를 습격한 뒤 무

무굴 제국의 마지막 황제
영국은 세포이 항쟁의 책임을 물어 무굴 제국의 바하두르 샤 2세 황제를 끌어내렸다. 이로써 무굴 제국이 멸망했다.

기와 탄약을 빼앗고 무력 봉기를 일으켰어.

동물 기름 때문에 일어난 항쟁이라니 우습다고? 물론 그렇게 생각할 수도 있어. 그러나 이 항쟁은 오랫동안 억눌려왔던 인도인의 민족의식을 깨웠다는 데 의미가 있단다. 용병의 반란이 곧 인도인의 독립투쟁으로 번진 거야.

세포이들은 무굴 제국의 황제 바하두르 샤 2세가 있는 델리로 진격했어. 궁궐을 장악하고 있는 영국인들을 모두 살해한 뒤 바하두르 샤 2세를 다시 '인도의 황제'로 추대했어. 그때 바하두르 샤 2세는 황제란 명패만 달았을 뿐, 정치에 관심을 두지 않고 지내고 있었어. 나이가 여든이 넘은 노인이었거든. 갑작스레 봉기군의 지도자가 된 셈이었지만, 바하두르 샤 2세는 힘을 내서 인도의 귀족들과 제후들에게 반영투쟁에 나서라는 포고문을 발표했어.

이 봉기는 4개월여 만에 진압됐어. 그해 9월 영국은 델리를 다시 점령했고, 바하두르 샤 2세는 멀리 미얀마로 유배를 떠나야 했단다. 이로써 무굴 제국은 역사 속으로 사라졌어. 그 후로도 세포이와 인도 민중의 저항은 이어졌고, 이 항쟁은 1859년까지 지속됐단다.

세포이 항쟁 이후 동인도회사가 사라졌어. 영국 정부가 분석해보니 동인도회사의 착취가 항쟁을 부른 것이란 결론이 나왔기 때문이야. 영국 정부는 1858년부터는 직접 인도를 통치하기 시작했어.

영국은 말과 글을 모두 빼앗았어. 인도어^{힌두어}로 된 신문도 발행하지 못하도록 했지. 인도 지식인들이 분노했어. 그들은 인도가 독립하려면 무엇보다 고질적인

악습들을 제거해야 한다고 믿었어. 인도의 지식인들이
추진한 이 개혁운동을 브라마사마지운동이라고 불러.
당시 인도의 대표적인 지식인 람모한 라이가 만든 개혁
단체 브라마사마지^{브라만 모임}가 주도했기에 이런 이름이
붙었지.

인도 근대화의 아버지
브라마사마지를 창설한 람모
한 라이는 교육·사회·정치
의 개혁을 주창해 인도 근대
화의 아버지로 불린다.

　람모한 라이는 힌두교를 현대적인 종교로 탈바꿈시
키려고 노력했어. 그러기 위해서는 서양 학문을 적극
도입해야 한다고 주장했지. 인도를 근대화시키는 데도
주력했어. 이때까지만 해도 인도에서는 남편이 죽으면
아내도 따라 죽어야 했어. 이 풍습을 '사티'라고 불렀는데, 이 풍습 때문에 많은 여
성들이 아무런 죄 없이 죽음을 당해야 했지. 람모한 라이는 이런 악습을 없애고 여
성의 권리를 적극 보호해야 한다고 주장했어.

　민족주의운동도 꽃피기 시작했어. 이 운동 또한 브라마사마지운동의 영향을 받
아 시작됐단다. 인도의 근대화를 추진하다 보니, 자연스럽게 민족주의로 연결됐
고, 그 결과 민족주의운동 단체 인도국민회의가 생긴 거야.

　인도국민회의가 만들어진 직접적인 계기는 1883년 영국이 영국인과 인도인을
차별하는 내용을 담은 법안을 통과시켰기 때문이야. 인도 민족주의자들의 분노는
극에 달했어. 그들은 캘커타에 모여 영국에 저항하는 시위를 벌였어. 그리고 인도
국민회의를 만들기 위한 대장정에 돌입했지. 그 노력이 2년 만에 결실을 본 거야.
1885년, 오늘날의 뭄바이인 봄베이에서 인도국민회의가 창립됐단다. 그러나 아직
이 기구는 큰 힘이 없었어. 인도국민회의는 20세기 들어 본격적인 활동을 시작했
단다. 이 내용은 다음 장에서 살펴볼게.

🔍 인도에선 명상도 개혁운동

오늘날 인도에서 가장 큰 종교 교단은 라마크리슈나 미션 이야. 성인으로까지 추앙받는 인도인 라마크리슈나의 뜻을 이어받아 후계자들이 1897년 만든 기구지. 진리를 찾는 수많은 사람들이 이 미션을 찾아 명상을 한단다.

라마크리슈나는 모든 종교가 동등하다고 봤어. 힌두교나 이슬람교, 불교, 기독교가 같은 진리를 가지고 있다는 뜻이야. 그는 명상을 통해 이 단순한 진리를 깨달았어. 그런데, 이 명상이 19세기 인도의 개혁운동이었다는 사실을 아니? 당시 인도에는 여러 종교가 있었고, 영국은 이 점을 악

라마크리슈나 오늘날 성인으로도 추앙받고 있는 라마크리슈나는 모든 종교의 융화와 통합을 추구했다.

용해 인도를 분열시키려고 했어. 그렇지만 라마크리슈나의 설교대로 모든 종교가 같다면 분열될 이유가 없지? 결국 명상이 가장 큰 개혁운동이었던 셈이야.

이란 카자르 왕조, 열강들의 표적이 되다

페르시아, 그러니까 오늘날의 이란 지역으로 옮겨볼까? 여기도 상황은 크게 다르지 않아. 유럽 열강들의 손에 놀아나고 있었지. 특히 영국과 러시아가 이권을 다퉜단다. 19세기 이전에도 유럽 열강이 이란 지역에 진출하기는 했어. 잠시 18세기의 역사를 돌이켜볼까?

사파비 왕조가 1736년 멸망했어. 한동안 혼란이 계속됐지. 작은 왕국^{아프샤르 왕조}들이 난립했어. 이 가운데 카림칸 잔드란 인물이 두드러졌어. 그는 이란의 중남부를 장악했고, 머잖아 북동부의 일부 지방을 뺀 나머지 전역을 정복하는 데 성공

했지. 이 카림칸이 세운 나라가 잔드 왕조란다.

잔드 왕조는 채 50년을 채우지 못했어. 투르크족 계통의 아가 모하마드 칸이란 인물이 반란을 일으켰기 때문이야. 1794년 아가 모하마드 칸은 잔드 왕조의 세력을 제거하고 오늘날의 테헤란 지역을 중심으로 왕조를 세웠어. 이 왕조가 카자르 왕조야. 카자르 왕조는 페르시아 만에서 카스피 해에 이르는, 오늘날의 이란 전역을 통치했단다.

사파비 왕조까지만 해도 유럽 열강들과의 사이가 아주 나쁘지는 않았어. 당시 영국과 네덜란드, 프랑스는 인도와 무역을 하려고 안달이 나 있었지. 인도로 가려면 사파비 왕조가

잔드 왕조 때의 예술가들 잔드 왕조의 역사는 채 50년이 되지 않지만, 1대 왕 카림칸이 문화예술가들을 후원하여 문화적으로는 크게 번성하였다.

지배하고 있던 이란 땅을 지나가야 했어. 굳이 사파비 왕조와 적대적일 필요가 없겠지? 게다가 오스만 제국과 사파비 왕조의 사이가 별로 좋지 않았어. 유럽 열강들은 오스만 제국을 노리고 있었잖아? 그러니 사파비 왕조와 친하게 지내야지.

그러나 카자르 왕조 때는 상황이 크게 달라졌어. 1797년 파드 알리 샤^{파트흐 알리 샤}가 2대 왕이 된 후 카자르 왕조는 카스피 해 서쪽의 카프카스 지방을 놓고 러시아와 갈등을 벌였어. 1804년부터 두 나라는 전쟁^{제1차 이란·러시아 전쟁}을 시작했고, 이 전쟁은 1812년 러시아의 승리로 끝났지. 이듬해 두 나라는 굴리스탄 조약을 체결했어. 카자르 왕조는 카스피 해 주변의 땅 일부를 빼앗겼지. 아제르바이잔과 그루지야 등이 이때 러시아로 넘어갔단다.

카자르 왕조가 억울하겠지? 14년이 지난 1826년, 복수를 벼르고 있던 파드 알리 샤가 다시 전쟁제2차 이란·러시아 전쟁을 일으켰어. 이 전쟁에서도 이란은 패했어. 이미 유럽 열강을 이기기에는 군사력의 격차가 너무 벌어진 거지. 1828년 두 나라는 투르크만차이 조약을 체결했어. 이번에는 러시아가 카프카스 전체를 빼앗아 갔단다. 이란은 또 러시아인들에게 치외법권을 줘야 했어. 다른 아시아 국가들처럼 이란도 불평등조약을 체결한 거야.

1834년 모하메드 샤가 카자르 왕조의 3대 왕이 됐어. 그는 러시아에게 빼앗긴 땅을 되찾는 데 전력을 기울였어. 나름대로 성과도 있었지. 오늘날 아프가니스탄의 헤라트 지역을 되찾은 거야. 그러나 헤라트 때문에 또 하나의 열강인 영국과 대립하게 됐어. 모하메드 샤의 뒤를 이어 1848년 나스르 알 딘 샤나세르 옷 딘 샤가 4대 왕에 올랐어. 나스르 알 딘 샤는 러시아와 영국의 간섭으로부터 벗어나기 위해 많은 노력을 기울였어. 오스만 제국의 탄지마트 개혁과 흡사한 서구식 개혁도 추진

나스르 알 딘 샤 1848년 4대 왕에 올라 이란의 근대화를 추진하고 서구 제국주의에 맞서 국력을 강화하고자 노력했다.

했지. 그러나 모두 실패했단다. 석유를 노리는 열강들이 그냥 두지 않았기 때문이야.

중국에서 애로 전쟁이 터진 해인 1856년, 나스르 알 딘 샤는 영국과 전쟁을 벌이게 됐어. 헤라트 때문이었지. 이 전쟁을 '영국·페르시아 전쟁'이라고 부른단다.

카자르 왕조는 두 차례의 전쟁으로 러시아에게 많은 땅을 빼앗겼지? 러시아는 적극적으로 남하 정책을 추진하고 있었어. 영국은 인도를 장악하고 있었지. 러시아가 아프가니스탄을 넘어선다면 두

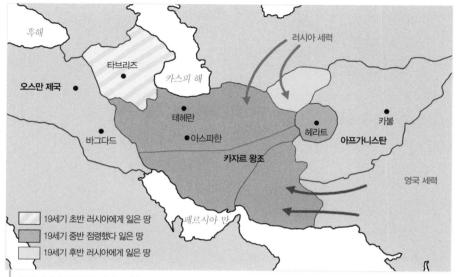

열강에게 협공당한 카자르 왕조 이란의 카자르 왕조는 위로는 러시아, 아래로는 영국의 간섭에 시달려야 했다. 카자르 왕조는 두 열강과 싸워 모두 패했다.

열강이 충돌할 확률이 높아. 당시 영국이 지배하고 있던 인도는 아프가니스탄과 접경하고 있었거든. 바로 이 점 때문에 영국은 카자르 왕조가 헤라트를 점령하게 둘 수 없었던 거야. 그냥 두면 러시아가 카자르 왕조로부터 헤라트를 빼앗을 것이고, 이어 아프가니스탄까지 정복할 수 있잖아?

영국·페르시아 전쟁에서도 카자르 왕조는 패했어. 1857년 영국은 아프가니스탄을 독립국으로 만들었고, 그 후 헤라트를 아프가니스탄의 영토로 삼았지. 이 과정에서 아프가니스탄도 많이 당했단다. 이 이야기는 조금 있다가 하도록 할게.

전쟁에도 패하고, 개혁도 실패해서 약해질 대로 약해진 카자르 왕조는 1881년 또다시 러시아에게 많은 영토를 빼앗겼어. 오늘날의 투르크메니스탄과 우즈베키스탄이 이때 러시아로 넘어갔지.

아프가니스탄, 러시아와 영국의 싸움터가 되다

이란의 카자르 왕조가 러시아와 영국 사이에 끼어 큰 고통을 당하고 있지? 중앙아시아의 관문에 있는 나라 아프가니스탄도 비슷한 역사를 밟았단다. 19세기 초반까지만 해도 아프가니스탄을 통치하는 왕조는 두라니 왕조였어. 아프간족이 18세기 중반에 건설한 민족 국가지. 그러나 이 왕조는 100년여 만에 멸망하고 말았어. 두라니 왕조 밑에서 재상을 지낸 가문 출신의 도스트 무하마드가 1826년에 새로운 왕조를 열었기 때문이야. 그 왕조가 바로 아프가니스탄 최후의 왕조인 바라크자이^{바락자이} 왕조란다.

도스트 무하마드는 새로운 왕조를 열고 왕에 올랐지만, 처음부터 열강에게 시달려야 했어. 어쩌면 아주 불행한 영웅이라고 할 수 있지. 바라크자이 왕조가 열강의 싸움에 휘말려 일어난 전쟁이 아프간 전쟁이야. 이 전쟁은 총 3차에 걸쳐 진행됐는데 여기는 19세기에 벌어졌던 두 차례의 전쟁을 살펴볼게. 첫 번째 전쟁은 그가 왕이 되고 난 후 12년이 지난 1838년 터졌단다.

여기서부터는 이란의 역사와 겹친단다. 마치 퍼즐 놀이를 하는 것 같을 거야. 자, 다시 살펴볼까? 1838년 러시아의 지원을 받은 이란이 헤라트를 공격했어. 의외로 신생 왕조인 바라크자이 왕조가 이란 군대를 막아냈단다. 러시아는 전략을 바꿔 아프가니스탄과 협력 관계를 맺기로 했어. 그러자 이번에는 영국이 아프가니스탄에 선전포고를 했어. 영국은 아프가니스탄에 러시아가 진출하는 것을 불안해서 두고 볼 수가 없었다고 했지?

이렇게 해서 터진 전쟁이 제1차 아프간 전쟁이야. 영국 군대는 막강했어. 순식간에 아프가니스탄 수도 카불을 점령하고 도스트 무하마드를 쫓아냈지. 그러나 아프가니스탄 민중의 반발이 심했어. 1841년 영국은 어쩔 수 없이 군대를 철수하기로 했어. 카불에서 퇴각하는 영국 군대를 아프가니스탄 군대가 공격했어. 무려 1만 6,000명에 달하는 영국 병사가 전멸했단다. 이 무렵 보기 힘든 영국 군대의 참패지.

영국이 가만히 있을 리가 없지? 1842년 다시 군대가 출격했고, 카불을 재점령했어. 이로써 제1차 아프간 전쟁은 끝나는 듯했어. 그

왕궁에 앉아 있는 도스트 무하마드 바라크자이 왕조를 연 도스트 무하마드가 이란의 수도 카불에 있는 왕궁에 있는 모습이다. 도스트 무하마드는 제1차 아프간 전쟁 때 카불을 점령한 영국에 의해 쫓겨났다가 복위했다.

러나 이번에도 민중이 가만히 있지 않았어. 1843년 영국은 어쩔 수 없이 아프가스니스탄에서 철수했고, 도스트 무하마드는 복위했어. 이후 도스트 무하마드는 영국과 우호조약을 맺고 친영파가 되었어.

헤라트 지역을 둘러싼 갈등은 그 후로도 계속됐어. 1856년에는 영국과 이란이 전쟁을 벌이기도 했지? 어쨌든 제1차 아프간 전쟁 이후 아프가니스탄은 영국에 협력했고, 1857년에는 독립 왕국이 될 수 있었어. 아프가니스탄은 1863년 헤라트를 합병해버렸단다. 이제 모든 갈등이 끝나는 걸까? 아니야.

도스트 무하마드가 세상을 떠나자 아들 실 알리가 왕이 되었어. 실 알리는 영국을 멀리하고 러시아와는 가깝게 지내기 시작했어. 영국이 가만히 있을 리가 없겠지? 오스만 제국에서 미드하트 헌법이 공포되고 2년이 지난 1878년, 영국 군대가 카불로 진격했어. 제2차 아프간 전쟁이 터진 거야. 이번에도 카불은 쉽게 점령됐고, 실 알리는 멀리 도망갔지. 왕이 된 실 알리의 아들 무하마드 야크브는 영국과 조약을 체결하고 카불에 영국의 사절단을 두기로 했어. 곧 폭동이 일어나 사절단

이 학살되자 영국은 무하마드 야크브를 쫓아내고 압두르 라만을 왕에 앉혔어. 그 후 아프가니스탄은 다시 영국으로부터 벗어나지 못했지. 영국은 1905년 아프가니스탄을 보호국으로 삼았단다.

러시아는 아프가니스탄을 얻지는 못했지만 나머지 중앙아시아 전역을 차지했어. 당시 중앙아시아에는 우즈베크족의 세 나라가 있었어. 그 가운데 사마르칸트의 부하라 칸국, 아무다리야 강 하류의 히바 칸국옛 호라즘 왕국, 페르가나 분지의 코칸트 칸국이 가장 강했어. 세 나라는 모두 투르크족 계통이었지만 사이가 좋지는 않았단다. 오히려 1인자 자리를 놓고 다툴 때가 더 많았지. 세 나라의 싸움을 러시아는 아주 반겼어.

러시아는 오스만 제국을 차지하기 위해 전쟁을 일으켰지? 영국과 프랑스가 러시아의 세력을 저지하려고 맞섰어. 이 전쟁이 제5차 러시아·투르크 전쟁이지. 비슷한 시기인 1868년, 러시아는 부하라 칸국을 점령했어. 이어 1873년에는 히바 칸국을 점령했고, 1886년에는 코칸트 칸국을 합병했단다. 세 나라가 차례대로 러시아에 정복된 거야.

세계의 지붕 파미르 고원 중앙아시아 남동부에 있는 고원으로 러시아가 1900년 정복했다.

러시아는 중앙아시아 지역에 철도를 건설했어. 그 철도를 타고 많은 러시아 인들이 중앙아시아로 옮겨갔어. 중앙아시아에서 가장 번영했던 도시 부하라에는 19세기 말, 무려 1만 명이 넘는 러시아인이 옮겨와 살았어. 러시아는 중앙아시아의 최남단 지역까지 영토를 넓히기도 했어. 1900년, 세계의 지붕이라는 파미르 고원도 정복한 거야.

열강의 각축장이 된 동남아시아

동남아시아 지역은 네덜란드와 영국의 치열한 식민지 경쟁으로 황폐해졌어.

말레이시아는 영국의 식민지가 됐어. 영국은 1786년 말레이 반도 북서부의 페낭에 조지타운을 건설한 데 이어 1819년에는 싱가포르에도 손을 뻗쳤어. 싱가포르의 조호르 왕조와 조약을 체결하고 무역항을 만든 거야. 영국은 동남아시아의 더 많은 나라들을 식민지로 만드는 데 박차를 가했어. 1824년엔 네덜란드 식민지였던 말라카가 영국의 식민지가 됐어. 네덜란드가 인도네시아를 식민지로 만드는 데 영국이 합의하면서 사이좋게 식민지를 나눠 가진 거야. 1826년 영국은 말레이시아와 싱가포르를 묶어 해협식민지로 만들었단다. 그 후로도 동남아시아의 여러 나라들이 영국의 식민지로 편입됐어. 1885년에는 인도차이나 반도의 미얀마가, 1888년에는 보르네오 섬 북부의 말레이시아 지역과 브루나이가 식민지가 되었어.

인도네시아는 네덜란드의 수중에 떨어졌어. 원래는 영국의 점령지였는데, 두 나라가 협정을 맺으면서 네덜란드로 넘어간 거지. 그 후 자바 섬의 여러 왕국들이 모두 네덜란드에 정복되어 식민지가 되었단다. 인도네시아 주변의 티모르 섬도 네덜란드에게 지배당했어. 티모르 섬의 동쪽은 포르투갈이 지배하고 있었단다.

프랑스는 영국, 네덜란드보다 동남아시아에 늦게 진출했어. 뒤늦게 찜할 곳을 찾다가 베트남을 발견했지. 당시 베트남의 상황부터 볼까?

18세기 말 후레 왕조는 떠이손에서 구엔 반약^{阮文岳}, 구엔 반르^{阮文呂}, 구엔 반후

에 阮文惠의 삼형제가 이끈 농민 반란으로 무너졌어. 구엔 반약 삼형제는 1778년 떠이손 왕조를 세웠어. 삼형제는 베트남 전역을 통일했고, 셋이서 나눠 베트남을 통치했어. 청 왕조의 공격도 막아낼 만큼 강력했던 떠이손 왕조는 세 형제 사이가 비틀어지면서 어수선해지기 시작했어. 이때 떠이손 농민 반

19세기 동남아시아를 삼킨 열강들 영국, 프랑스, 네덜란드, 미국이 인도차이나 반도를 포함한 동남아시아를 나눠 가졌다.

란 때 쫓겨난 응우옌푹아인 阮福映이란 인물이 나타났어. 응우옌푹아인은 프랑스의 지원을 얻어 떠이손 왕조를 공격했어. 떠이손 왕조는 쉽게 무너지지 않았어. 응우옌푹아인은 10여 년이나 끈질기게 떠이손 왕조를 공략했어. 그동안 구엔 삼형제는 세상을 떠나고 구엔 꽝또안이 새 왕이 되었어. 1802년 구엔 꽝또안 阮光纘은 응우옌푹아인의 공격을 막아내지 못했고, 떠이손 왕조는 멸망했지. 곧 응우옌푹아인은 전국을 통일하고 응우옌 阮 왕국을 세웠어. 응우옌 왕조는 왕국을 세우는 데 도움을 준 프랑스와 한동안 사이좋게 지냈어. 그러나 이 관계는 오래가지 않았어.

응우옌 왕국이 19세기 중반 쇄국으로 정책을 바꾸고, 프랑스의 선교사를 탄압하기 시작했기 때문이야. 침략의 빌미를 노리던 프랑스가 가만히 있을 리 없지?

206

1859년 프랑스 군대가 베트남을 침략했고, 당연히 승리했어. 프랑스는 메콩 강 하류의 삼각주에 있는 사이공과 캄보디아를 차지했지. 인도차이나 반도에 거점을 확보한 거야.

프랑스는 욕심이 컸어. 프랑스가 이 지역을 노린 것은 중국과 가깝기 때문이었어. 프랑스 군대가 메콩 강을 거슬러 올라가기 시작했지. 그래, 중국으로 가기 위해서였어. 그러나 몇 번의 탐험 끝에 메콩 강으로는 중국에 갈 수 없다는 사실을 깨달았지. 프랑스는 다시 고민했어. 중국으로 가려면? 그래, 베트남을 치자! 1882년 프랑스 군대는 베트남 북부로 진격했어. 이번에도 베트남이 맥없이 무너졌지.

프랑스가 베트남을 집어삼키려 하자 청 왕조가 반발했어. 청 왕조는 오래전부터 베트남 왕국으로부터 조공을 받아 왔거든. 중국은 이런 점을 근거로 베트남이 사

응우옌 왕조의 왕궁 베트남 훼 시에 있는 응우옌 왕조의 왕궁이다. 1800년대 초에 지어져 제2차 세계대전이 종식된 1945년까지 주로 응우옌 왕조 황제들의 궁으로 사용되었다.

실상 청 왕조의 영토라고 주장했어. 프랑스는 콧방귀를 뀌었지. 이미 아편 전쟁을 통해 중국이 종이호랑이라는 걸 알았잖아? 프랑스는 기꺼이 전쟁을 선택했어.

1884년 청·프랑스 전쟁이 터졌어. 이 전쟁도, 물론 프랑스가 승리했지. 청 왕조는 울며 겨자 먹는 심정으로 베트남이 프랑스의 식민지가 됐다는 사실을 인정해야 했단다. 응우옌 왕조는 있으나 마나 한 왕조가 됐어. 이 왕조는 1945년 베트남 독립동맹베트민의 공산혁명 때 물러나게 된단다.

1887년 프랑스는 베트남과 캄보디아를 합쳐 프랑스령 인도차이나 연방을 만들었어. 1893년에는 타이로부터 라오스를 빼앗아 연방에 포함시켰단다.

프랑스는 영국, 네덜란드와 비교할 수 없을 정도로 심하게 식민지 민중을 착취했어. 메콩 강 하류 삼각주에 대규모 논을 만들어 집단적으로 쌀농사를 짓도록 했지. 여기에서 생산되는 쌀은 프랑스령 인도차이나 연방 전체 수출의 70퍼센트 이상을 차지하는 수출 효자 품목이 됐단다. 그렇지만 모든 이익을 프랑스가 가져갔어. 프랑스에게 베트남 민중의 삶은 안중에도 없었어. 캄보디아와 라오스는 착취할 게 없다는 이유로 내분이 터지든 말든 상관하지 않았지.

동남아시아의 나라들이 어떻게 열강의 식민지가 됐는지 모두 살펴봤어. 딱 두 나라가 남았지. 하나는 필리핀이고, 또 하나는 타이야. 필리핀은 이미 1565년부터 에스파냐의 식민지로 전락했어. 그러다 쿠바 전쟁이 터진 1898년 이후 미국의 식민지로 바뀌었지. 미국도 동남아시아에 근거지를 마련한 셈이야.

타이는 유일하게 식민지가 되지 않은 나라란다. 타이가 강해서 그랬을까? 물론 그렇게 말할 수도 있어. 그러나 그보다는 유럽 열강들이 완충지대로 타이를 이용했다고 보는 게 옳을 거야. 영국과 프랑스가 서로 충돌하지 않기 위해 두 나라의 식민지 사이에 있는 타이를 독립국으로 내버려둔 거라는 분석이지.

🔍 반세기 만에 아시아 용이 된 싱가포르

여기서 잠깐 싱가포르에 대해 짚고 넘어갈 게 있어. 싱가포르는 1965년에야 탄생한, 역사가 100년도 안 된 나라야. 그전에는 말레이시아의 한 지방에 불과했단다. 싱가포르는 말레이시아가 영국으로부터 독립한 1963년에도 서말레이시아, 그러니까 말라야 연방에 속해 있었어. 그로부터 2년 후 연방에서 탈퇴해 독립공화국을 만든 거지.

독립한 지 10여 년 밖에 안 된 국가도 있어. 바로 인도네시아 남쪽의 티모르 섬이야. 이 섬의 동쪽은 포르투갈이 1975년까지 식민 통치했어. 베트남 전쟁이 끝난 후 인도네시아가 무력으로 티모르 동쪽을 정복해버렸지. 그러나 2002년 이 지역은 마침내 인도네시아로부터 독립하는 데 성공했어. 이 나라가 바로 동티모르란다.

19세기에는 아시아의 모든 지역이 침략자들에게 유린되고 있었어. 한반도라고 해서 예외는 아니었어. 러시아, 중국, 일본이 한반도를 차지하기 위해 각축을 벌였지.

1800년 정조의 뒤를 이어 순조가 왕의 자리에 올랐어. 이때부터 안동 김씨와 풍양 조씨, 다시 안동 김씨의 순서대로 외척이 권력을 장악했어. 이때가 부패와 혼란이 극치를 달렸던 세도정치 시대야. 농민은 착취의 대상일 뿐이었지. 나라가 빌려 준 쌀에는 모래가 절반 넘게 들어 있었단다. 이런 조정이었으니 제대로 돌아갈 리가 없겠지?

세도정치 기간에 아시아 여러 지역에서 많은 일이 일어났어. 1839년 오스만 제국의 지배층은 탄지마트 개혁을 추진했고, 바로 이듬해 중국은 영국의 침략을 받았지. 그래, 아편 전쟁이 터진 거야. 1851년에는 열강들의 착취에 성이 난 중국 민중이 태평천국운동을 시작했어. 3년 후인 1854년 일본은 미국에 문호를 개방했지.

1856년 애로 전쟁이 일어났고, 같은 해 아프가니스탄의 헤라트 지역을 놓고 영국과 이란이 전쟁에 돌입했어. 영국의 착취에 저항해 인도의 용병인 세포이들이 1857년 항쟁을 시작했고, 1862년에는 중국 지배층이 오스만 제국의 탄지마트 개혁과 비슷한 양무운동으로 개혁을 시작했지.

이렇게 많은 일이 아시아에서 일어나는 동안 조선은 깊은 늪에 빠져 허우적거리고 있었어. 다행이라고 해야 할까? 세도정치는 1863년 고종이 왕에 오르면서 끝났어. 엄밀하게 말하면 고종의 아버지인 흥선 대원군이 세도정치를 끝냈지. 대원군은 고종의 배후에서 모든 정치를 좌우했어.

대원군은 강력한 개혁에 돌입했어. 우수한 인재라면 파벌을 따지지 않고 중용했어. 군대도 보강했지. 이 무렵 서양 열강들이 자주 한반도에 나타났기 때문이야.

대원군은 서양 열강과 대등한 싸움을 벌이려 했던 거야.

그러나 대원군의 개혁 정치를 무색케 하는 대목이 있어. 바로 경복궁을 다시 짓는 사업이었지. 나라가 힘든 시절이었어. 그 큰 공사비를 조달하기가 쉽지 않았

1884년의 고종 황제 갑신정변이 일어나던 1884년 외국인이 촬영한 고종 황제의 모습이다.

겠지? 대원군은 당백전과 원납전을 마구 발행했어. 화폐 가치는 급격히 떨어졌고, 백성들의 삶도 힘들어졌지. 물론 조정의 위신이 떨어졌으니 다시 세우기 위해 화려한 궁궐이 필요할 수도 있어. 그러나 가뜩이나 경제 사정이 어려운 마당에 궁궐 공사에 백성을 동원하고 돈을 마구 발행한 것은 아주 잘못된 정책이라고 할 수 있지.

1866년 프랑스가 강화도로 쳐들어왔어. 이 사건이 병인양요丙寅洋擾인데, 조선 군대가 막아냈어. 이 무렵 일본에서는 큰 정치적 사건이 발생했어. 병인양요가 터진 이듬해인 1867년, 쇼군이 권력을 천황에게 돌려주는 대정봉환을 선언한 거야. 1868년에는 메이지 정부가 에도, 즉 도쿄에 둥지를 틀었지.

일본이 근대 국가로 거듭나고 있던 그 순간, 한반도는 여전히 혼란스러웠어. 1871년에는 미국 함선이 강화도로 쳐들어왔어. 이 사건을 신미양요辛未洋擾라 부르지. 대원군은 이 사건을 계기로 쇄국정책을 더욱 강화했어. 그러나 근대 국가로 재탄생한 일본이 조선의 문을 열었단다. 1875년 일본의 운요 호가 강화도로 쳐들어왔고, 조선은 이듬해 병자수호 조약강화도 조약을 맺어야 했지. 이 조약에 따라 부산, 인천, 원산의 세 항구가 개방됐단다. 그래, 조선의 문이 열린 거야. 이듬해인

1876년, 오스만 제국에서는 미드하트 헌법이란 근대적 헌법이 시행됐어. 아시아 전역이 근대로 접어들고 있다는 느낌이 들지 않니?

대원군은 곧 권력에서 밀려났어. 새로 권력을 쥔 인물은 고종의 부인인 명성황후야. 명성황후는 선진문물을 배워 나라를 근대화시켜야 한다고 생각했어. 신사유람단이 일본에 파견됐고, 별기군이란 신식 군대도 만들어졌어. 개화파들은 수구파를 무시하기 시작했어. 개화파의 수구파의 갈등은 점점 커져갔지.

1882년 6월 구식 군대인 무위영의 군인들이 정변을 일으켰어. 임오군란王午軍亂이야. 군인들은 명성황후의 민씨 가옥을 공격했어. 이윽고 일본 공사관을 습격했지. 반란은 곧 진압됐어. 일본은 공사관 방화의 책임을 지라며 조선 왕실을 강요해 제물포 조약을 체결했어. 이 조약에 따라 일본 군대가 공사관에 주둔하기 시작했어. 사태가 심상찮다고 느꼈는지 청이 개입했어. 청은 명성황후의 요청을 받았다며 군대를 출동시켰어. 이때 대원군은 청으로 끌려갔단다.

조선 군인들의 일본 공사관 습격 1882년 구식 군대 군인들은 별기군과의 차별 대우를 이유로 임오군란을 일으켰다. 그림은 조선 군인들이 일본 공사관을 습격하고 있는 모습이다.

1884년 김옥균, 박영효 등 급진개화파가 우정국우체국 개국 축하연에서 쿠데타를 일으켜 정권을 잡았어. 그들은 새로운 정부를 구성하기 위한 14개조의 정강을 발표했지. 갑신정변이야. 이 쿠데타는 3일 만에 끝났어. 명성황후가 다시 청 왕조에 도움을 요청했기 때문이지. 청의 군대는 개화파를 진압했어. 모든 사태가 수습된 후 일본과 청 왕조는 조선에 군대를 보낼 때 사전에 상대국에 통보하기로 약정한 톈진 조약을 1885년 체결했어.

5년 후인 1889년, 일본에서는 헌법이 반포됐고, 아시아에서 처음으로 입헌군주제를 채택했어. 그러나 조선의 나라꼴은 말이 아니었어. 백성들이 얼마나 심난했을까? 결국 지금껏 발생했던 반란 가운데 가장 큰 규모의 농민 반란이 일어났어. 바로 동학농민운동이야.

1894년 1월, 전라도 고부 군수 조병갑의 폭정을 참다못한 농민들이 봉기했어. 이 봉기가 동학농민운동^{동학혁명}의 발단이야. 농민군은 곧 관아를 점령했고, 놀란 조정은 조병갑을 파면했어. 그러나 관리들의 횡포는 좀처럼 줄어들지 않았어. 3월 농민군이 다시 봉기했어. 농민군은 전주성을 순식간에 함락했어. 그러나 동학농민운동은 1895년 3월, 지도자인 전봉준이 처형됨으로써 끝나고 말았단다.

동학농민운동이 일어나고 있을 때 청나라와 일본은 한반도에서 전쟁을 벌였어. 청일 전쟁이지. 이 전쟁에서 일본이 승리했어. 청의 군대를 끌어들였던 명성황후 세력이 물러나고 대원군이 다시 권좌에 올랐지. 정말 복잡하지?

서울로 압송되는 전봉준 동학농민운동의 지도자인 전봉준(가운데)이 전북 순창에서 서울로 압송되어 가는 모습이다. 동학농민운동은 조선에서 일어난 가장 큰 규모의 농민 반란이었다.

명성황후 조선의 26대 왕 고종의 왕비다. 열강의 세력 각축전 속에서 조선을 유지하기 위해 다양한 외교 정책을 썼다.

그러나 곧바로 쿠데타가 이어졌어. 김홍집을 중심으로 한 온건개화파가 일본의 도움을 받아 근대적 정부를 세운 거야. 바로 갑오개혁이야. 김홍집 내각은 조선이 청의 지배를 받지 않는 독립국이라고 선포했어. 최초의 근대 헌법인 홍범14조도 발표했지. 신분 제도도 없앴고, 노비의 매매도 금지했어.

이 개혁은 성공했을까? 아니야. 또다시 명성황후가 재기에 성공했기 때문이지. 명성황후가 이번에는 러시아를 끌어들였어. 마침 이 무렵 일본은 청일 전쟁에서 승리한 대가로 청의 영토를 빼앗았는데, 러시아가 독일, 프랑스와 함께 일본에게 압력을 가해 그 땅을 돌려주도록 했어. 명성황후는 이 사건을 지켜보며 러시아가 일본을 견제할 수 있을 거라고 판단한 거야. 김홍집 내각은 쫓겨났고, 친러시아 내각이 들어섰지.

명성황후 국장 행렬 일본 깡패들에 의해 시해된 명성황후의 국장 행렬이 오늘날 대한문 앞을 지나는 모습이다. 이 사건으로 조선 민중의 일본에 대한 반감은 더욱 커지게 됐다.

일본은 명성황후가 맘에 들지 않았어. 일본은 차마 해서는 안 될 결정을 내렸어. 명성황후를 없애버리기로 한 거야. 1895년 8월, 일본 공사 미우라 고로는 명성황후를 죽이기 위한 '여우사냥' 작전을 개시했어. 일본 깡패들은 궁궐에 쳐들어가 명성황후를 살해한 뒤 몸에 석유를 뿌려 불태워버렸어. 증거를 없애려는 거였어. 이 천인공노할 만행이 바로 을미사변乙未事變이야.

을미사변 이후 다시 김홍집 내각이 들어섰어. 조선의 백성들은 이 친일 정부를 받아들이지 않았어. 전국에서 의병이 들고 일어섰지. 고종도 일본의 만행에 위협을 느꼈는지 1896년 2월 러시아 공사관으로 도피했어. 이 아관파천俄館播遷 이후 다시 친러시아 내각이 들어섰어.

일본과 러시아가 협상을 벌였어. 결국 1897년 2월, 조선 조정은 덕수궁경운궁으로 돌아왔어. 그해 10월, 조선은 대한제국의 수립을 선포했지. 그러나 아무도 이 제국을 진정한 독립국이라고 믿지 않았어. 고종은 황제로 승격했지만, 실제로는 스러지는 조선의 허울뿐인 왕이었어.

12장

제국주의에 맞서
아시아 민중이 일어서다

(1900년경 ~ 1950년경)

20세기로 접어들 무렵 아시아의 운명은 그리 밝지 않았어. 서구 열강은 동아시아, 서아시아, 남아시아, 중앙아시아, 동남아시아를 가릴 것 없이 모든 지역을 장악하고 있었지.

한때 유럽을 호령했던 오스만 제국은 유럽 열강들에게 갖은 수모를 당했어. 동아시아의 절대 강자였던 중국은 수도인 베이징이 열강의 군홧발에 짓밟힐 정도로 추락했지. 게다가 중국은 섬나라 일본에게도 호되게 당했어. 열강의 침탈에 맞서 투쟁을 전개한 아시아 민중들의 삶은 고난스럽기만 했지.

이처럼 19세기 후반부터 시작된 제국주의의 침략은 아시아 사람들을 비참하게 만들었어. 단 한 나라는 예외였어. 바로 일본이야. 일본은 열강의 자리에 올라 아시아 제국주의를 이끌었어. 아시아를 정복하겠다는 야망에 아시아 민중이 큰 고통을 당했지.

일본이 어디로 튀느냐에 따라 20세기 초반과 중반의 아시아 역사가 요동쳤어. 이 때문에 이 무렵 아시아 역사를 제대로 이해하려면 일본 역사를 꼼꼼히 살펴야 한단다.

세계의 열강이 된 일본

1900년 중국에서 의화단운동이 일어났어. 의화단운동의 구호는 부청멸양^{扶淸滅}

洋이야. 청나라를 부강하게 하고, 서양 세력은 멸망시킨다는 뜻이지. 결과부터 말

하자면 의화단의 참패였어. 의화단운동을 진압하기 위해 열강들이 군대를 파견했

어. 바로 이때 아시아에서는 일본이 유일하게 군대를 보냈어. 중국 수도 베이징에

주둔한 외국 병사 1만 8,000여 명 가운데 무려 1만여 명이 일본군이었단다. 일본

군인이 전체의 절반을 넘은 거야. 그렇다면 의화단운동이 서양 군대에 의해 진압

됐다고만 할 수는 없겠지? 이 대목에서 우리가 알 수 있는 중요한 사실이 있어. 일

본이 열강의 반열에 올라섰다는 점이야.

일본의 야망과 러시아의 남하 정책

의화단운동은 중국 민중이 자발적으로 일으킨 투쟁이었어. 열강 연합

국은 의화단운동으로 입은 피해에 대해 중국 황실에게 책임을 물어

강화 조약인 베이징의정서^{신축 조약}을 체결했어. 중국이 많은 걸 내놓아야 했겠지? 중국은 베이징에 외국인 공사들이 거주할 수 있는 지역을 내주고, 그곳에 외국인 군대도 주둔할 수 있도록 허용해야 했어. 수도 한복판에 외국 군대가 머물게 된 거야. 물론 막대한 배상금도 갚아야 했지.

열강들은 흡족했나봐. 공사관이 설치되는 곳만 빼고 나머지 지역의 군대는 모두 철수시키기로 했어. 다만 러시아만 예외였어. 러시아는 만주 지역에 있던 군대를 철수시키지 않았단다. 미국과 영국 등 열강들은 군대를 철수하라고 촉구했어. 물론 일본도 길길이 날뛰었지. 일본도 만주 지역을 노리고 있었거든.

러시아는 열강들이 항의하든 말든 제 갈 길을 갔어. 오히려 군대를 더 남쪽으로 내려 보냈어. 이제 한반도의 코앞에 러시아 기지가 생겼지. 게다가 러시아는 서해와 인접해 있는 뤼순^{旅順} 항구를 차지했어. 이렇게 되면 서해는 오롯이 러시아가 장악하는 셈이야.

열강 대열에 낀 일본 1890년대 중국 침탈을 소재로 그린 프랑스 만평. 유럽 열강 사이에 일본이 끼어 있다.

이제부터 열강들의 복잡한 '땅따먹기 놀이'가 시작돼. 우선 지금까지의 상황을 정리해볼까?

러시아는 청일 전쟁이 끝난 후 일본이 빼앗은 중국 영토를 돌려주도록 압력을 넣었어. 이 사건이 삼국간섭이지? 러시아는 일본의 중국 진출을 막은 뒤 본격적으로 중국을 공략했어. 1895년에는 프랑스와 함께 엄청난 액수의 차관을 중국에 제공했고, 이듬해에는 청 황실과 동맹을 맺었지. 보호를 해주는 대가로 러시아는 만주 지역에 철도를 세울 수 있는 권리를 얻었어. 1898년에는 랴오둥 반도 남부 관둥^{關東} 지역의 조차권도 얻었단다. 조차권은 일정 기간 땅을 빌려 쓸 수 있는 권리란 뜻이야. 말이 빌리는 거지, 사실 점령한 거나 다름없었어.

러시아가 중국 동부를 장악하는 것 같지? 나머지 열강들도 서둘러 중국 땅따먹기

베이징에 입성한 열강들 의화단운동 진압을 빌미로 일본을 포함한 열강 8개국의 군대가 베이징에 입성했다.

에 나섰어. 1898년, 독일이 산둥^{山東} 반도 남쪽의 자오저우^{膠州} 만을 조차했고, 영국이 주룽^{九龍} 반도와, 산둥 성의 웨이하이^{威海} 지역을 조차했어. 프랑스도 1899년 광둥 성의 광저우 만을 조차했지.

프랑스와 독일은 일찍이 삼국간섭을 통해 러시아와 가까워졌어. 그러니 가장 속이 타는 열강은 영국이었어. 영국은 19세기에도 러시아가 아프가니스탄 이남으로 진출하지 못하도록 애를 썼지? 이번에는 러시아가 만주로 진출하려 하고 있어. 만약 러시아가 만주를 정복하면 또다시 남하 정책을 추진하려 하겠지? 영국의 입장에서는 일찌감치 차지한 중국과 인도가 위태해지는 거야. 영국은 어떻게든 러시아를 막아야 할 필요가 있었어.

일본은 어떤 심정이었을까? 아마 여러 나라 가운데 가장 러시아에 대해 적대적이었을 거야. 청일 전쟁 직후 삼국간섭의 아픈 역사를 기억하고 있기 때문이야. 러시아, 독일, 프랑스가 일본을 협박해 중국으로부터 빼앗은 영토를 되돌려주도록 했잖아? 세 나라 가운데 러시아가 일본을 가장 많이 압박했었지. 러시아는 군함

영일 동맹의 증표를 받는 메이지 천황 메이지 천황은 영
일 동맹 체결 후 영국으로부터 1906년에 가터훈장을 받았다.

을 일본에 파견해 협박하기도 했
단다. 더욱이 일본은 한반도를 손
에 넣고, 이어 만주와 중국을 넘
어 아시아 전체를 정복하겠다는
야망을 갖고 있었어. 그러니 만주
지역에 러시아 군대가 주둔하는
게 못마땅할 수밖에 없겠지?

영국과 일본의 마음이 통했
어. 영국이 일본을 아시아에서의 열강 동지로 삼기로 한 거야. 영국은 일본이 청
일 전쟁에서 중국을 간단히 제압한 사실만으로도 열강 자격이 있다고 판단했어.
1902년, 두 나라는 영일 동맹을 체결했어. 이 동맹의 내용을 볼까?

우선 두 나라가 군사적으로 협력하기로 했어. 만약 두 나라 가운데 한 나라가 다
른 나라와 전쟁을 하게 되면 나머지 한 나라가 즉각 군대를 파견해 돕기로 했지.
일본이 러시아와 전쟁을 하면 영국이 군대를 파견해 돕겠다는 뜻이야. 러시아만
막을 수 있다면 조선은 어떻게 되든 상관없다고 생각한 영국은 일본이 한반도를
점령하는 것을 묵인하기로 했단다. 열강들의 비열한 타협이었지. 어쨌거나 일본은
최고의 열강인 영국으로부터 부하가 아니라 동지로 인정을 받았단다. 든든한 지
원군을 얻은 일본은 곧바로 전쟁 준비에 돌입했지. 물론 그 상대는 러시아였어.

일본, 러시아를 꺾다

일본이 청 왕조를 이겼다고는 하지만 그보다 훨씬 강한 러시아도 이길
수 있을까? 사실 일본 정부도 이런 의문을 가졌나봐. 영일 동맹을 체

결한 후에도 처음에는 러시아와의 전쟁을 피하려 했거든. 일본은 러시아에게 "한반도는 일본이, 만주는 러시아가 차지하자"고 제안하기도 했어.

그러나 전쟁을 하자는 과격파가 훨씬 입김이 셌어. 이 과격파가 누구인지 아니? 싸움 좋아하는 사무라이들의 후예, 바로 육군을 포함한 군부였단다. 일

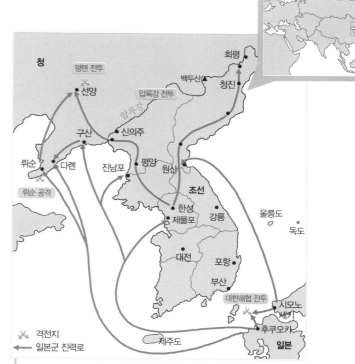

일본의 러시아 진격로 일본은 선전포고 없이 기습 공격으로 러시아를 꺾었다. 일본은 러일 전쟁에서 승리해 열강의 반열에 안착했다.

본 군부는 정부의 지시를 전혀 따르지 않았어. 정부가 러시아 문제를 외교적으로 풀려 하니 기다리라고 해도 귀를 틀어막았지. 군부는 오로지 전쟁 준비에만 몰입했어. 이미 이 무렵에는 군부가 일본을 장악하기 시작했단다. 일본이 군국주의 국가가 된 거지.

1904년 2월 4일 일본은 러시아와 전쟁을 벌이기로 결정했어. 6일, 러시아에 대해 국교를 단절하겠다고 선언했지. 그 사이에 일본 군대는 은밀히 움직이고 있었어. 8일에는 일본 육군 선발대가 인천 항에 상륙했고, 일본 해군이 뤼순 항으로 항해하고 있었어. 물론 러시아는 이런 사실을 전혀 모르고 있었지. 일본 함대는 이날

뤼순 항을 기습 공격했어. 목표는 러시아의 태평양 함대였지. 항구에 정박해 있던 러시아 군함 2척이 폭파됐어. 9일엔 인천 항에 정박 중인 러시아 함대가 격침됐어. 바로 다음날, 일본과 러시아는 서로에 대해 선전포고를 내렸어. 이로써 일본과 러시아의 한판 전쟁인 러일 전쟁이 시작됐단다.

일본 육군은 압록강을 넘어 만주로 향했어. 또 다른 군대는 랴오둥 반도에 상륙해 다롄大連을 점령했지. 러시아 육군이 반격에 나섰지만 거의 모든 전투에서 일본이 승리했어. 러시아 해군도 일본 해군에게 고전하기는 마찬가지였지.

전반적으로 일본에게 유리하게 전쟁이 돌아가고 있었어. 그러나 일본군은 아직까지 뤼순 항을 점령하지 못하고 있었어. 워낙 중요한 장소이기 때문에 러시아도

러일 전쟁의 승리 러일 전쟁의 승리로 일본은 열강이 되었음을 증명했다. 사진은 랴오둥 반도에 상륙하는 일본 병사들의 모습.

쉽게 내주지 않은 거지. 일본은 전 병력을 투입해 뤼순을 공격했어. 무려 8개월간 전투가 계속됐지. 1905년 1월 2일, 일본은 뤼순을 손에 넣는 데 성공했어.

2월 말, 일본군은 내친 김에 만주 깊숙이 진격했어. 오늘날 선양瀋陽 으로 불리는 평톈奉天에서 또다시 일본과 러시아 군대가 격돌했지. 이 전투는 양쪽 모두 목숨을 걸고 달려들었어. 평톈 주변이 만주의 중심이었기 때문이야. 20여 일간 전투가 계속됐어. 양쪽 모두 수만 명의 병사가 목숨을 잃은 끝에 일본이 평톈 전투에서 승리를 거뒀단다.

이제 러시아 육군은 완전히 손을 들었어. 그러나 러시아에서 가장 강력한 해군 함대로 손꼽히는 발틱 함대는 아직까지 일본과 싸우고 있었지. 1905년 5월 27일 양국의 함대가 대한해협에서 격돌했어. 이틀간 계속된 이 대한해협 전투에서도 러시아가 패했단다. 러시아의 발틱 함대에 소속된 38척의 군함 가운데 30척 이상이 일본에게 빼앗기거나 격침됐어. 그야말로 참패한 거야.

그 후 큰 전투는 발생하지 않았어. 두 나라 모두 전쟁을 계속하기 힘든 상황이었기 때문이야. 러시아에서는 1905년 1월부터 노동자 파업이 확산되고 있었어. 로마노프 왕조는 밖으로는 제국의 영토를 확장해가면서, 안으로는 노동자들을 착취하고 있었어. 굶주린 노동자들은 생존권을 요구하는 파업을 벌였어. 이 파업은 곧 로마노프 왕조에 대한 반대투쟁이 되어 불길처럼 번져나갔어. 러시아 자체가 뒤엎어질 판국이니, 우선 나라 안에서 번지고 있는 불길부터 잡아야겠지? 일본은 군자금이 바닥이 나 있었어. 전쟁 자금은 영국과 미국이 빌려줬었단다. 두 나라는 일본이 러시아를 견제하는 수준에서 전쟁이 끝날 거라고 생각했어. 그런데 예상외로 일본이 러시아를 격파하고, 만주를 독차지할 분위기가 돼버렸어. 러시아든 일본이든 홀로 만주를 독차지하는 것이 못마땅했던 영국과 미국은 지원을 끊어버렸어.

포츠머스회담 러시아와 일본의 대표들이 미국 루스벨트 시오도어 대통령의 주선으로 포츠머스에서 회담하는 모습이다. 이 회담의 결과로 일본은 조선에 대한 지배권을 인정받았다.

미국의 시어도어 루스벨트 대통령이 전쟁을 끝내기로 결심했어. 1905년 8월 루스벨트는 일본과 러시아 대표를 미국 포츠머스로 불러들여 회담을 가졌어. 회담은 길어졌어. 러시아가 패배를 인정하지 않았기 때문이야. 그러나 누가 봐도 일본의 승리가 명백해. 결국 러시아도 패배를 받아들일 수밖에 없었어. 두 나라는 9월 5일 포츠머스 조약을 체결했단다. 이 조약의 내용을 볼까?

우선 러시아는 한반도를 포기했어. 일본이 한반도에 대한 지배권을 갖는 것을 승인한 거야. 러시아는 중국 땅도 포기해야 했어. 중국으로부터 조차했던 뤼순과 다롄 지역은 물론이고, 그 땅에서 행해지고 있던 모든 사업과 특권까지 일본에 넘겨야 했단다. 북위 50도 이남의 사할린 지역도 일본의 수중에 들어갔지.

자, 일본은 많은 것을 얻었어. 한반도는 물론 만주의 남부 지역까지 모두 확보했지. 일본 군부는 기고만장했어. 세상에 무서울 게 없었지. 일본은 러시아로부터 빼앗은 랴오둥 반도에 군대를 주둔시켰어. 이 군대가 바로 악명 높은 간토군, 즉 관동군關東軍이란다. 간토군의 731부대는 사람을 대상으로 생체실험을 하기도 했지. 일본의 군부가 얼마나 악랄했는지 알겠지?

일본의 악랄함은 같은 열강 국가들인 미국과 영국을 놀라게 할 정도였어. 특히 미국은 일본의 반인륜적인 행동들에 치를 떨었단다. 미국은 이때부터 일본과 거리를 두기 시작했어.

일본의 한반도 합병

이제 일본의 다음 군사전략은 명백해졌어. 바로 한반도를 합병하는 거지. 러일 전쟁이 터지고 2주일이 흘렀어. 1904년 2월 23일, 일본은 대한제국 정부를 협박해 한일의정서를 체결했어.

원래 대한제국은 러일 전쟁이 터지기 직전인 1월 23일, 중립을 선언했어. 그러나 어느 쪽의 편도 들지 않겠다는 대한제국 정부의 결심은 무의미했어. 일본은 러시아에 선전포고를 하기 전, 이미 인천에 군대를 상륙시켰지? 이 군대는 2월 8일 서울에 진주했고, 대한제국을 장악했어. 러시아와의 전투는 대부분 중국 땅에서 일어났지만 한반도의 지리적 중요성은 매우 컸어. 후방기지로 사용할 수도 있고, 군수물자 보급기지로도 사용할 수 있지. 일본은 바로 이 목적 때문에 한반도를 필요로 했던 거야. 물론 이참에 대한제국을 꽁꽁 옭아매려는 의도도 있었지.

이제 한일의정서의 내용을 볼까? 일본이 대한제국의 안전을 보장하겠다는 조항이 가장 먼저 보인단다. 대한제국에 내란의 위험이 있거나 다른 나라로부터 침략의 위협이 있다면 언제든지 일본이 나서서 해결해주겠다는 거야. 보호의 대가로 대한제국은 일본에게 충분한 편의를 제공해야 하며 일본 군대가 군사작전을 수행할 때 필요한 지역을 언제든지 빌려 쓸 수 있도록 했어. 말로만 대한제국을 보호하는 거지, 실제로는 한반도를 맘대로 사용하려는 의도가 보이지? 이 의정서에 따라 일본은 경부선과 경의선을 만들 수 있는 권리

서울을 점령한 일본군 일본군은 러일 전쟁을 위해 인천 항에 상륙한 다음 서울로 이동하여 대한제국을 장악했다.

이토 히로부미 대한제국을 식민지로 만드는 데 결정적인 역할을 한 일본의 초대 총리다. 안중근 의사에게 암살됐다.

를 얻었단다. 그래, 이 한일의정서를 시작으로 한반도를 삼키려는 일본의 작업이 본격화한 거야.

6개월 후인 1904년 8월 22일, 일본은 대한제국을 협박해 또다시 조약을 체결했어. 이 조약이 제1차 한일협약으로 알려진 외국인용빙 협정이야. 이 협정에 따라 대한제국은 일본 정부가 추천하는 재정 고문과 외교 고문을 임명해야 했어. 외국과 조약을 체결할 때도 먼저 일본 정부와 협의해야 했지.

대한제국은 일본인 재정 고문과 더럼 화이트 스티븐스라는 미국인 외교고문을 임명했어. 처음에는 이 두 분야에만 고문이 임명됐지만 이듬해에는 군사, 경찰, 교육 등 전 분야에서 일본인 고문이 임명됐어. 그래, 일본의 고문정치가 시작된 셈이야.

1905년 11월 이토 히로부미伊藤博文가 대한제국에 특명전권대사로 부임했어. 특명전권대사는 외교상의 모든 결정을 직접 내릴 수 있는 최고위급 외교관이지. 우리에게는 한일 병합의 원흉으로 여겨지고 있지만 일본에서 이토 히로부미는 일본 근대의 최고 정치인으로 추앙받고 있어. 그는 1885년 내각제도가 도입됐을 때도 첫 총리로 임명됐단다.

이처럼 막강한 권력을 가진 이토 히로부미가 대한제국에 부임한 이유가 뭘까? 1차 때보다 훨씬 강력한 내용을 담고 있는 제2차 한일협약을 체결하기 위해서였단다. 보통 을사 조약乙巳條約이란 이름으로 더 많이 알려져 있지. 일본은 이 조약을 통해 대한제국을 일본의 보호국으로 규정했어.

일본은 대한제국의 외교권도 박탈했어. 이제 대한제국은 일본의 승인을 받지 못하면 다른 나라들과는 그 어떤 조약도 체결할 수 없게 됐어. 이 업무는 일본의 외무성이 가져갔단다. 일본은 또 대한제국 황제 직속 기관으로 통감부를 설치하도록 했어. 통감부의 우두머리인 통감이 대한제국을 통치하는 거야.

이듬해인 1906년, 대한제국의 수도 서울에 통감부가 설치됐어. 초대 통감은 이토 히로부미였지. 그는 차근차근 대한제국을 완전히 흡수하는 수순을 밟기 시작했어. 을사 조약을 체결하는 데 결정

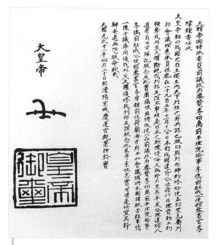

헤이그 밀서 을사 조약이 일본의 강압에 의한 것임을 세계에 폭로하기 위해 고종 황제가 만국평화회의에 파견한 특사들에게 준 친서다.

적인 역할을 한 대한제국의 관리들, 즉 을사오적乙巳五賊을 중심으로 한 내각도 만들었지. 이 내각이 누구의 편을 들었는지는 말하지 않아도 알 수 있지?

1907년 6월 네덜란드 헤이그에서 만국평화회의가 열렸어. 대한제국의 고종 황제는 비밀리에 특사를 파견했어. 을사 조약이 일본의 강압에 의한 것임을 세계에 폭로해 조약을 파기할 생각이었지. 그러나 그는 뜻을 이룰 수 없었어. 일본과 영국의 방해로 헤이그에 도착한 특사들의 대회 참석이 좌절된 거야. 이토 히로부미는 이 사건을 빌미로 고종을 끌어내렸어.

이토 히로부미는 한반도를 합병하는 데 시간을 더 끌지 않기로 했어. 1907년 7월 24일, 이토 히로부미는 대한제국의 대표적인 매국노인 이완용과 제3차 한일협약을 체결했어. 이 조약은 한일신협약, 또는 정미칠 조약으로도 불린단다.

이 조약이 일본이 대한제국을 합병하기 전에 체결한 마지막 조약이야. 일본은

매국노 이완용 한일병합
조약의 체결을 주도했다.
이후 일본으로부터 귀족 백
작 작위를 받았다.

이 조약을 통해 대한제국의 대신, 즉 장관 밑에는 반드시 일본인 차관을 두도록 했어. 대한제국 군대를 해산했고, 경찰권과 사법권도 가져갔지. 언론과 출판의 자유도 허용하지 않았어. 이제 대한제국이란 이름만 남았을 뿐이었지.

이토 히토부미는 자신이 한반도에서 해야 할 일을 다 했다고 여겼나봐. 1909년 3월 그는 초대 통감의 자리에서 물러났단다. 그러나 대한제국 민중은 그를 기억하고 있었어. 그해 10월 26일, 대한제국의 안중근 열사가 하얼빈 역에서 그를 암살했단다.

이토 히로부미는 죽었지만, 한반도를 합병하는 절차는 순조롭게 진행되고 있었어. 마침내 1910년 8월 22일, 일본의 2대 통감 데라우치 마사타케는 이완용과 한일병합 조약을 체결했어. 그로부터 일주일 후인 8월 29일, 일본의 대한제국 병합 사실이 만천하에 선포됐단다. 이제 대한제국은 역사 속으로 사라졌어.

일본, 제1차 세계대전의 승전국이 되다

1910년대 무렵의 일본은 아주 혼란스러웠어. 정치인과 군인들이 치열한 권력 다툼을 벌였기 때문이야.

일본 육군은 군사 예산을 대폭 늘려줄 것을 요구했어. 만주와 한반도에 군인을 더 파견해야 하고, 무기도 첨단으로 바꿔야 한다는 거지. 쉽게 말해 강력한 군대를 만드는 데 필요한 돈을 내놓으라는 거야. 그러나 일본 정부, 즉 내각은 러일 전쟁 후 급속하게 악화된 재정 때문에 군부의 주장을 들어주지 않았어.

1912년 7월 메이지 천황이 세상을 떠났어. 그의 뒤를 이어 다이쇼 천황이 즉위했지. 천황이 교체되는 어수선한 분위기를 이용해 군부가 움직이기 시작했어. 우리로 치면 국방부 장관과 비슷한 육군 대신이 군사 예산을 늘려주지 않는 데 대한 항의 표시로 사표를 냈어. 이 사건을 계기로 내각은 힘을 잃었고, 결국 총사퇴할 수밖에 없었단다.

12월 말, 천황의 측근 가쓰라 다로가 새 내각의 수상이 됐어. 가쓰라 다로는 천황이란 든든한 백을 믿었던 것일까? 그는 헌법을 무시하고, 모든 것을 제 맘대로 했어. 민중이 가만히 있지 않았어. 1913년 1월, 전국적으로 법을 지키라는 호헌운동이 드세졌단다. 1만 명에 가까운 시위대가 일본 의회를 에워쌌어. 내각 사퇴를 외치는 시위대는 목숨이라도 걸 태세였지. 결국 내각이 항복했어. 2월 초 가쓰라 다로의 내각은 50여 일만에 총사퇴했어.

다이쇼 정변이라 불리는 이 사건은 민중이 정치인을 굴복시켰다는 데 큰 의미가 있어. 아쉬운 점은 그 후에도 민중의 뜻을 따르는 정치가 이뤄지지 않았다는 거야. 여전히 일본 정치는 어수선했고, 1914년에는 대형 뇌물 사건이 터지기도 했어. 해군 고위층이 독일의 한 회사로부터 군 물품을 구입하는 와중에 뇌물을 받은 거야. 이 사건 때문에 또 수상이 옷을 벗어야 했단다.

1914년 4월 오쿠마 시게노부 수상이 이끄는 내각이 출범했어. 오쿠마 시게노부는 도쿄 와세다 대학의 전신인 도쿄전문학교를 세운 인물이야. 성공적으로 일본의 근대화를 이끈 주역 중 한 명으로 평가받기도 하지. 19세기 말에는 군부 국가의 길을 선택한 이토 히로부

가쓰라 다로 다이쇼 천황의 측근으로 1912년 내각 수상에 올랐으나 민중들의 압력으로 50여일 만에 사퇴했다.

타락한 민권주의자 오쿠마 시게노부는 한때 민권주의자였으나 권력을 잡은 뒤 군국주의자로 돌변했다.

미와 대립하기도 했어. 그 덕분에 오쿠마 시게노부는 당시 정부에서 쫓겨났었지.

어쨌든 한때 민권운동을 했던 인물이 수상이 됐어. 일본에도 민주주의의 바람이 불까? 아니야. 언제 그랬느냐는 듯 오쿠마 시게노부는 군국주의자로 돌변했어. 의회의 반대를 누르고 군사 예산을 대폭 늘린 거야. 이 무렵 유럽에서는 제1차 세계대전이 시작됐어. 어쩌면 오쿠마 시게노부는 그 전쟁을 지켜보며 위기감을 느꼈을지도 몰라. 그 때문에 군사 예산을 늘린 거지.

제1차 세계대전에 일본도 연합군으로 참전했어. 1902년 체결된 영일 동맹을 기억하지? 영국이 전쟁을 하게 됐으니 영일 동맹의 정신에 따라 일본도 참전한다고 선언했어. 물론 속셈은 따로 있었지. 독일이 차지한 중국의 산둥 반도와 남태평양의 독일령 섬들을 빼앗으려는 거였어.

1914년 8월, 일본은 독일에 대해 선전포고를 했어. 9월 일본 군대가 산둥 반도에 상륙했고, 10월에는 독일을 격파했어. 독일이 누리던 모든 혜택은 일본이 빼앗았지. 일본 군대는 남태평양 지역에서도 독일 군대를 격파했어. 일본은 기고만장해졌어. 일본은 제1차 세계대전에서 연합군에 큰 공헌을 했다는 사실을 과시하기 위해 지중해까지 군대를 파견했단다.

1915년 1월, 일본은 중국의 총통인 위안스카이와 밀약을 맺었어. 일본이 위안스카이를 중국 황제로 만들어주는 대신 중국은 일본에게 21개 조항을 승인한다는 내용이었지. 이 21개 조항은 중국인을 경악하게 했어. 그 내용 가운데 중요한 것만 볼까?

우선 독일의 이권을 넘겨받는 게 있었어. 관둥 지역의 조차 기간을 연장했고, 남만 주 철도를 사용할 수 있는 권리도 연장했어. 다른 열강이 요구해도 중국은 섬을 넘

출정하는 일본군 제1차 세계대전이 일어나자 일본은 영일 동맹에 따라 참전했다. 중국 산둥 반도에 상륙하여 독일군에게 진격하는 일본군의 모습이다.

겨주지 못하도록 했고, 한반도에서 그랬던 것처럼 중국 정부가 일본인 고문을 임명하도록 했어. 일본의 속셈이 보이지? 그래, 일본은 중국마저 집어삼키려 했던 거야.

이런 사실이 알려지자 중국 민중은 격하게 반발했어. 당연하지 않겠니? 그들은 대한제국이 어떤 절차를 거쳐 일본에 병합됐는지 이미 알고 있었어. 바보가 아닌 이상 이 조약을 곱게 받아들일 수는 없었겠지. 미국과 영국도 일본의 야욕을 비판할 정도였어. 그러나 일본은 강행했고, 일부 조항을 수정한 뒤 5월 25일 조약을 체결했단다.

1919년 제1차 세계대전이 끝났어. 연합국 대표가 프랑스 파리에 모여 강화회의를 열었어. 중국 대표는 당연히 21개 조항의 파기를 주장했어. 그러나 일본의 방해로 뜻을 이루지 못했지. 중국 전역에서 민중의 항일운동이 일어났어. 이 운동이 바로 5·4운동이란다. 일본은 3년 후인 1922년 워싱턴회의에서 21개 조항을 폐기했단다.

세계에서 가장 오래된 왕조

일본 신화에 따르면 기원전 660년 진무가 초대 천황
에 올랐어. 그는 태양의 여신 아마테라스의 후손이
었지. 1990년 11월, 아키히토가 125대 천황에 올
랐어. 2700여 년간 왕조가 바뀌지 않은 상태에서
125번째 왕이 탄생한 셈이지.

일본인에게 천황은 신 그 자체였단다. 천황에게는 성
씨도 없어. 태양신의 가문이니 성씨를 가질 필요가
없기 때문이지. 이와 같은 천황 숭배는 제2차 세계대
전이 끝나기 전까지 이어졌어. 그러나 '살아 있는 신'
천황이 라디오를 통해 "우리는 패했고, 연합군에 항
복한다"고 선언하는 게 아니겠어? 바로 그때 많은 일

125대 천황 1990년 125대
천황에 오른 아키히토. 일본인에
게 천황은 오랫동안 신과 같은 존
재로 숭배되어왔다.

본인들이 천황도 사람이었다는 사실을 깨달았다는구나. 물론 아직까지도 시골의 일부 노
인들은 천황을 신으로 착각하고 있단다.

동아시아,
반외세 민족주의운동이 시작되다

일본은 1910년 대한제국을 강제로 병합했고, 중국을 호시탐탐 노렸어. 동아시아의 강자가 중국에서 일본으로 바뀐 셈이지. 중국의 마지막 왕조인 청 왕조도 대한제국처럼 멸망의 길을 걸었어. 그러나 일본에게 강제로 병합되지는 않았어. 왕조가 사라지는 대신 공화국이 탄생했지. 그 나라가 바로 중화민국이야.

여기서는 중국의 변화에 특히 주목해서 살펴볼 거야. 일본 역사를 다룰 때 나온 대목이 다시 나오기도 할 거야. 이 무렵에는 아무래도 일본의 역사가 중국이나 한국의 역사에 영향을 많이 미쳤거든. 그 때문에 한반도의 이야기가 또 나올 수도 있을 거야. 그만큼 동아시아 3국의 역사는 복잡하게 얽혀 있단다. 한반도 역사는 '통박사의 한반도 넓게 보기'에서 다룰게.

쑨원의 삼민주의와 혁명의 열기

20세기로 접어들 무렵 중국에서는 민중들의 반외세투쟁이 본격화했어. 조정이 못한다면 우리가 하겠다! 중국 민중들의 각오가 그랬지. 변법자강운동이 실패로 돌아가고 1년이 지난 1899년, 농민들의 비밀결사인 의화단義和團이 기독교 신도들의 거주지를 습격했어. 이렇게 해서 시작된 운동이 바로 의화단운동이야.

의화단은 부청멸양을 목표로 봉기했어. 청나라를 부흥시키고 서구 열강을 몰아내겠다는 거야. 의화단이 서구 열강을 그토록 싫어한 까닭은 중국 민중의 불행이 열강의 심한 착취에서 비롯됐다고 생각했기 때문이야. 의화단은 중국 전통 무술을 익힌 결사 단체였어. 의화단의 봉기는 하루가 다르게 폭력적으로 변해갔지. 열강의 앞잡이인 기독교 선교사를 테러하던 수준에서 열강의 주재 기관을 폭파하는 수준으로 발전한 거야.

영국, 프랑스, 미국, 독일은 청나라 조정에게 의화단 폭동을 진압할 것을 명령했어. 그러나 청 왕조는 이 명령을 이행하지 않았어. 이때 청나라를 통치하고 있던 황제는 광서제야. 그러나 실질적으로는 보수파의 대명사인 서태후가 모든 권력을 쥐고 있었지.

서태후는 열강의 명령을 듣지 않았어. 그녀는 의화단을 잘만 활용하면 열강을 몰아낼 수 있다고 생각했단다. 그만큼 의화단은 초기에 잘 싸웠어. 서태후는 의화단을 믿고 1900년 6월, 열강들에게 선전포고를 했어. 열강에 당당히 맞서 싸우기로 한 거야.

그러나 의화단이 열강을 막아줄 거라는

의화단원들 의화단은 농민 비밀결사였으며 의화단원들은 대부분 무술에 출중했다.

236

믿음은 환상에 불과했어. 2개월 만에 베이징이 함락되고 서태후와 광서제는 피난을 가야 했단다. 영국, 러시아, 미국, 일본 등 8개국의 열강 군대가 베이징을 약탈하고 불을 질렀어. 중국의 수도가 또

열강들의 의화단운동 진압 의화단운동이 일어나자 8개국 열강 군대가 진압에 나선 장면을 그림으로 묘사했다.

다시 열강의 군홧발에 유린된 거야. 1901년 9월, 열강 연합군은 청 조정을 강요해 베이징의정서에 서명하게 했어. 아무런 기능을 하지 못하는 중국 황실을 정부라고 부를 수 있을까?

중국의 지식인들도 비슷한 생각을 하고 있었어. 낡은 왕정 체제로는 급변하는 시대에 대처할 수 없다는 거지. 이 무렵 아시아의 많은 나라들이 비슷한 역사를 밟았지? 지식인들의 개혁 노력으로 많은 왕정 국가들이 공화국으로 탈바꿈했단다. 중국에서도 이런 지식인들이 있었는데, 대표적인 인물이 쑨원孫文이야.

쑨원은 원래 의사였어. 의사 생활을 하면서 여러 사람들을 만날 수 있었지. 그 과정에서 혁명에 눈을 떴어. 청일 전쟁이 터지던 1894년, 쑨원은 정치를 개혁해야 한다는 탄원서를 청 황실에 올렸어. 그러나 탄원서는 묵살되고 말았어. 청 왕조에 기대했던 마지막 희망이 사라졌지. 쑨원은 곧바로 의사 가운을 벗어던지고, 하와이로 건너갔어. 그곳에서 청 왕조를 무너뜨리기 위한 흥중회興中會라는 혁명 단체를 만들었지. 얼핏 보기에는 멸만흥한을 목표로 한 태평천국운동과 비슷하지? 아주 큰 차이점이 있었어. 흥중회가 표방하는 정치체제는 공화국이었단다.

혁명가 쑨원 청 왕조를 무너뜨리고 공화국 정부를 세웠다. 민족, 민권, 민생 등 삼민주의를 주장했다.

1900년대 들어 중국 본토에서도 여러 혁명 단체가 만들어졌어. 러일 전쟁이 한창이던 1905년 8월, 쑨원도 흥중회를 발전시켜 중국혁명동맹회를 만들었단다. 1907년 무렵에는 다른 단체들까지 끌어들여 세력을 키웠어. 중국혁명동맹회는 청 왕조를 멸망시키는 데 결정적인 역할을 한단다.

이 무렵 중국의 실권은 여전히 서태후가 쥐고 있었어. 변법파를 배신해 서태후와 손을 잡은 위안스카이가 2인자였지. 다만 군대를 위안스카이가 장악하고 있었기에 서태후도 그를 함부로 대할 수는 없었어. 1908년 서태후가 세상을 떠났어. 우연의 일치였을까? 비슷한 시기에 광서제도 세상을 떠났어. 독살을 당했다는 소문도 나돌았지만, 어쨌든 다음 황제가 등극했어. 황제가 된 인물은 푸이溥儀라는 이름의, 세 날 난 아이였어. 그가 청 왕조의 마지막 황제인 선통제宣統帝 란다.

황제가 너무 어렸기에 삼촌인 순친왕이 섭정을 했어. 순친왕은 위안스카이를 싫어했지. 그러나 서태후가 그랬듯이 순친왕도 위안스카이를 제거하기는 쉽지 않았어. 군대가 그의 손아귀에 있잖아? 그래도 위안스카이를 조정 밖으로 몰아내는 데는 성공했단다. 물론 위안스카이가 그대로 물러날 인물은 아니지? 얼마 지나지 않아 그는 다시 조정으로 돌아온단다.

청의 황제가 바뀔 무렵 중국혁명동맹회는 새로운 국가에 대한 설계를 모두 끝냈어. 나라 이름은 중화민국中華民國 으로 부르기로 했고, 쑨원이 초대 수석을 맡기로 했지. 중국혁명동맹회와 중화민국의 통치이념은 민족주의, 민권주의, 민생주의로 확정했어. 이 삼민주의三民主義 는 쑨원이 제창한 거란다.

혁명의 열기는 점점 뜨거워지고 있었어. 청 조정은 마지막 발악을 하고 있었지. 혁명을 어떻게든 막아보려고 강경 진압에 나선 거야. 많은 혁명가들이 처형됐지만 더 많은 혁명가들이 저항에 나섰어.

보로운동 희생자 추모비 보로운동 때 청 왕조의 무력 진압으로 희생된 사람들을 기리며 쓰촨 성에 세워진 추모비다.

이런 상황에서 청 조정이 모든 철도를 국가의 것으로 하겠다고 선언했어. 외국으로부터 차관을 들이려고 했는데, 담보로 제공할 물건이 필요했던 거야. 청 조정은 철도를 담보로 제공하려고 했어. 그러자 중국혁명동맹회가 나섰어. 중국혁명동맹회는 "철도를 지킵시다!"라며 보로운동을 전개했어. 많은 사람들이 호응하기 시작했지. 중국혁명동맹회는 이참에 청 왕조를 타도하는 혁명이 필요하다며 선전전을 벌였어. 그렇잖아도 불만이 많던 중국인 자본가들 가운데 일부가 혁명 세력에 동참하기 시작했지. 보로운동이 혁명을 점화한 거야. 혁명 전야의 중국은 초긴장 상태였단다.

청의 멸망과 중화민국의 탄생

한반도가 일본에 병합되고 1년이 지난 1911년 10월 10일, 후베이湖北 성 우한武漢의 우창武昌이란 곳에서 중국혁명동맹회를 주축으로 한 혁명군이 봉기를 일으켰어. 혁명군은 곧 우창을 점령한 뒤 중화민국 임시정부를 세웠어. 이렇게 해서 시작된 혁명이 유명한 신해혁명辛亥革命이란다.

혁명군은 11월 난징에 입성했어. 이듬해인 1912년 1월 1일, 혁명군은 바로 이

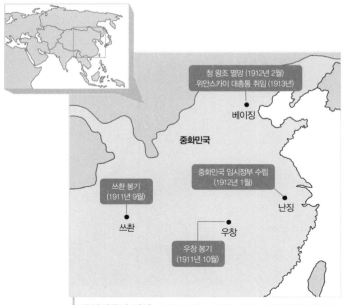

청 왕조 멸망 (1912년 2월)
위안스카이 대총통 취임 (1913년)

베이징

중화민국

중화민국 임시정부 수립
(1912년 1월)

쓰촨 봉기
(1911년 9월)

난징

쓰촨

우창

우창 봉기
(1911년 10월)

중화민국의 탄생 쓰촨과 우창 봉기로 시작한 신해혁명의 성공으로
청 왕조가 멸망하고 1912년 중화민국이 탄생했다.

난징에 중화민국 정부를 세웠단다. 당연히 쑨원이 임시 대총통이 됐고, 삼민주의가 정부 이념이 됐지. 이제 중국에 청 왕조와 중화민국, 두 개의 정부가 공존하게 됐어.

혁명군이 정부를 세울 만큼 강하자 청 조정은 당황했어. 그들과 맞서 싸울 인물을 찾았지만 단 한 명밖에 보이지 않았어. 청 왕조가 쫓아냈던 위안스카이야. 청 황실은 그가 배신을 밥 먹듯이 하는 사람이란 걸 알았지만 다른 방법이 없었어. 청 황실은 결국 위안스카이에게 군대를 맡겼단다. 아니나 다를까. 위안스카이는 군대를 출동시켰지만 웬일인지 중화민국 정부와 전투를 벌이지 않았어. 왜 그랬는지 아니? 위안스카이는 중화민국의 대총통 자리를 탐내고 있었단다.

쑨원은 위안스카이의 속셈을 알고 있었어. 위안스카이와 싸울 법도 하지? 그러나 쑨원은 순순히 대총통 자리를 위안스카이에게 주기로 했어. 청 왕조를 무너뜨리고 공화국을 세워야 중국이 발전할 수 있을 거라고 판단했기 때문이야. 공화국을 건설할 수 있다면 대총통의 자리를 놓고 싸워서는 안 된다는 게 쑨원의 철학이었지.

위안스카이는 얼씨구나 하면서 쑨원의 제안을 받아들였어. 몰락하는 왕조의 장군보다 새로운 나라의 대총통이 훨씬 좋잖아? 위안스카이는 군대를 돌려 베이징으로 진격했어. 청 왕조의 입장에서는 고양이에게 생선을 맡긴 꼴이 됐지. 위안스카이는 선통제를 강제로 끌어내렸어. 1912년 2월 12일 청 왕조가 역사 속으로 사라졌단다.

황제를 꿈꾼 군벌 위안스카이는 중화민국의 첫 대총통이 된 후 황제 제도를 복원해 황제에 오르지만 민중의 거센 반발로 물러났다.

한 달 후인 1912년 3월, 위안스카이가 중화민국의 임시 대총통에 올랐어. 위안스카이란 인물은 우려했던 대로 자신의 부귀영화만 생각했어. 그의 독재가 시작됐지. 중국혁명동맹회에서 활약했던 혁명가들은 민주 절차에 따라 위안스카이를 제거하기로 했어. 선거에서 이기면 된다고 생각한 거야. 혁명파는 국민당을 결성했고, 이듬해 실시된 선거에서 압승했어. 위안스카이가 가만히 있었을까? 천만에! 위안스카이는 노골적으로 혁명파들을 탄압했고, 심지어 암살하기도 했단다.

처음에 위안스카이를 도왔던 쑨원은 혁명파를 이끌고 다시 투쟁에 나섰어. 위안스카이는 눈엣가시가 돼버린 쑨원을 제거하려고 했어. 쑨원은 망명길에 올라야 했단다. 이때 쑨원을 따랐던 동지 중에 장제스蔣介石란 인물이 있었어. 훗날 대만의 총통이 되는 그의 이야기는 나중에 하도록 할게.

모든 적을 제거했다고 판단한 위안스카이는 1913년 10월, 중화민국의 정식 대총통에 취임했어. 그러나 위안스카이는 대총통을 넘어 황제가 되고 싶었어. 물론 중국 민중은 과거로 돌아가고 싶지도 않았고, 황제도 원하지 않았지. 그런데도 위안스카이는 21개 조항으로 중국 땅을 일본에게 뭉텅뭉텅 내주며 황제가 되도록 도와달라고 했었지?

1915년 12월, 위안스카이는 허수아비 국민 대표를 앞세워 선거를 실시했고, 마침내 황제의 꿈을 이뤘어. 하지만 채 3개월도 황제 자리를 지키지 못했단다. 전국에서 반대 시위가 잇달았던 거야. 위안스카이가 놀라 황제 자리를 내놓았지만 민중의 불만은 수그러들지 않았어. 몇몇 성은 독립을 선언하기도 했어. 위안스카이의 골치가 꽤나 아팠겠지? 위안스카이는 3개월 후 화병으로 세상을 떠났단다.

위안스카이가 사망하자 중국은 그야말로 대혼란으로 빠져들었어. 그가 살아 있을 때 군벌 세력들은 함부로 나대지 못했어. 위안스카이의 군대가 워낙 막강했기 때문이지. 그러나 이제 최고의 강자가 사라졌으니 군벌 세력들이 기지개를 펴기 시작했어. 그들은 각각이 모두 황제인 양 행세하기 시작했어. 무력이 곧 법인 시대가 된 거야. 이때부터 한동안 군벌 시대가 계속됐어. 군벌 시대는 나중에 장제스가 모든 군벌을 제압함으로써 종결된단다. 군벌 시대 이후의 중국 역사는 조금 있다가 살펴볼게.

아시아, 민족주의운동이 물결치다

1919년 파리에서 열린 강화회의에서 주목할 게 하나 있어. 미국의 윌슨 대통령이 "모든 민족은 다른 민족의 간섭을 받지 않고 자신의 운명을 스스로 결정할 권리가 있다!"고 선언한 거야. 이 이념이 바로 유명한 민족자결주의야.

이 민족자결주의에 고무된 아시아의 여러 나라들이 식민 통치에 반기를 들고, 대대적인 저항운동을 벌였어. 한반도에서도 그런 운동이 일어났는데, 그게 바로 3·1운동이야.

이 무렵 일본은 한반도를 무단통치하고 있었어. 모든 산업을 일본인과 일본기업, 일본 정부가 독점했고, 심지어 토지까지 동양척식주식회사가 차지했지. 일본 헌병은 한국의 독립운동가들을 모두 감옥에 처넣었고, 언론과 출판, 결사의 자유도 빼앗았어. 한국 민중은 살 터전을 잃고 떠돌았어.

이런 최악의 상황에서 민족자결주의 이념이 한반도에 전파됐단다. 한국의 독립운동가들은 이제 독립을 이룰 때가 왔다고 생각했지. 1919년 1월 21일 고종 황제가 세상을 떠났는데, 일본인이 독살했다는 소문이 퍼졌어. 한국 민중의 일본에 대한 반감이 그 어느 때보다 높아졌지. 더불어 독립에 대한 열기도 높아졌어.

독립운동가들은 1919년 3월 1일에 맞춰 한국의 독립을 만천하에 선포하기로 하고, 착착 일을 준비해나갔어. 마침내 그날이 왔어. 오후 2시, 33인의 민족 대표가 서울 종로 인사동의 음식점인 태화관에 모였지. 오후 3시, 민족 대표들은 독립선언서를 낭독하고, 만세 삼창을 외쳤어. 불과 15분 만에 모든 독립 절차는 끝났고, 출동한 일본 경찰에게 민족 대표들은 체포됐지.

그러나 그게 끝이 아니었어. 탑골파고다 공원에 모여 있던 수천 명의 학생들이 따로 독립선언서를 낭독하고 만세운동을 벌인 거야. 태극기를 흔드는 학생들을 보고 시민들도 만세운동에 뛰어들었어. 같은 시각, 평양과 의주 등 전국의 6개 지역에서도 예정했던 대로 만세운동이 일어났어. 그다음 날에는 더 많은 곳에서 만세운동이 일어났지. 순식간에 전국적으로 만세운동이 확산된 거야. 심지어 외국으로도 확산돼 3월 10일 이후에는 만주와 일본 등

고종 황제 장례 행렬 1919년 1월 대한제국 고종 황제의 장례 행렬의 모습. 고종이 독살됐다는 소문이 퍼지자 반일 감정이 극에 달했다.

지에 있던 한국인들도 만세운동을 벌였단다.

　3·1운동은 무려 3개월간 계속됐어. 그 동안 1,500회가 넘는 만세 시위가 일어났고, 200만 명이 넘는 민중이 운동에 참여했어. 3·1운동에 당황한 일본이 통치 방식을 무단통치에서 문화통치로 바꾼 게 이해되지? 한국 민중을 더 억눌렀다가는 또다시 전국적인 봉기가 일어날지 모르는 일이잖아? 3·1운동이야 비폭력 시위였지만 무력 봉기가 일어나면 일본이 아주 골치가 아프겠지? 일본은 한국 민중의 비위를 맞추는 척 식민 지배 전략을 바꾼 거야.

3·1운동 1919년 3월 1일 독립 선언과 함께 전국에서 만세운동이 시작됐다. 사진은 서울 종로 보신각 앞의 만세운동 현장이다.

　민족자결주의는 한국뿐만 아니라 거대한 중국 땅을 움직이기도 했어. 3·1운동이 일어나고 2개월이 지난 5월 4일, 중국도 대대적인 반일운동을 벌였단다. 바로 5·4운동이야. 3·1운동이 계기가 돼 5·4운동이 일어났다는 분석도 있어. 중국 민중이 한반도에서 일어난 3·1운동을 따라 했다는 거지. 러시아 소비에트혁명의 영향을 받아 5·4운동이 일어났다고 주장하는 학자들도 많지.

　어쨌든 5·4운동이 일어나게 된 직접적인 계기는 바로 21개 조항이야. 이미 앞에서 살펴봤어. 일본이 제1차 세계대전 승전국의 자격으로 파리강화회의를 통해 독일의 이권을 가로챘었지? 영국, 프랑스, 미국 등 강대국은 일본의 요구를 그대로 들어줬지? 이 사실이 중국에 알려진 거야. 베이징의 학생들이 톈안먼天安門 광장으로 몰려갔어. 격렬한 반대 시위가 벌어졌고, 이 시위는 전국으로 확산됐지. 이 시위 또한 3·1운동과 마찬가지로 처음부터 끝까지 비폭력으로 진행됐단다.

5·4운동의 중심에는 학생들이 있었어. 학생들은 중국이 강대국에게 짓밟히고 있는 게 봉건적인 군벌 정부 때문이라고 생각했어. 위안스카이가 사망한 후 중국이 군벌 시대로 접어들었다는 사실을 기억하고 있지? 학생들

중국의 5·4운동 톈안먼 광장에서 학생들과 시민들이 항일 시위운동을 벌이고 있는 모습이다.

은 일본뿐만 아니라 봉건적인 중국 정부까지 반대했어. 운동에 참여한 학생들이 국산품을 장려하고, 일본 상품을 사지 말자는 구호를 외치는데도 정작 중국 정부가 위기의식을 느낀 것은 이 때문이야. 중국 군벌 정부는 시위 한 달째인 6월 3일, 강제 진압에 나섰단다.

중국 군벌 정부의 이 진압 작전이 중국 민중을 화나게 했어. 노동자와 상인들이 시위운동에 참여했어. 전국적으로 노동자 파업이 속출했고, 상점은 문을 닫아버렸어. 사태가 심각하게 치닫고 있다는 사실을 중국 군벌 정부도 깨달았어. 군벌 정부는 일본이 독일의 이권을 챙기기로 한 파리강화회의의 조인을 거부했단다. 중국 민중이 승리한 셈이지.

인도도 영국으로부터 독립하기 위한 투쟁을 시작했어. 인도인의 투쟁은 1930년대 간디가 등장하면서 절정을 이룬단다. 민족자결주의가 확산되면서 인도차이나 반도에서도 독립 열기가 뜨거웠어. 중앙아시아에서는 1917년 러시아혁명_{소비에트혁명}의 영향을 받아 이슬람 국가를 세우려는 움직임이 활발했어. 그래, 아시아 전역에서 민족주의운동이 터졌다고 볼 수 있지.

🔍 동인도회사 vs 동양척식주식회사

동양척식주식회사는 1908년 만들어졌어. 일본이 한반도를 착취하기 위해 만든 국책 회사지. '동척'이라고 줄여 부르는 동양척식주식회사는 한국의 토지, 금융, 개발 등 모든 분야를 장악해 일본인들이 맘껏 경제활동을 할 수 있도록 도왔어. 1940년 무렵에는 한반도에 9개의 지점이 있었어.

동양척식주식회사 건물 일제가 한국의 경제를 독점하여 착취하기 위해 1912년에 건축한 동양척식주식회사의 건물로 지금은 철거되었다.

동척의 모델이 영국의 동인도회사였다는 사실을 아니? 영국 동인도회사는 1600년 인도에 처음 세워졌어. 그러나 이 회사는 국책 회사는 아니었어. 민간 회사였지. 지나친 착취로 세포이 항쟁이 일어나자 이를 문제 삼은 영국 정부가 해체했어. 반면 동척은 국가가 나서 착취를 했어. 많이 다르지? 일본은 영국 동인도회사에서 식민지 착취만을 배웠나보지?

아시아에 심어진 분쟁의 씨앗

아시아의 동쪽에서 일본이 열강으로 우뚝 섰을 때였어. 아시아의 서쪽에서는 한때 유럽을 호령했지만 이제는 '유럽의 병자'라 불리는 오스만 제국이 20세기를 맞이하고 있었지.

오스만 제국은 과거의 영광을 재현하고 싶었어. 그러나 현실은 쉽지 않았지. 결국 오스만 제국이 선택한 방법은 전쟁이었어. 제1차 세계대전에 독일의 편에서 싸웠지. 그러나 패전국이 되면서 영토는 산산조각이 났고, 오스만 제국도 역사 속으로 사라졌단다.

오늘날의 중동 지도는 이때 만들어졌어. 여기서는 오스만 제국을 비롯해 서아시아, 즉 중동의 1920년대까지의 역사를 살펴보도록 할게. 영국과 프랑스 등 유럽 강대국의 비열한 사기극도 볼 수 있을 거야. 그 사기극 때문에 오늘날 중동이 시끄러운 거란다.

제 1 차 세 계 대 전 과 오 스 만 제 국

　　　　19세기 말 오스만 제국의 역사를 돌이켜볼까? 1876년, 재상 미드하트 파샤가 개혁을 추진하며 미드하트 헌법을 만들었어. 술탄 압둘하미드 2세는 개혁으로 자신의 권력이 약해지는 게 싫었어. 결국 제6차 러시아·투르크 전쟁이 터지자마자 의회를 해산했고, 헌법을 정지시켰어. 개혁을 주도한 미드하트 파샤도 죽여버렸지. 개혁은 실패했고, 오스만 제국은 암흑의 20세기를 맞게 됐어.

　우리나라의 3·1운동이나 중국의 5·4운동은 모두 젊은 학생들이 중심이 됐지? 어느 나라나 이 무렵 상황이 비슷하단다. 오스만 제국에서도 나라가 위기에 처하자 젊은이들이 나섰어. 좀 다른 점은, 이들이 군인이라는 거야.

　1889년 대학과 군사학교의 젊은 학생들이 압둘하미드 2세를 몰아내고 헌법을 부활시키기 위한 비밀 조직을 만들었어. 수많은 사람들이 비밀 조직에 가입했지. 그러나 압둘하미드 2세의 탄압 때문에 많은 사람들이 희생됐단다. 비밀 조직의 지도자들은 해외로 망명을 떠나야 했지.

　1904년, 일본이 러일 전쟁에서 승리하면서 열강으로 도약했어. 일본을 보면서 오스만 제국도 열강이 될 수 있다는 꿈을 키운 자들이 있었어. 해외로 망명을 떠났던 젊은 혁명가들이 바로 그들이야. 그들은 1906년 정당을 하나 만들었어. 이 정당이 통일진보위원회CUP인데, 보통 청년투르크당으로 더 알려져 있어. 이 청년투르크당이 오스만 제국의 혁명운동을 지휘하기 시작했단다.

청년투르크당의 이스탄불 입성 혁명에 성공한 청년 투르크당원들이 수도인 이스탄불에 들어서고 있다.

    2년 후인 1908년 5월 13일, 청년투르크당은 술탄에게 미드하트 헌법을 부활시키라고 요청했어. 입헌군주제를 싫어한 술탄이 그 요청을 들어줄 리가 없지? 그러나 술탄 압둘하미드 2세는 청년투르크당이 상당히 강해졌다는 사실을 간과했어. 6월 청년투르크당의 군대가 오스만 제국의 수도 이스탄불을 향해 진격했어. 술탄은 무력 앞에 굴복할 수밖에 없었단다. 청년투르크당이 오스만 제국을 장악했고, 헌법과 의회가 다시 살아났어. 그래, 청년투르크당의 혁명이 성공한 거야! 3년 후인 1911년에는 중국에서 신해혁명이 성공했어. 중국과 오스만 제국의 근대 역사가 비슷하게 가고 있지?

    청년투르크당의 지도부에는 엔베르 베이란 인물이 있었어. 오스만 제국에서는 최고 지위의 관직에 오른 사람에게 파샤란 칭호를 내렸는데, 청년투르크당이 혁명에 성공한 후 엔베르 베이가 바로 이 칭호를 얻었단다. 그 때문에 엔베르 베이란 이름보다 엔베르 파샤란 이름이 더 많이 알려져 있지.

    이제 엔베르 파샤가 권력을 장악했어. 그는 강력한 개혁을 추진했단다. 1913년 제2차 발칸 전쟁 때는 직접 오스만 제국의 군사령관으로 참전했지. 이 전쟁에서 오스만 제국은 제1차 발칸 전쟁 때 잃었던 영토를 조금이나마 되찾았단다. 엔베르 파샤가 국민의 영웅이 됐겠지?

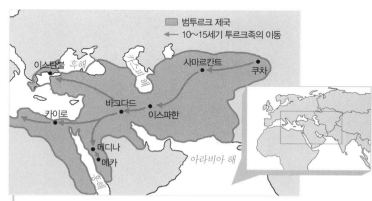

범투르크주의 청년투르크당 지도자 엔베르 파샤는 범투르크주의를 이념으로 삼는 세계 제국을 건설하려 했다.

그러나 엔베르 파샤에게는 큰 문제가 있었어. 민족주의를 지나치게 숭배했다는 거야. 그는 투르크족을 통일해 세계 제국을 만들겠다는 야심을 갖고 있었단다. 청년투르크당도 이와 비슷한 이념을 갖고 있었지. 이 이념이 바로 범투르크주의야.

엔베르 파샤는 유럽 열강의 영향력이 미치는 발칸 반도는 포기하더라도 중앙아시아 지역은 차지할 수 있을 거라고 생각했어. 투르크족이 최초로 탄생했던 곳이 중앙아시아였지? 그래, 엔베르 파샤는 바로 그 중앙아시아에서부터 소아시아에 이르는 범투르크 제국을 건설하려고 했던 거야.

엔베르 파샤의 이런 생각은 독창적인 건 아니었어. 이 무렵 독일은 범게르만주의, 러시아는 범슬라브주의를 표방하고 있었거든. 바야흐로 민족주의 열풍이 불던

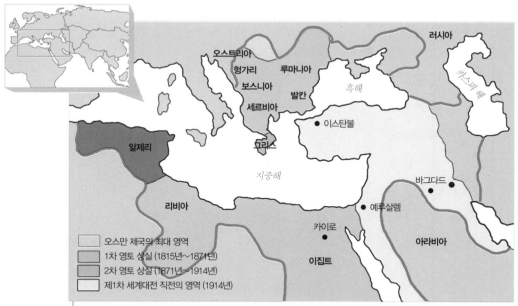

오스만 제국의 최대 영역
1차 영토 상실 (1815년~1871년)
2차 영토 상실 (1871년~1914년)
제1차 세계대전 직전의 영역 (1914년)

오스만 제국의 추락 1800년대 들어 본격적으로 영토를 잃었으며 제1차 세계대전 직전에는 유럽과 아프리카의 땅을 모두 잃었다.

때였지. 오스만 제국도 그 유행을 따라간 셈이야. 게다가 엔베르 파샤는 독일을 무척 좋아했어. 아니, 엄밀히 말하면 군대로 무장한 강력한 독일을 부러워했다는 표현이 정확할 거야.

엔베르 파샤는 오스만 제국도 독일처럼 강한 나라가 되기를 희망했어. 그러나 이미 제국은 기울어 있었지. 과거의 영광을 찾으려면 정상적인 방법으로는 안 되겠지? 엔베르 파샤는 극단적인 방법을 선택할 수밖에 없었어. 바로 전쟁이야. 오스만 제국은 1914년 독일과 동맹을 맺었어. 이제 화살은 활시위를 떠났어. 이렇게 해서 오스만 제국이 제1차 세계대전 때 독일의 편에서 싸우게 된 거란다. 결과는 오스만 제국의 패배였지. 이제 오스만 제국은 역사 속으로 사라질 운명에 놓이게 돼.

영국과 프랑스의 사기극, 중동 비극이 시작되다

오늘날 중동은 언제 터질지 모르는 화약고로 비유된단다. 그만큼 혼란스럽다는 이야기야. 중동이 왜 테러가 난무하는 지역이 됐을까? 그 원인을 알려면 제1차 세계대전이 터지고 1년이 지난 1915년으로 거슬러 올라가야 돼. 영국과 프랑스의 사기극이 오늘날 중동 비극의 시작이란다.

1908년 아라비아 반도의 태수^{샤리프}에 하심^{무함마드} 가문의 후손인 후세인 빈 알리가 임명됐어. 이 무렵 아라비아 반도는 공식적으로는 오스만 제국의 영토였어. 그렇지만 실제로는 아랍인이 현지 태수로 임명돼 일종의 자치를 하고 있었지.

바로 그해, 청년투르크당이 혁명에 성공했고, 범투르크주의를 내세우기 시작했어. 당연히 아랍 민족을 억압했겠지? 사실 아랍 민족은 예전부터 오스만 제국에 대한 불만이 컸어. 아랍 민족은 투르크족이 같은 이슬람교도이기는 하나 이슬람의 근본과 뿌리는 아랍 민족이라고 생각하고 있었어. 그러니 투르크족의 지배를 받는 게 못마땅했던 거야.

이런 상황에서 오스만 제국이 독일과 동맹을 맺고 제1차 세계대전에 참전했어. 영국은 오스만 제국의 힘을 약화시키기 위해 아랍 민족을 지원키로 했어. 아랍 민족이 밑에서 흔들면 오스만 제국이 전쟁에 집중할 수 없잖아?

1914년 1월, 이집트 카이로에 근무하는 영국의 고등 판무관 헨리 맥마흔이 메카의 태수 후세인 빈 알리에게 편지 한 통을 보냈어. 이때부터 1916년 3월까지 둘은 서로 10여 통의 편지를 주고받았단다. 이 편지들을 '후세인·맥마흔 서한'이라고 불러. 여러 편지 가운데 특히 주목할 만한 내용은 1915년 10월에 쓰여진 편지에 들어 있었어. 헨리 맥마흔은 그 편지에서 "아랍 민족이 연합국의 편에 서서 오스만 군대와 싸워주면 전쟁이 끝난 후 아랍 민족의 독립국가 건설을 적극 돕겠다!"고 약속했단다. 이를 '맥마흔 선언'이라고 부르지.

나라가 생긴다니 아랍 민족이 제1차 세계대전에 참전하지 않을 이유가 없지? 1916년 후세인 빈 알리는 아랍 민족을 이끌고 무장봉기를 일으켰어. 아랍 군대의 활약은 눈부셨어. 오스만 군대는 아랍 군대에 밀려 함부로 진군하지 못했단다. 심지어 후세인의 군대는 오스만 제국의 영토였던 시리아의 다마스쿠스를 직접 점령하기도 했어.

아서 밸푸어 영국 외무장관으로 아랍 민족의 독립국가 건설을 돕겠다는 맥마흔 선언을 뒤엎는 선언을 했다.

그러나 영국은 애초부터 아랍 국가를 허용할 생각이 없었어. 그래, 치밀하게 계획된 열강의 사기극이었지.

후세인이 무장봉기를 일으키기 얼마 전이었어. 1916년 5월, 마크 사이크스란 영국인과 조르주 피코란 프랑스인이 두 나라를 대표해 비밀협정을 체결했어. 이 비밀협정이 오늘날 중동을 비극의 땅으로 전락하게 한 출발점이야.

이 사이크스·피코 비밀협정에서 유럽 열강들은 제1차 세계대전이 끝나면 오스만 제국의 땅을 사이좋게 나눠 갖기로 했단다. 영국은 이라크와 요르단, 프랑스는 시리아와 레바논, 러시아는 오스만 제국의 동부와 이스탄불을 차지하기로 한 거야. 팔레스타인 지역은 공동 관리 구역으로 남겨뒀지. 이런 비밀협정이 체결된 사실도 모르고 아랍 민족은 목숨을 걸고 오스만 제국과 싸우고 있었단다. 그들은 영국과의 약속을 충실히 이행하고 있었어. 그러나 영국은 그 약속을 까마득히 잊어버린 채 프랑스, 러시아와 땅따먹기 놀음에 빠져 있었던 거야.

이 한 번의 사기극으로 족하지 않았는지 영국과 프랑스는 두 번째 사기극을 벌였어. 제1차 세계대전이 중반전으로 돌입한 1917년 11월이었어. 영국의 외무장관 아서 밸푸어는 "팔레스타인 지역에 유대인 국가를 세울 수 있도록 돕겠다!"고 선언했어. 어? 맥마흔 선언에서는 "아랍 국가를 세울 수 있도록 돕겠다!"고 선언하지 않았나? 맞아. 영국이 당초 약속을 번복한 거야.

영국은 돈 많은 유대인들로부터 전쟁 자금을 끌어내려고 이 밸푸어 선언을 했단다. 물

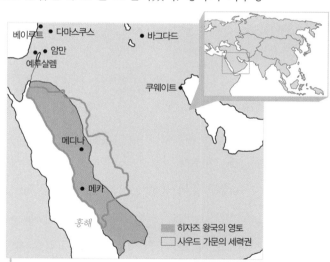

히자즈 왕국 후세인 이븐 알 리가 영국의 지원을 받아 오스만 제국에서 독립하여 1916년 헤자즈 지방에 세운 왕조이다. 1924년 사우드 가문에 의해 무너졌다.

론 급박한 전쟁 상황이었기에 어쩔 수 없는 측면도 있었어. 그렇지만 결과적으로 아랍 민족에게 했던 약속은 공중으로 사라져버린 셈이 됐어. 마침 공산혁명에 성공한 러시아, 즉 소련이 사이크스·피코 비밀협정의 내용을 공개해버렸어. 독립국가 건설의 꿈이 좌절된 아랍 민족의 실망이 아주 컸겠지?

결국 아랍 민족은 자기들의 나라를 건설하지 못했어. 영국은 제1차 세계대전이 끝난 후 후세인 빈 알리를 메카와 메디나가 포함된 헤자즈 지역의 왕으로 임명하고, 그의 두 아들을 요르단과 이라크의 왕에 앉히는 것으로 사태를 무마했단다. 파렴치하지 않니? 오늘날 테러가 난무하는 중동 사태는 이때 이미 예견된 거야.

오스만 제국의 해체

1920년 4월 이탈리아의 산레모에서 영국, 프랑스를 비롯한 여러 나라 대표가 모였어. 제1차 세계대전 후의 세계 질서는 파리강화회의에서 이미 결정된 후였지? 이 회의는 오스만 제국의 문제를 풀기 위한 자리였어. 그래, 오스만 제국의 영토를 어떤 식으로 나눠가질 것인가를 논의하기 위한 회의였던 거야.

1916년의 사이크스·피코 비밀협정, 1917년의 밸푸어 선언을 기억하고 있지? 영국과 프랑스는 이 협정과 선언이 이행되기를 바랐어. 당연히 그렇게 됐겠지? 사이크스·피코 비밀협정에서 약속했던 대로 시리아와 레바논은 프랑스가, 이라크와 요르단, 팔레스타인은 영국이 위임통치하기로 했단다.

두 나라가 영토를 분할하기 전까지만 해도 이 지역은 시리아와 메소포타미아 지역으로 불려왔던 곳이야. 요르단 지역을 예로 들자면, 이 지역은 원래 시리아의 일부였어. 영국과 프랑스가 위임통치를 하면서 시리아가 쪼개져 요르단이란 새로운 나라가 생긴 거지. 그래, 오늘날의 중동 지도가 바로 이때부터 만들어지기 시작한 거야.

영국은 밸푸어 선언에 따라 팔레스타인에 유대인의 국가를 세우도록 허락했어. 반면 아랍 민족에 대한 약속은 전혀 지켜지지 않았지. 심지어 프랑스는 아랍 민족의 가슴에 또다시 못질을 했어. 제1차 세계대전 때 오스만 제국을 공격해 시리아의

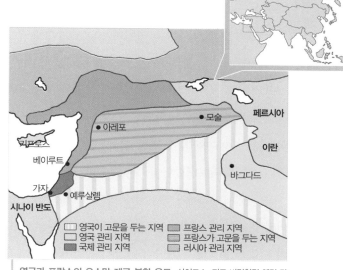

영국과 프랑스의 오스만 제국 분할 음모 사이크스·피코 비밀협정 체결 당시 분할 계획. 산레모회의에서 거의 확정됐다.

다마스쿠스를 점령한 아랍 민족을 쫓아낸 거야. 이때 프랑스로부터 쫓겨난 사람은 후세인 빈 알리의 아들 파이살이었어. 영국은 파이살을 이라크의 왕으로 임명했고, 후세인 빈 알리의 또 다른 아들 압둘라를 요르단의 왕으로 임명했단다. 영국이 이중 약속을 속죄하기 위해 그런 거냐고? 아니야. 영국은 두 사람을 허수아비로 만들어 뒤에서 중동 지배를 하려고 했어. 속셈은 다른 곳에 있었던 거지.

오스만 제국은 시리아, 이라크, 요르단, 팔레스타인만 잃은 게 아니야. 이라크의 남쪽, 그러니까 오늘날의 사우디아라비아도 내놓아야 했단다. 이집트가 독립했으니 아프리카 북부 지역도 잃었지? 오스만 제국의 동부 지역인 아르메니아도 내놔야 했고, 에게 해 주변에 가지고 있던 섬들도 그리스에게 내줘야 했어. 쿠르드인에게는 자치를 허용해야 했어.

광대했던 오스만 제국은 산산조각이 났어. 오늘날의 터키 영토인 아나톨리아 고

원 주변만 남았지. 산레모회의의 내용은 4개월 후인 1920년 8월, 오스만 제국이 연합국과 프랑스 세브르에서 도장을 찍으면서 최종 확정됐어.

이 세브르 조약으로 사실상 오스만 제국은 해체됐어. 아시아와 유럽을 연결하는 다르다넬스 해협과 보스포루스 해협은 강대국이 공동으로 관리하고, 오스만 제국의 영토는 아나톨리아 고원 이북 지역으로 제한했어. 강대국들은 오스만 제국의 군대까지 해체해버렸단다. 혹시 또 전쟁을 일으킬지 모른다는 게 이유였어.

술탄 메메드 6세가 세브르 조약에 도장을 찍자, 오스만 제국의 국민들이 들고 일어났어. 오스만 민중은 굴욕적인 조약을 받아들일 수 없다며 저항하기 시작했단다. 이 저항의 중심에 무스타파 케말이 있었어. 무스타파 케말은 즉각 앙카라에 저항운동 본부를 세웠어. 이윽고 그 지역에 주둔해 있던 그리스 군대와 싸우기 시작했지.

무스타파 케말은 2년간의 전쟁 끝에 그리스 점령군을 몰아내는 데 성공했단다. 그 기세를 몰아 오스만 제국의 술탄까지 몰아냈어. 모든 권력을 잡은 무스타파 케말은 1922년 11월, 술탄제도를 폐지하고 임시정부를 세웠어.

터키의 첫 대통령 무스타파 케말은 술탄 정부를 몰아내고 오늘날의 터키 공화국을 세운 뒤 첫 대통령에 올랐다.

무스타파 케말의 임시정부는 1923년 7월 오스만 제국을 대표해 연합국과 로잔 조약을 체결했어. 연합국은 오스만 제국으로부터 너무 많은 지역을 빼앗았다는 항의를 받아들였어. 이 조약에 따라 무스타파 케말의 임시정부는 콘스탄티노플과 트라키아 동부 지역을 되찾을 수 있었단다.

3개월 후인 1923년 10월, 무스타파 케말은 정식으로 공화국을 세웠어. 이 공화국이 바로 오늘날의 터키란다. 터키의 수도는 앙카라로 정했어. 무스타파 케말은 터키의 첫 대통령에 취임한 후 "모든 국민은 법 앞에 평등하다!"고 선포했어. 그는 오스만 제국의 낡은 풍습을 하나씩 개혁하기 시작했지.

무스타파 케말 대통령은 무엇보다 이슬람의 영향을 벗어나야 한다고 생각했어. 이를 위해 우선 이슬람 전통 복장을 없앴어. 칼리프제도도 폐지해버렸어. 일부일처제를 도입했고, 여성에게도 선거권을 줬지. 모든 사람은 법 앞에 평등하다는 평등 정신을 구현하기도 했어. 1934년 터키 국회는 무스타파 케말에게 아타튀르크라는 이름을 줬단다. '조국의 아버지'란 뜻이야. 오늘날까지 케말 아타튀르크는 터키 건국의 영웅으로 추앙받고 있단다.

산유국, 사우디아라비아와 이란이 탄생하다

오스만 제국이 해체되면서 시리아, 이라크, 요르단, 레바논이 탄생했지? 오스만 제국을 계승한 터키 공화국도 이때 생겨났어. 중동에 있는 대표적인 두 국가, 즉 이란과 사우디아라비아의 탄생 과정도 마저 살펴볼까? 이 나라들이 모두 이 무렵 만들어지면서 오늘날의 중동 지도가 완성됐단다.

제1차 세계대전이 끝난 후 영국은 헤자즈 지방에 있는 히자즈 왕국의 왕에 후세인 빈 알리를 임명했어. 터키 공화국이 탄생하고 1년이 지난 1924년, 후세인 빈 알리는 자신이 이슬람의 지도자인 칼리프라고 선언했어. 그러나 후세인 빈 알리의 '칼리프 놀이'는 오래가지 못했단다. 아라비아 반도를 장악하고 있던 사우드 가문이 그를 몰아냈기 때문이야.

사우드 가문은 아라비아 반도의 전통 있는 귀족 가문이었어. 사우드 가문은 후세인 빈 알리를 별로 좋게 생각하지 않았단다. 그가 영국에 의해 왕이 됐기 때문이야. 게다가 영국은 요르단과 이라크에도 후세인 빈 알리의 두 아들을 왕으로 앉혔

후세인 빈 알리 영국에 의해 히자즈 왕국의 왕으로 임명되었다가 1924년 사우드 가문에 의해 축출당했다.

지? 하심 가문의 왕족을 왕에 앉힘으로써 중동과 아랍 지역을 손쉽게 지배하려는 영국의 속셈을 사우드 가문은 알고 있었어.

사우드 가문은 후세인 빈 알리의 통치에 반기를 들었어. 많은 아랍인들이 사우드 가문의 편에 섰단다. 이 지역에는 19세기 이전부터 이슬람원리주의운동인 와하브운동이 활발하게 진행되고 있었어. 한때 주춤하던 이 와하브운동이 20세기 초반에 다시 강해지기 시작했지. 이 운동의 중심에 바로 사우드 가문이 있었기에 아랍인들이 모여든 거야.

사우드 가문은 히자즈 왕국, 서방 세계, 서방 세계와 결탁한 하심 가문과의 전쟁을 선포했어. 이 전쟁은 쉽게 끝났어. 후세인 빈 알리는 채 1년도 안 돼 물러나야 했고, 하심 가문도 문을 닫았지. 사우드 가문은 점차 세력을 넓혔고, 마침내 1932년 가문의 이름을 따서 사우디아라비아 왕국을 선포했단다. 그래, 오늘날의 사우디아라비아가 이렇게 해서 탄생한 거야.

아라비아 반도에서 물러나야 했던 영국은 사우디아라비아가 못마땅했어. 그러나 당시만 해도 그 지역은 별로 영양가가 없는 땅이기 때문에 곧 잊어버렸어. 설마 사우디아라비아에서 세계 최대의 유전이 터질 것이라고는 생각도 못했지. 사우디아라비아에서 유전이 터진 후 이 지역을 장악한 나라는 미국이란다.

이제 이란의 역사를 볼까?

19세기의 이란은 매우 혼란스러웠지? 카자르 왕조는 러시아와 두 차례, 영국과 한 차례 전쟁을 벌였어. 모든 전쟁에서 패했고, 두 열강의 틈바구니에서 눈치만 봐야 했어. 마침내 열강에 의해 쑥대밭이 된 나라를 뜯어고치자며 국민들이 들고일어났어. 오스만 제국에서 청년투르크당이 본격 출범하기 얼마 전인 1906년 1월, 이란의 민중들은 헌법과 의회를 만들라며 대대적인 시위를 벌였단다.

민중의 힘은 위대했어. 카자르 왕조의 5대 왕 무자파르 알 딘 샤는 민중의 거센 저항에 무릎을 꿇을 수밖에 없었지. 민중들의 입헌혁명이 성공한 거야. 그해 선거로 의원을 선출했고, 국민의회를 만들었어. 의회는 곧 헌법도 제정했지. 이제 이란도 근대화에 박차를 가하는 것일까? 아니야. 이 무렵 사사건건 이란의 정치에 간섭했던 러시아가 이번에도 개입해 국민의회를 망쳐버렸단다.

유럽 열강들이 왜 서아시아 지역을 그토록 노린 것일까? 러시아의 남하를 막기 위해서? 물론 그런 목적도 있었지. 그러나 진짜 목적은 따로 있었어. 바로 석유야. 19세기부터 서아시아에서 대규모 유전이 잇달아 발견되자 열강들이 돈 냄새를 맡고 몰려든 거지.

가령 이란의 경우 1901년 영국이 60년간 석유를 맘껏 퍼갈 수 있는 권리를 카자르 왕조로부터 넘겨받았단다. 영국이 선견지명이 있었던 걸까? 7년 후 이란 서남부 마스지드 이술레이만 지역에서 대규모 유전이 발견됐어. 영국은 쾌재를 부르며 석유회사를 차렸단다. 그 회사가 오늘날 영국국영석유회사[BP]의 전신인 앵글로·페르시아석유회사야. 이 무렵 영국은 군대가 사

마스지드 이술레이만 유전 1930년대 유전 개발 모습. 영국은 이 유전을 기반으로 앵글로·페르시아석유회사를 만들었다.

용하는 전력을 석탄에서 석유로 바꾸고 있었어. 그런데 그 모든 석유를 앵글로·페르시아석유회사 한 곳에서 충당했다는구나. 얼마나 많은 석유를 이란에서 퍼 갔는지 알 수 있겠지?

서아시아 지역에서 강대국들은 치열하게 석유 쟁탈전을 벌었어. 전통적으로 영국이 강한 편이었지만 제1차 세계대전이 끝난 후에는 미국도 끼어들면서 상황이 복잡해졌어. 사우디아라비아의 유전은 미국이 거의 독차지했다고 했지?

지금까지 살펴봤던 아시아의 다른 지역을 봐. 이토록 혼란스런 상황이라면 왕조는 거의 멸망하기 직전이지? 이란이라고 별 수 있겠니? 입헌혁명이 성공한 지 얼마 안 된 1907년 러시아의 지원을 받아 왕이 된 무함마드 알리 샤는 모든 것을 원래대로 돌려놓길 원했어. 혁명 세력을 탄압했고, 의회를 해산했지. 오스만 제국의 술탄 압둘하미드 2세가 꼭 이랬었지?

1908년 오스만 제국에서는 청년투르크당의 혁명이 발생했어. 이란에서는 쿠데타가 터졌단다. 터키 공화국이 수립되고 2년이 지난 때였지. 사우드 가문이 하심 가문을 아라비아 반도에서 몰아낸 바로 다음 해였어. 1925년, 마침내 카자르 왕조가 무너졌단다.

레자 샤 카자르 왕조의 군인 출신으로 쿠데타를 통해 팔레비 왕조를 새로이 열었다.

사실 카자르 왕조는 1921년에 이미 무너진 거나 다름없었어. 그해 카자르 왕조의 군인 출신인 레자 샤가 쿠데타를 일으켜 성공했거든. 레자 샤가 4년 동안 허수아비 카자르 왕조를 내세워 조종했단다. 그러나 야망을 언제까지 숨길 수는 없겠지? 레자 샤는 결국 카자르 왕조를 끌어내리고 스스로 왕의 자리에 올랐어. 이렇게 해서 시작된 왕조가 팔레비 왕조란다.

제1차 세계대전 후의 중동

터키 (1923년)
레바논 (1944년)
시리아 (1943년)
지중해
이라크 (1942년)
이란 팔레비 왕조
아프가니스탄 (1919년)
이스라엘 (1948년)
요르단 (1948년)
이집트 (1922년)
사우디아라비아 (1932년)
인도
오만
수단
예멘 (1918년)
아덴
에티오피아 (1936년)

영국 통치령
프랑스 통치령
새로 독립한 나라

오늘날의 중동

터키
투르크메니스탄
레바논
시리아
팔레스타인
이스라엘
이라크
이란
아프가니스탄
파키스탄
쿠웨이트
바레인
카타르
아랍에미리트
이집트
사우디아라비아
오만
수단
에리트레아
예멘
소말리아

중동 지도의 완성 오스만 제국이 공중분해되면서 오늘날의 서아시아 국가들이 탄생했다. 이 무렵 중동 지도가 거의 완성됐다. 괄호 안은 독립 연도이다.

　　팔레비 왕조도 근대화 개혁을 시작했어. 유럽 열강으로부터 벗어나 새로 탄생한 터키 공화국을 따라 한 거야. 공장도 짓고 도로도 넓혔어. 교육을 강화했고, 특히 젊은 지식인들을 선진 유럽에 보내 공부하도록 했어. 대부분의 아시아 국가가 그랬듯이 이 젊은 지식인들이 이란의 근대화를 앞당긴 주역들이야. 팔레비 왕조는 1979년 이란혁명이 일어나면서 사라진단다. 팔레비 왕조의 역사는 조금 있다가 살펴볼게.

중앙아시아, 소련 차지가 되다

　　이미 앞 장에서 살펴본 대로 중앙아시아 지역은 19세기부터 다른 열강이 손을 댈 수가 없었어. 지리적으로도 러시아에 가까운 데다, 러시아가 열강으로 성장하면서 다른 열강들이 차지할 틈을 주지 않았기 때문이야. 러시아는 중앙아시아를 사실상 러시아의 식민지로 만들어버렸지.

20세기 들어서는 상황이 약간 달라졌어. 러시아가 1917년 혁명으로 공산주의 국가인 소련소비에트연방공화국으로 바뀌었기 때문이야. 소련은 중앙아시아의 전통 자체를 무시했어. 오로지 사회주의 이념을 따를 것을 강요했지. 당연히 갈등이 예상되지? 당시 상황을 살펴볼까?

1900년, 러시아는 세계의 지붕이라 불리는 파미르 고원을 정복했어. 그러나 파미르 고원을 넘어 남쪽으로는 진격하지 못했어. 남서쪽은 아프가니스탄, 남동쪽은 인도가 있었는데, 두 나라 모두 영국이 차지하고 있었거든.

러시아는 남쪽으로 진격하는 대신 중앙아시아에 대한 식민 통치를 강화했어. 그러자 중앙아시아인들이 격렬하게 반발하기 시작했지. 곳곳에서 봉기가 일어났어. 그러나 러시아는 꿈쩍도 하지 않았어. 오히려 식민 통치가 더욱 강압적으로 바뀌었단다. 사실 러시아의 이런 통치는 거의 마지막 발악이었다고 볼 수 있어. 이 무렵 러시아는 되는 게 없었어. 일본과의 전쟁에서도 패했고, 노동자 파업과 군인들의 반란으로 정신이 없었거든. 그러다가 결국 1917년 공산혁명이 일어난 거란다. 중앙아시아에도 변화가 생겼을까?

이 혁명의 분위기를 타서 오늘날 우즈베키스탄의 타슈켄트 지역에서 이슬람교도들이 들고 일어섰어. 이 지역에 원래 무슨 나라가 있었지? 그래, 코칸트 칸국이야. 그 나라는 러시아에게 1886년 정복된 후 식민 통치를 받고 있었어. 바로 코칸트 칸국의 사람들이 소련에게 반기를 든 거야. 그들은 자치정부를 세웠단다.

소련이 어떻게 대처했을까? 소련은 코칸트 자치정부가 이슬람주의를 지향하기 때문에 사회주의 이념에 맞지 않는다며 해체를 권했어. 그러나 코칸트 자치정부는 듣지 않았어. 소련은 그전 러시아 때처럼 무자비하게 진압했을까? 맞아, 공산주의 정권이 들어섰지만 진압 방식은 다르지 않았어. 소련은 1918년 2월 군대를 투입해

러시아 공화국

키르기스 자치 공화국

호라즘 공화국

투르키스탄 자치 공화국

부하라 공화국

중국

투르키스탄 자치 공화국

이란

아프가니스탄

1920년대 초반

러시아 공화국

카자흐 공화국

우즈베크 공화국

키르기스 공화국

투르크멘 공화국

타지크 공화국

중국

이란

아프가니스탄

1930년대

중앙아시아의 공산화 중앙아시아 지역은 1920년대 초반 소련의 자치구로 시작한 뒤 1920년대와 1930년대를 거치면서 소련 연방에 대부분 편입됐다.

코칸트 자치정부를 해체해버렸단다. 이어 4월, 소련군은 코칸트 칸국의 투르크메니스탄 지역에 투르크메니스탄 자치 소비에트 사회주의공화국을 선포했어.

소련은 마음이 놓이지 않았나봐. 중앙아시아 곳곳에서 이슬람교도들의 저항운동이 심심찮게 일어났기 때문이야. 이 운동을 소련은 '바스마치운동'이라 불렀단다. 바스마치는 폭도라는 뜻이야. 지배하는 소련의 입장에서야 폭동이겠지만 중앙아시아 민중의 입장에서는 무장봉기였지.

중앙아시아인들이 이처럼 강력하게 반발한 것은 소련이 중앙아시아의 특수성을 전혀 인정하지 않았기 때문이야. 생각해봐. 사회주의에서는 종교를 인정하지 않지? 당연히 이슬람교가 중앙아시아를 지배하도록 내버려둘 수 없었겠지? 소련은 이슬람 사원을 포함해 이슬람 교단의 재산을 몰수해버렸어.

결국 이슬람교도들이 곳곳에서 반란을 일으켰어. 가장 먼저 반란이 일어난 곳은 자치정부가 해체된 코칸트였어. 그곳의 이슬람 상인과 지주, 종교 사제가 힘을 합쳐 들고일어섰지. 2년 후에는 부하라에서 대규모 반란이 일어났어. 그러나 소련의

엔베르 파샤 오스만 제국의 청
년투르크당을 이끌던 인물로, 부
하라에서 범투르크 제국 건설을
위한 전투 도중 전사했다.

정책은 바뀌지 않았고, 모든 반란은 군대에 의해 진
압됐단다.

1921년, 오스만 제국의 청년투르크당을 이끌었던
영웅이 부하라에 나타났어. 엔베르 파샤는 중앙아시
아에서 소아시아에 이르는 광대한 투르크 제국을 건
설하려는 야망을 갖고 있었지? 제1차 세계대전에서
패하면서 그 꿈이 물거품이 됐지만 엔베르 파샤는
여전히 헛된 야망을 버리지 않고 있었어. 그 야망을
이루기 위해 엔베르 파샤는 부하라로 망명온 거란다.

그러나 엔베르 파샤가 이끄는 투르크 전사들은 소
비에트 정권을 이길 수 없었어. 1922년 엔베르 파샤는 전쟁 도중 목숨을 잃었고,
10여 년 넘게 계속되던 바스마치운동도 1930년대 초반에 완전히 사라졌단다.

소련은 중앙아시아를 연방에 끌어들이기로 했어. 영국과 프랑스가 서아시아를
맘대로 나눠 가진 것처럼 소련도 1920년부터 중앙아시아를 맘대로 나누는 작업
을 시작했지. 강대국의 횡포는 이념과 상관이 없나봐.

어쨌든 이 작업 결과 1924년 10월, 우즈베키스탄이 중앙아시아에서는 처음으
로 소비에트 연방에 속하는 공화국이 됐어. 이미 소비에트 연방 공화국의 일원이
었던 투르크메니스탄은 정식으로 공화국이 수립됐지. 이때부터 1936년까지 타지
키스탄, 카자흐스탄, 키르기스스탄이 차례대로 공화국이 됐어.

영국의 벵골 분할령과 간디의 등장
이 무렵 동남아시아의 역사도 간단히 짚어보고 갈까?

사방에서 들려오는 혁명의 기운이 동남아시아 사람들을 자극했어. 이미 이 지역도 영국과 프랑스, 미국, 네덜란드의 식민지로 전락해 있었지? 식민지가 된 나라의 민중들은 러일 전쟁에서 일본이 이겼다는 소식을 듣고 서양 열강으로부터 자신들도 벗어날 수 있다는 희망을 가졌어. 중국에서 신해혁명이 성공했다는 소식은 낡은 체제를 무너뜨리려는 혁명가들을 자극했지. 게다가 제1차 세계대전이 끝난 후 미국 대통령 윌슨이 제창한 민족자결주의는 이 지역 민중을 크게 고무시켰어. 비로소 독립을 얻을 수 있을 거라는 희망을 품었지.

그러나 민족자결주의는 패전국의 식민지에게만 적용됐어. 영국, 프랑스, 미국, 네덜란드의 식민지는 독립을 얻지 못했지. 동남아시아는 대부분 이 나라들의 식민지였어. 민족자결주의는 이 지역 민중들에게 머나먼 나라의 이야기에 불과했지.

열강들은 조금도 개의치 않고 종전처럼 동남아시아 식민지를 착취했단다. 이런 사정은 아시아 속의 작은 대륙 인도도 크게 다르지 않았어. 인도도 다른 지역과 마찬가지로 식민 통치를 받고 있었고, 민중의 저항도 끊이지 않았지.

다만 이 무렵 역사에서 기억할만한 점은, 마하트마 간디가 등장했다는 거야. 오늘날까지 간디는 인도를 넘어 전 세계에서 가장 존경을 받는 인물 가운데 한 명이지. 인도에서는 그를 최고의 성인으로 추앙하고 있단다.

러일 전쟁이 터지고 1년이 지난 1905년, 영국은 인도의 벵골 지역을 두 개로 쪼개기로 했어. 이유는 뻔하지. 벵골 지역은 반영투쟁이 가장 활발했던 곳이거든.

인도의 성인 간디 비폭력투쟁으로 인도의 독립운동을 이끌었다. 그의 사상은 많은 사람들에게 영향을 주었다.

1947년 인도·파키스탄 분리

1948년 카슈미르 분할

1971년 방글라데시 독립

인도의 분열 인도 대륙은 1947년 인도와 파키스탄으로 분리된 후 분쟁이 계속됐다. 1971년 방글라데시까지 독립해 최종 3개국으로 쪼개졌다.

다른 어느 지역보다 지식인도 많았어. 영국의 입장에서는 눈엣가시 같은 지역이었던 거야.

영국이 벵골을 분할하겠다고 한 데는 나름대로 명분이 있었어. 벵골에 사는 이슬람교도와 힌두교도들의 갈등이 심하다는 거야. 허구헌 날 싸우는 두 종교 집단을 아예 나눠버리자는 게 첫째였지. 둘째는, 벵골이 워낙 넓고 인구도 많기 때문에 둘로 쪼개야 효율적으로 통치할 수 있다는 거였어. 얼핏 들으면 합리적인 것처럼 보이지? 그러나 인도인들은 벵골을 분할하겠다는 영국 정부의 속셈을 알고 있었어. 인도인들의 격렬한 반대투쟁이 이어졌지.

이 투쟁을 주도한 기구가 바로 인도국민회의였단다. 인도국민회의는 우선 영국 상품을 사지 말자는 불매운동, 즉 보이콧운동을 벌였어. 이윽고 국산품만 사자는 스와데시운동을 벌였지. 이 스와데시운동과 함께 민족 자치를 주장하는 스와라지운동도 이어졌어. 이 운동의 결과 1911년 벵골 분할령은 취소됐어. 인도 민중이 승리한 셈이지.

인도국민회의의 이런 운동이 독립으로 이어졌을까? 그건 아니야. 제1차 세계대전이 터지고 말았거든. 영국은 인도가 연합국의 편에서 참전하면 전쟁이 끝난 후 독립시켜주겠다고 감언이설로 꼬드겼어. 인도는 속지 않았어. 그러자 영국은 강압적으로 참전을 요구했어. 결국 인도는 어쩔 수 없이 120만 명을 병사로 전쟁터로 보내야 했지.

자와할랄 네루 간디와 달리 인도 독립을 위해 적극적인 폭력투쟁을 해야 한다고 주장했다.

전쟁이 끝난 다음 인도는 영국 정부에 자치권을 요구했어. 영국은 콧방귀를 뀌었지. 영국이 아랍 민족을 대상으로 사기극을 했다는 걸 잘 알고 있지? 그래, 영국은 인도에 대해서도 사기극을 벌인 거야. 인도국민회의를 중심으로 범국민 저항운동이 다시 시작됐어. 그러자 영국은 군대를 동원해 평화적 시위를 강제로 진압했단다. 많은 인도인이 목숨을 잃은 것은 굳이 얘기하지 않아도 알겠지?

바로 이때 인도의 영웅이 등장했어. 그 인물이 바로 간디야. 간디는 비폭력, 무저항, 불복종 등 3대 원칙을 내세우며 저항운동을 벌였어. 그의 이런 투쟁 정신을 '사티아그라하'라고 불렀단다.

사티아그라하를 우리 말로 옮기면 "진리를 주장한다!" 정도가 될 거야. 이 저항 정신은 그 후 인도 전역으로 퍼졌어. 못 사는 농민들과 가장 낮은 계급의 카스트들이 특히 이 저항 정신에 푹 빠졌어. 다른 지도자들이 카스트를 따졌던 것과 달리 간디는 카스트를 따지지 않고, 모든 인도인들을 감싸 안았기 때문이야.

물론 모든 독립운동가들이 간디처럼 비폭력투쟁을 주장했던 것은 아니야. 이를 테면 자와할랄 네루는 사회주의 이념을 바탕으로 폭력투쟁을 주장한 대표적인 인물이지. 간디의 비폭력투쟁은 1930년대부터 본격화했어. 이 투쟁에 대해서는 조금 있다가 살펴보도록 할게.

중동의 집시

오늘날 터키, 이라크, 이란, 시리아, 아르메니아의 경계선의 20만 제곱킬로미터에 달하는 산악 지대에는 2,500만~3,000만 명의 쿠르드인이 살고 있어. 그 때문에 '쿠르드인의 땅' 이란 뜻의 쿠르디스탄이라고 부르지. 쿠르드인은 독립국을 세우지 못한, 가장 규모가 큰 소수민족이란다.

쿠르드도 원래는 오스만 제국 해체 때 독립할 예정이었어. 석유를 노린 영국의 음모 때문에 뜻을 이루지 못했지. 쿠르디스탄의 모술 지역에서 석유가 펑펑 쏟아지자 욕심이 생긴 영국이 쿠르드를 이라크에 포함시켜버린 거야. 쿠르드인은 비참한 20세기를 맞았어. 이라크의 쿠르드인 집단 학살 사건이 터졌고, 민족 내분도 생겼어. 2004년 이후 쿠르드인 자치구가 운영되고 있지만 독립까진 요원해. 이 때문에 쿠르드인들을 '중동의 집시'라고 부른단다.

쿠르디스탄 열강의 욕심 때문에 나라를 세우지 못하고 핍박을 받는 쿠르드인의 거주지다.

일본, 제2차 세계대전을 일으키다

　이제 1920년대부터 제2차 세계대전이 종결되는 1945년 무렵까지 살펴볼 거야. 1900년대 초반에도 그랬듯이 이 무렵에도 일본이 아시아 역사를 주도했다고 볼 수 있어.

　이 무렵 아시아 역사에서 또 하나 중요한 사건이 터졌어. 중국에 공산 정권이 들어선 거야. 중국의 국민당과 공산당의 싸움은 여러 이야기를 남긴 흥미로운 사건이지. 둘은 협력했다가 갈라져 싸웠다가, 다시 협력했다가 갈라져 싸우기를 반복했어. 최후에는 공산당이 모든 것을 장악했지.

　제2차 세계대전이 끝나면서 한반도와 인도가 독립을 쟁취했어. 베트남을 비롯한 인도차이나 반도의 국가들도 독립을 얻었지. 이 무렵의 역사가 얼마나 격동적인지 알 수 있겠지? 1920년대의 일본부터 살펴볼까?

대혼란 속 일본의 선택

　　　　제1차 세계대전이 끝나자 이른바 선진국들은 팽창 정책을 되짚어보기 시작했어. 제국주의 전쟁의 폐해를 생생하게 경험했잖아? 그렇다고 해서 영국이나 미국과 같은 강대국이 자신의 식민지에게 독립을 준 것은 아니야. 다만 무자비한 통치나 무단 점령은 많이 줄어드는 분위기였지.

　그러나 아시아의 일본은 이런 분위기와는 거리가 멀었어. 오히려 점령지를 넓혀 나갔단다. 일본은 대놓고 중국 만주의 모든 이권을 빼앗기도 했어. 한때 동맹국이었던 영국뿐만 아니라 새로 강대국으로 떠오른 미국까지도 일본을 배척하기 시작했어. 심지어 미국은 일본인 이민도 금지해버렸단다.

　미국과 영국이 제1차 세계대전 이후의 국제질서를 주도했어. 두 나라는 전쟁을 억제해야 한다는 필요성에 공감했어. 두 나라의 주도로 1921년 군비 축소를 논의하기 위해 여러 국가 대표가 워싱턴에 모였지. 이 워싱턴회의에서 일본이 중국에게 강요했던 21개 조항을 철회했고, 군 병력도 줄일 것을 약속했단다. 일본은 입이 툭 튀어나왔어. 그렇지만 강대국이 된 미국의 요청을 들어주지 않을 수 없었지.

　일본이 점점 국제적으로 고립되고 있다는 것을 짐작할 수 있겠지? 사실 이 무렵 일본은 대외 관계만 뜻대로 안 된 게 아냐. 국내도 아주 혼란스러웠어. 일본이 훗날 전쟁의 유혹을 떨치기 어려웠던 것도 1920년대와 1930년대의 혼란과 무관하지 않단다. 일본 내부를 들여다볼까?

　우선 정치인과 군부의 갈등이 여전히 계속되고 있었어. 오히려 1910년대보다 더 심해졌지. 군부는 정치인들이 무능하다고 비판하고 있었어. 군부가 권력을 장악해야 한다고 공공연히 주장하는 군인들도 있었지.

　이 무렵 공산주의 세력이 급속하게 팽창한 것도 일본 정부에 의기의식을 주었

일본의 무정부주의자
급진적 무정부주의자인 고토쿠 슈스이는 1910년 천황 암살을 모의했다는 이유로 체포되었다.

어. 1917년 러시아에서 공산혁명이 성공한 후 그 여파가 일본에까지 미친 거야. 일본의 군국주의를 비판하던 지식인들 가운데 상당수가 공산주의자가 됐어. 일본 정부와 군부는 그대로 두면 공산주의가 일본에 큰 위협이 될 거라는 데 뜻을 같이 했어. 어떻게든 공산주의자를 몰살시켜야 한다고 생각하고 있었지.

무정부주의자 아나키스트들도 늘어났단다. 급진적인 무정부주의자들은 천황 암살을 계획하기도 했어. 1910년 5월에는 고토쿠 슈스이가, 1923년 12월에는 한국의 독립운동가이기도 한 박렬이 천황을 암살하려다 일본에 체포됐어. 암살은 실패로 돌아갔지만, 일본이 얼마나 혼란스러웠는지 알 수 있는 대목이야.

큰 자연재해까지 겹치면서 혼란은 더욱 커졌어. 터키 공화국이 탄생한 1923년의 9월 1일 간토 지방에 큰 지진이 일어난 거야. 지진 피해는 상상을 초월했어. 보통 지진이 일어나면 2차, 3차 여진으로 이어지거나, 화재가 나기 마련이야. 2일간 계속된 이 대지진으로 수많은 집이 불에 탔고, 무려 10만여 명이 목숨을 잃었단다.

1926년 12월 25일 다이쇼 천황이 세상을 떠났어. 그의 뒤를 이어 히로히토가 124대 천황에 올랐지. 히로히토 천황은 연호를 쇼와로 고쳤어. 이 때문

간토 대지진 1923년 일본 간토 지방에 발생한 지진으로 도시가 초토화됐다. 일본은 한국인에게 책임을 씌어 학살했다.

에 그를 쇼와 천황이라고도 부르지. 천황이 바뀌었으니 일본 사정이 조금 나아졌을까? 아니야. 이 무렵부터 일본은 최악의 혼란으로 치닫게 돼. 이번에는 경제가 문제였어.

1927년부터 일부 은행의 재무 상태가 좋지 않다는 사실이 알려졌어. 그 은행들에 예금해뒀던 많은 사람들이 한꺼번에 돈을 찾아버렸어. 졸지에 돈이 모두 빠져나간 은행들은 문을 닫았어. 어디에서 많이 본 풍경이지? 그래, 전형적인 공황의 풍경이야. 일본에서도 공황이 발생한 거지.

이 사건은 정부가 개입해 그나마 사태를 수습할 수 있었어. 그러나 2년 뒤 더 큰 태풍이 불어닥쳤어. 1929년 미국 대공황이 발생한 거야. 그 여파가 전 세계로 퍼져 세계 대공황으로 발전했지. 경제를 다시 살리려고 무진 애를 쓰던 독일인들은 이 세계 대공황에 무릎을 꿇었어. 독일인들은 절망에 빠진 심정으로 히틀러를 지지했어. 일본도 예외는 아니었어. 생산된 물품은 팔리지 않았고, 해외로 수출할 수도 없었어. 노동자들은 해고됐고, 무일푼이 돼 고향으로 돌아갔어. 도시와 농촌 모두에서 실업자들이 넘쳐났지.

일본인들은 탈출구가 없는 것처럼 암울하게 느꼈어. 독일에서 히틀러가 세력을 얻었다면 일본은 군부가 세력을 얻었단다. 결과는 독일과 마찬가지야. 그래, 바로 전쟁이지.

만주사변 일으키다

미국과 영국 등 강대국들은 일본이 군사 강국이 되는 걸 원하지 않았어. 일본이 한반도와 중국에서 어떤 횡포를 부렸는지 이미 잘 알고 있었기 때문이지. 강대국들은 일본에게 무기를 감축하고 해군을 축소할 것을 요구했어. 힘에서 밀리니 어쩔 수 없겠지? 일본 정부는 마지못해 강대국들의 요구를 받아들여야 했어.

일본 국민들은 정부가 무기력하다고 생각했어. 내각을 강하게 비판하는 군부를 더 듬직하게 여겼지. 히틀러가 득세하는 독일과 점점 비슷해지고 있는 거야. 내각은 사면초가에 놓였어. 1930년 11월에는 만주 침략을 반대하던 수상 하마구치 오사치가 우파 청년에게 저격을 당하기도 했단다. 정부를 뒤엎으려는 군부 쿠데타가 일어날 뻔도 했어. 이 쿠데타는 실패로 끝났지만 정부가 어떤 지경이었는지 충분히 알 수 있겠지?

군부는 호시탐탐 기회를 노리고 있었고, 정부의 지시는 아예 듣지도 않았어. 군부는 고삐 풀린 망아지마냥 모든 걸 독단적으로 결정했어. 만주사변도 그렇게 해서 터졌단다. 만주사변의 시작은 1928년 터진 장쭤린張作霖 폭사 사건이야. 이 사건부터 살펴볼까?

장쭤린은 펑톈 지역의 중국 군벌이었어. 제1차 세계대전이 끝난 후 일본은 장쭤린을 적극 지원했어. 물론 나름대로 이유가 있었지. 이 무렵 일본에서는 정부, 군부가 한 뜻으로 중국에 진출해야 한다고 외치고 있었어. 일본이 노린 곳이 바로 만주 지역이었어. 일본은 이미 만주에 어느 정도 진출해 있었지? 일본은 나아가 만주 전체를 장악하고, 중국 전역으로 세력을 넓히려 했어. 그 때문에 만주와 가까운 펑톈 군벌과 잘 지내려 했던 거야.

장쭤린 만주의 대표적인 군벌이었다. 일본과 협력했으나 오히려 일본의 음모로 폭사당했다.

당시 중국은 아주 혼란스러웠어. 국민당 정부는 전국을 장악하지 못하고 있었고, 군벌들이 곳곳에서 날뛰고 있었지. 특히 중국 북쪽에 군벌들이 많았어. 국민당 정부는 군벌 진압을 위해 북벌을 전개하고 있었지. 그 책임자가 장제스였어. 그는 일본과 충돌하지 않기를 바랐어. 오로지 군벌만 제거하면 된다고 생각했지.

장제스의 군대가 만주 입구까지 진출했어. 장쭤린과의 한판 대결이 예상되지? 그러나 이 대결은 이뤄지지 않았어. 일본이 장쭤린을 버리고 장제스를 선택했기 때문이야. 장제스는 일본과 충돌하지 않으려 했고, 우호적이기까지 했거든. 일본은 별 고민도 하지 않고 장쭤린 제거 작전을 짰어. 일본 군부는 장쭤린이 탄 열차를 폭파하기로 했어. 1928년 6월 4일, 장쭤린이 탄 열차가 펑톈 역에 막 도착할 무렵이었어. 갑자기 굉음과 함께 열차가 폭파했어. 물론 장쭤린은 그 자리에서 사망했지.

일본이 장쭤린을 제거한 까닭은 그가 호락호락하지 않았기 때문이야. 마침 장제스는 국민당을 장악하고 군벌을 제거해 전국을 통일하려는 야심을 가지고 있었어. 그런 장제스가 묵인해준다면 만주를 차지하는 것은 식은 죽 먹기지? 바로 이 점 때문에 일본은 장쭤린을 제거하고 장제스와 타협했던 거야. 그런데 일본에게 뜻밖의 방해자가 나타났단다. 바로 장쭤린의 아들인 장쉐량張學良이었지. 그는 아버지의 사망 소식을 듣자마자 펑톈으로 달려왔어. 일본의 음모로 아버지가 죽음을 맞았다는 사실을 알게 됐어. 장쉐량은 즉각 국민당 정

장쭤린 폭사 사건 1928년 6월 만주 군벌 장쭤린이 탄 열차가 펑톈 역에 도착할 무렵 폭발한 뒤 불에 타고 있다.

부에 합류했단다. 만주를 중국으로부터 떼어내 차지하려던 일본의 계획에 차질이 빚어졌지? 게다가 만주에서도 다른 지역에서처럼 항일운동이 거세게 일기 시작했단다.

이런 상황에서 1930년대가 시작됐어. 이미 살펴봤던 대로 세계 대공황의 여파로 일본 경제가 추락하기 시작했지. 일본은 탈출구가 필요했어. 일본 군부가 본격적으로 움직이

만주사변 만주 철도 폭파 사건을 빌미삼아 일본이 일으킨 전쟁이다. 일본군이 산시성의 셴양에 진입하고 있다.

기 시작했어. 물론 일본 정부의 허락은 구하지도 않았단다.

1931년 9월 18일 밤 10시 반쯤 펑텐 북쪽의 류탸오후柳條湖에서 만주 철도의 일부 구간이 폭파됐어. 누가 이 테러를 저질렀는지는 밝혀지지 않았어. 그런데도 일본 간토군은 즉각 "장쉐량 군대가 만주 철도를 폭파했다"며 중국에 대한 공격을 개시했단다. 그래, 류탸오후 사건은 전쟁을 일으키기 위해 일본 군부가 만들어 낸 자작극이었던 거야. 이렇게 해서 시작된 전쟁이 바로 만주사변이야. 중일 전쟁의 첫 신호탄이라고 볼 수 있지.

사전에 철저히 준비한 전쟁이었기에 일본군의 공격 속도는 놀라울 정도로 빨랐어. 순식간에 랴오둥, 지린 성을 점령했지. 이듬해 1월에는 장쉐량의 근거지인 진저우錦州를 차지했고, 2월에는 하얼빈까지 점령했어.

1932년 초 일본은 마침내 만주 전역을 정복하는 데 성공했어. 일본 군부는 처음에는 만주를 직접 지배하려 했었어. 그러나 상황이 그들 뜻대로 돌아가지 않았단

다. 일본 군부는 전략을 바꿔 1932년 3월 1일 만주국을 세웠어. 말이 독립국이지, 사실상 일본의 지배를 받는 허수아비 나라였지. 이런 나라를 괴뢰국이라고 한단다. 일본은 톈진에 망명 중이던 청나라의 마지막 황제 푸이를 허수아비 황제로 내세웠어.

중국의 국민당 정부는 일본이 만주를 점령하는 게 부당하다며 국제연맹에 제소했어. 국제연맹은 조사단을 파견했고, 조사 결과 중국의 항의가 타당하다고 결론 내렸어. 국제연맹은 일본에게 철수하라는 권고를 내렸어. 일본은 콧방귀를 뀌었단다. 오히려 1933년 3월 국제연맹을 탈퇴해버렸어. 끝장을 보자는 뜻이겠지?

중일 전쟁의 본격화

보통 제2차 세계대전은 독일이 폴란드를 침략한 1939년 9월 시작됐다는 게 정설로 받아들여지고 있어. 그 후 유럽의 여러 나라가 서로에게 선전포고를 한 뒤 본격적인 전쟁이 시작됐기 때문이지.

그러나 아시아에서는 제2차 세계대전의 시작 시점을 다르게 잡는 학자들이 많아. 독일이 폴란드를 침략했을 때보다 2년 이른 1937년 7월, 일본이 전격적으로 중국을 침략했기 때문이야. 학자들은 이 중일 전쟁을 시작으로 아시아가 전쟁의 소용돌이에 휩싸였으니, 이때 제2차 세계대전이 사실상 시작됐다고 해석하는 거지.

1931년 만주사변을 일으킨 일본 군부는 다음 전쟁을 준비했어. 일본 내각과 정치인들은 전쟁을 왜 말리지 못했느냐고? 그야 모든 권력을 이미 군부가 장악했기 때문이지. 웬만한 정치인들은 '찍' 소리도 하지 못하고 군부가 하라는 대로 할 수밖에 없었어. 군부를 비판하는 언론은 모두 폐간됐고, 공산주의자들은 자취도 없이 사라졌어. 그야말로 완벽한 파시즘 국가가 된 거야.

1935년 일본 군부는 중국의 화베이華北 지방을 차지하기 위해 움직이기 시작했어. 화베이 지방은 오늘날 중국의 수도인 베이징을 비롯해 허베이河北, 톈진, 산시山西, 네이멍구 자치구가 포함된 넓은 지역이란다. 경제 자원도 풍부해. 일본이 화베이 지방을 꼭 차지하려 한 이유를 알겠지?

중일 전쟁 1937년 루거우차오 사건을 빌미로 일본은 중국을 침략했다. 중국 군대가 행군하고 있는 모습이다.

일본은 이 무렵부터 파시즘 국가들인 독일, 이탈리아와 친하게 지내기 시작했어. 1936년 11월 , 우선 독일과 방공협정을 체결했고, 1년 후 이탈리아와도 협정을 맺었지. 이로써 세 나라는 추축국으로 한 배를 타게 됐어.

든든한 유럽 동맹국들도 생겨났겠다, 더 이상 망설일 게 뭐 있어? 일본은 바로 중국 본토를 공격하기로 했어. 그러나 전쟁을 하려고 해도 구실이 있어야 해. 아무런 명분이 없다면 괜히 다른 강대국들로부터 호된 비난을 당할 수 있잖아? 일본은 핑계 거리를 만들기로 했어.

1937년 7월 7일, 베이징 교외에 있는 루거우차오盧溝橋에서 일본과 중국 군인들 사이에 총격전이 발생했어. 아주 혼란스러웠던 때니 가벼운 총격전쯤이야 사소한 충돌로 볼 수도 있지. 사실 두 나라는 1931년 만주사변이 터지기 전부터 자주 총격전을 벌여왔단다. 그 때문에 중국 정부는 이 루거우차오 총격 사건에 큰 비중을 두지 않았어. 물론 일본이 어떤 속셈으로 총격전을 유발했는지 꿈에도 알지 못했지.

일본은 전쟁을 꿈꾸고 있었어. 중국과 전면전을 벌이기 위해 이 사건을 유발했

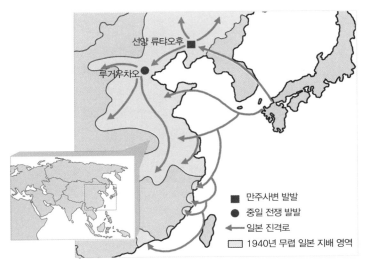

던 거지. 그래, 전쟁을 일
으키기 위한 핑계거리가
바로 이 사건이었단다.
일본 군부는 당초 계획
대로 일을 진행했어.

일본 군부는 중국군이
일본군을 납치해갔다며
즉각 군대를 진격시켰어.
물론 일본 정부의 허가
도 없었고, 그 때문에 당
연히 중국에 대한 선전

만주사변과 중일 전쟁 1931년의 만주사변과 1937년의 중일 전쟁을 시작으로, 일본은 아시아 지배 야욕을 본격적으로 드러냈다.

포고도 없었지. 청일 전쟁, 러일 전쟁에서 그랬듯이 이번에도 일본은 선전포고도
없이 비겁하게 전쟁을 일으켰어. 게다가 납치됐다는 일본군은 잠시 화장실에 갔
던 거였다고 해. 아무튼 이렇게 해서 중일 전쟁이 터졌단다. 이 전쟁은 일본이 제
2차 세계대전에서 패망하는 시점까지 계속됐어. 일본이 망하면서 자동적으로 전
쟁이 끝난 셈이지.

일본 군대는 순식간에 중국 동북부를 장악했어. 1개월 만인 8월에는 베이징
과 톈진, 11월에는 상하이가 일본의 수중에 떨어졌어. 바로 그다음 달인 1937년
12월, 일본군은 중국의 국민당 정부가 수도로 삼았던 난징까지 점령했어. 국민당
정부는 일본군이 밀려들어오기 전에 수도를 충칭 重慶으로 옮겼지.

정부야 수도를 다른 곳으로 옮기면 임시로나마 살아남을 수 있을 거야. 그러나
백성들까지 모두 이사할 수는 없겠지? 일본 군대가 난징을 점령할 때 중국군의 저

278

항이 꽤 컸나봐. 일본 군대는 홧김에 난징의 백성 30만 명을 한꺼번에 죽여버렸단다. 이 사건을 난징 대학살이라고 불러. 전쟁과 상관없는 민간인을, 그것도 한두 명이 아니라 수십만 명을 잔혹하게 학살하다니 이런 만행이 어디 있니?

일본은 그 후 한동안 기세등등

일본의 잔악한 학살 일본군이 난징 외곽 양자강에서 자행한 난징 대학살의 현장 사진이다. 일본군은 투항한 군인들부터 총을 쓸 법한 젊은 남자들 모두를 닥치는 대로 학살했다.

했어. 광둥에서 산시에 이르는 넓은 지역을 모두 정복할 정도였단다. 그러나 중국의 국민당 정부가 공산당과 제2차 국공합작을 맺어 저항하고, 연합국도 본격적으로 중국을 지원하기 시작한 후로는 더 이상 앞으로 나아가지 못했어. 1939년부터는 일본의 공격도 주춤해졌고, 전쟁이 언제 끝날지 모르는 상태가 돼버렸어.

중일 전쟁은 이렇게 늪에 빠지게 됐어. 그러나 1941년 태평양 전역에서 새로운 전쟁이 터졌어. 이 전쟁이 바로 태평양 전쟁이야. 일본은 이 전쟁을 계기로 중국뿐이 아닌, 미국을 포함한 연합국 전체와 싸워야 했단다.

태평양 전쟁과 일본의 패망

어떤 전쟁이든지 너무 오래 끌면 힘들 수밖에 없어. 중일 전쟁을 치르고 있던 일본이 바로 그랬어. 루거우차오 사건을 일으켰을 때나 난징을 점령했을 때만 해도 일본은 중국을 쉽게 정복할 수 있을 거라고 믿었지. 그러나 국공합작 군대와 중국 민중의 저항은 예상 외로 거셌어. 게다가 미국과 영국 등 강대국도 더욱 활발히 중국을 지원했지. 일본은 심각한 물자 부족에 시달리기 시작했어.

설상가상으로 미국마저 일본과의 무역을 중단하는 등 적대적으로 바뀌었어. 당시 미국 대통령은 프랭클린 루스벨트였는데, 그는 독일과 일본 등 파시즘 국가들을 아주 싫어했지. 루스벨트 대통령은 미국 의회를 설득해 일본을 배척하는 각종 법안을 만들도록 했단다.

미국은 일본에 대해 중국에서 당장 철수할 것을 요구했어. 이미 전쟁 놀음에 빠진 일본이 들을 리가 없지? 1939년 미국은 일본과의 통상조약을 전면 파기했어. 더 이상 일본과 무역을 하지 않겠다는 뜻이야. 당시 미국으로부터 석유와 강철을 수입하던 일본은 큰 타격을 받았어. 생각해봐. 석유와 강철이 없으면 무기를 만들 수가 없겠지?

일본은 또다시 돌파구가 필요했어. 이번에도 전쟁이었지. 일본은 그동안 중국과 전쟁을 벌였지? 이번에는 좀더 남쪽 지역을 노렸어. 바로 인도차이나 반도야.

태평양 전쟁 때의 일본 정복 지역 일본은 최대 전성기를 누린 1942년 무렵, 동남아시아까지 모두 정복했다.

이 무렵 인도차이나 반도는 프랑스의 식민지였단다. 일본이 인도차이나 반도를 침략한다는 것은 곧 프랑스와 전쟁을 벌이겠다는 뜻이 돼. 그러나 일본은 개의치 않았어. 든든한 지원군인 독일이 있었기 때문이야. 일본은 독일, 이탈리아와 이미 동맹을 맺은 상태였잖아? 독일의 히틀러 군대는 1940년 5월 프랑스를 정복했고, 프랑스에 독일의 괴뢰정부를 세웠단다. 이런 상황이었으니 프랑스가 인도차이나 반도에 신경 쓸 겨를이 없었겠지?

1941년 7월, 일본 군대는 프랑스령 인도차이나 반도로 진격했어. 일본의 예상대로 됐어. 독일과 싸우기도 벅찬 프랑스가 일본을 막을 수는 없었지. 프랑스는 인도차이나 반도에서 철수했어. 일본은 신이 났어. 이번에는 네덜란드령 동인도, 즉 현재의 인도네시아 지역까지 노렸어.

일본의 이런 행동들은 프랑스, 네덜란드뿐만 아니라 이 지역에 식민지를 갖고 있는 미국과 영국까지 위협하고 있었어. 일본은 망설였어. 이 가운데 미국만큼은 정말 두려운 상대였거든. 1941년 10월 육군 대신 출신의 도조 히데키가 수상이 됐어. 그는 미국이 함부로 건드릴 상대가 아니란 점을 잘 알고 있었지. 일본은 미국과 여러 차례 협상을 벌였단다. 그러나 미국은 일본이 중국과 인도차이나 반도, 만주에서 군대를 철수하기 전에는 아무런 대화도 하지 않겠다고 했어.

일본은 해결 방법이 없으면 항상 전쟁을 일으켰지? 이번에도 마찬가지였어. 일본은 하와이 진주만에 있는 미 해군기지를 공격하기로 했어. 물론 늘 그랬던 것처럼 이번에도 선전포고는 하지 않았지.

1941년 12월 7일 일본의 폭격기들이 진주만 공격을 개시했어. 이 기습 공격에 미국 태평양 함대가 큰 타격을 입었지. 무려 8척의 전함과 18척의 함선이 폭파됐단다. 항공기도 180여 대나 부서졌어. 목숨을 잃은 병사는 무려 2,300여 명이나 돼.

이 진주만 공격이 태평양 전쟁의 시작이란다. 동시에 미국도 본격적으로 제2차 세계대전에 참전하게 됐지. 일본은 이 전쟁을 대동아大東亞 전쟁이라고 불렀어. '대동아'는 동아시아와 동남아시아를 합친 지역을 말해. 이 지역의 여러 나라들은 서양 국가들의 지배를 받고 있었지? 일본은 서양 국가들의 식민 지배를 끝내려면 일

가미카제 1945년 5월 11일 일본의 오키나와 전투에서 가미카제 폭격으로 미국의 항공모함이 불타고 있다. 가미카제는 폭탄이 장착된 비행기를 몰고 자살 공격을 한 일본군 특공대다.

본을 중심으로 하나로 뭉쳐야 한다고 주장했어. 쉽게 말해 동아시아와 동남아시아에서부터 멀리 오스트레일리아와 뉴질랜드, 인도까지 일본이 정복하겠다는 얘기야. 허황된 꿈이지.

어쨌든 진주만 공격은 대성공이었어. 미국 해군이 거의 박살이 났으니 그럴 만도 하겠지? 그러나 미국은 곧 재기에 성공했어. 1942년 부터는 미국이 본격적으로 반격에 나섰지. 2월에는 마셜 군도에 대한 공습을 단행했고, 4월에는 도쿄 공습을 단행했어. 5월에는 오스트레일리아 북부의 산호해^{코랄해} 전투에서, 6월에는 미드웨이 해전에서 잇달아 미국이 대승을 거뒀어. 8월에는 미군이 과달카날 섬에 상륙해 격전 끝에 이듬해 2월 일본군을 몰아냈지.

1944년이 되자 일본의 패배가 거의 기정사실로 굳어지고 있었어. 그러나 일본의 저항도 만만찮았단다. 자살 공격으로 유명한 가미카제 특공대가 10월 무렵부터 나타났지. 가미카제 특공대는 "천황 만세"를 외치며 미국 함대에 폭격기 채로 뛰어들었어. 그렇지만 아무리 비장한 공격을 감행해도 이미 기울기 시작한 전세를 뒤집을 수는 없었어. 미군은 1945년 2월 도쿄 남쪽에 있는 이오^{硫黃} 섬에 상륙했어. 미군은 한 달 이내에 이오 섬의 일본군을 싹 쓸어냈지. 이윽고 4월에는 오키나와 섬까지 미군이 진출했어.

일본은 '옥쇄 작전'으로 맞섰어. 이 작전은 너도 죽고 나도 죽자는, 일종의 자살 전략이라고 할 수 있단다. 죽자고 달려드니 미군의 피해도 커졌겠지? 미국은 마침내 결단을 내렸어. 8월 6일 히로시마, 9일 나가사키에 원자 폭탄을 떨어뜨렸지. 결국 1945년 8월 15일 일본은 무조건 항복을 선언했어. 이로써 태평양 전쟁과 중일 전쟁, 그리고 제2차 세계대전이 끝이 났단다.

통박사의 역사 읽기

🔍미친 네로, 미친 일본

간토 대지진은 그로부터 약 2,000년 전에 있었던 로마 대화재와 너무 흡사해. 당시 로마의 네로 황제는 로마 시민의 불만을 딴 곳으로 돌리기 위해 기독교 신도들이 방화범이라고 선포했어. 기독교 신도들은 로마인들의 뭇매를 맞아 죽었고, 로마 병사들에게 살해 당했지.

일본도 국민의 불만을 다른 곳으로 돌려야 했어. 마침 간토 대지진이 일어났어. 일본 정부는 한국인과 사회주의자들이 지진을 틈타 불을 지르고 다닌다는 유언비어를 퍼뜨렸어. 일본인들은 닥치는 대로 한국인들을 죽였어. 무려 6,000여 명의 한국인이 목숨을 잃었지.

일본어 발음이 조금만 서툴러도 이유 없이 뭇매를 휘둘렀다는구나. 이 무렵 일본이 어느 정도로 미쳐 있는지 짐작이 가지? 이성은 그 어느 곳에서도 찾아볼 수 없었어.

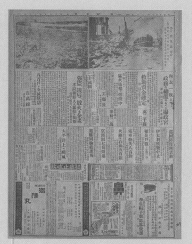

유언비어를 퍼뜨린 신문 '간토 대지진 당시 한국인들이 방화, 폭동을 조장하고 있다'는 거짓 기사를 전면에 보도한 〈매일신보〉의 1923년 9월 10일자 신문이다.

중국의 공산화 대장정

오늘날 중국의 정식 명칭은 중화인민공화국이야. 이 말에는 중국이 사회주의 국가라는 뜻이 담겨 있어. 중국이 사회주의 국가가 된 것은 제2차 세계대전이 끝난 후인 1949년이야. 그러나 사회주의 국가를 건설한 주역인 중국공산당은 1921년 만들어졌단다. 중국공산당이 만들어질 때는 당원이라고 해봐야 마오쩌둥毛澤東을 포함해 13명이 전부였단다. 아주 미미한 시작이었지. 이처럼 보잘것없던 공산당이 훗날 중국을 사회주의 국가로 만든 거야.

당시 중국의 민족 지도자 쑨원은 이념에 얽매이지 않았어. 같은 민족이기에 공산주의자든 민족주의자든 똘똘 뭉쳐 일본과 싸울 것이라고 생각했지. 그 때문에 쑨원은 국공합작을 제의했고, 중국공산당은 이를 계기로 세력을 키우기 시작했단다.

장제스와 중국공산당의 성장

1913년 7월 쑨원은 위안스카이에게 쫓겨 일본으로 망명을 떠나야 했어. 또다시 험난한 혁명가의 길을 걷기 시작했지. 이듬해에는 도쿄에서 중화혁명 당이란 혁명 단체를 만들기도 했어.

쑨원이 일본에서 동분서주하고 있던 1916년 위안스카이가 사망했어. 그때부터 중국은 군벌 시대로 접어들었다고 했지? 위안스카이의 뒤를 이어 중화민국을 장악한 인물도 돤치루이段祺瑞라는 군벌이었단다. 돤치루이는 당시 가장 강력한 군벌 중 한 명이었어.

1년 후인 1917년, 쑨원이 중국으로 돌아왔어. 쑨원은 즉각 광둥 성 광저우에 군벌과 연합한 정부를 세우고 대원수에 올랐어. 그러나 연합한 군벌들이 중화민국의 혁명에는 관심이 없다는 걸 곧 깨달았단다. 이듬해 쑨원은 대원수 자리를 내놓고 상하이로 떠났어. 정말 힘겨운 인생이지?

1919년 5·4운동이 일어났어. 쑨원은 민중의 자발적인 시위를 지켜보며 많은 생각을 했어. 혁명가들만으로는 나라를 개혁할 수 없다는 걸 깨달았지. 그는 중화혁명당을 일반 중국인들도 가까이 다가설 수 있는 기구로 개편하기로 했어. 곧 중화혁명당이 중국국민당으로 이름을 바꿨지. 어? 그전에도 국민당이 있지 않았느냐고? 맞아. 그러나 그 국민당은 위안스카이가 권력을 잡은 뒤 해체해버렸단다.

중국공산당이 만들어진 1921년, 쑨원이 마침내 광둥에서 다시 정부를 세웠어. 이 정부를 신新정부라고 부른단다. 쑨원은 대총통에 취임했어. 대총통을 벌써 몇 번째 하는 건지 모르겠지? 이번에도 오래가지 못했어. 1922년 6월 다시 반란이 일어나 상하이로 도피해야 했단다.

터키가 공식 출범한 1923년 초, 쑨원은 광저우로 돌아가 새로운 정부를 건설하는 작업을 추진했어. 그는 소련과 협력하기로 했어. 난립하는 군벌과 일본 제국주의를 몰아내려면 강력한 군사력이 필요하고, 그러기 위해서는 소비에트 군대를 배워야 한다고 생각한 거야. 그는 가장 믿는 부하인 장제스를 소련에 파견했어. 장제스는 그 후 중국으로 돌아와 광저우에 황푸^{黃埔} 군관학교를 세웠어. 그 자신이 이 학교의 초대 교장이 됐고, 군대를 장악했지.

덕분에 중국공산당도 활발히 움직이기 시작했어. 쑨원은 공산당원들이 중국국민당에 가입하는 것을 막지 않았단다. 소련의 코민테른은 중국공산당이 약하기 때문에 세력을 키우기 위해서는 먼저 쑨원의 중국국민당과 협력해야 한다는 지침을 내렸어. 쑨원도 공산당의 이런 지침을 몰랐던 것은 아니야. 그러나 힘을 키우려면 이념을 넘어야 한다고 생각했지. 이념은 다르지만 공산당원과 국민당원 모두가 같은 민족이기에 큰 문제가 될 게 없다는 믿음을 가졌던 거야.

1924년 1월 중국국민당 제1차 전국대표대회가 광저우에서 열렸어. 이 대회에서는 새로운 정부를 어떻게 구성할 것인가가 논의됐어. 더불어 공산주의자들과의 협력이 결정됐지. 이게 바로 제1차 국공합작이란다. 이 국공합작을 통해 공산주의자들은 합법적으로 세력을 키울 수 있는 좋은 기회를 잡았어. 공산당이 쑥쑥 자라났지. 어쨌든 군벌과 제국주의와 싸울 만반의 준비가 끝났어. 그렇지만 역사는 또다시 엉뚱한 곳으로 튀었단다.

이란 최후의 왕조인 팔레비 왕조가 출범한 해인 1925년 3월 쑨원이 세상을 떠났어. 그는 4개월 후 국민정부가 정식 출범하는 모습을 보지 못했어. 그나마 국민당 정부가 좌파

쑨원의 장례 행렬 쑨원은 국민 정부가 출범하는 모습을 보지 못하고 세상을 떠났다. 그의 사망 후 중국 정치는 혼란에 빠졌다.

와 우파로 갈려 권력 다툼을 하는 꼴은 보지 않았으
니 다행인 셈인가? 쑨원의 믿음직한 부하였던 장제
스가 쑨원의 후계자로 떠올랐어. 사실 장제스는 반공
주의자였어. 그는 공산당과 협력하는 게 내심 못마땅
했어. 그렇지만 스승인 쑨원이 살아 있을 때는 감히
국공합작을 깰 수 없었지. 국민당 우파의 지지를 얻
은 장제스는 곧 권력을 장악했어. 1926년에는 중국
국민당의 군대인 국민혁명군의 총사령관으로서 북
부 군벌을 제압하기도 했지.

장제스 쑨원의 뒤를 이어 국민
당 정부를 이끌었지만 일본보다
같은 민족인 공산주의자들과의 싸
움에 전념해 비판을 받았다.

　국민당의 좌파와 중국공산당은 장제스에 반대해 후베이 성의 우한에 따로 정부
를 만들었어. 장제스는 그런 좌파들을 용납할 수 없었지. 중국공산당을 눈엣가시
로 여기던 유럽 열강과 일본도 장제스를 지원했어. 1927년 4월 12일, 장제스는 상
하이에서 대대적인 공산당 소탕 작전을 벌였어. 이 4·12 사건을 계기로 장제스는
중국 전역에서 좌파 인사들을 제거하기 시작했어. 6일 후에는 난징에 국민당 정부
를 세웠지. 우한 정부는 5개월 만에 항복했단다.

　좌파와 공산주의자를 제거한 후 장제스는 군벌을 없애기 위한 북벌을 다시 시
작했어. 이때 펑톈의 장쭤린이 일본의 음모로 폭사당하고, 그의 아들 장쉐량이 국
민당 지지를 선언함으로써 북벌은 완료됐어. 그래, 장제스가 마침내 중국 전역을
통일한 거야.

　그러나 장제스는 국민의 신임을 받지 못하고 있었어. 그가 일본에 대한 저항을
거의 하지 않았기 때문이지. 장제스에겐 일본보다 공산당이 더 위협적이었나봐. 공
산당을 없애는 데 일본의 자금을 가져다 쓰기도 했지. 심지어 일본이 만주국을 세

왔을 때도 장제스는 고작 국제연맹에 이 문제를 해결해달라고 부탁했을 뿐이야. 반면 중국공산당은 즉각 항일투쟁을 선언했어. 사정이 이렇게 되면 장제스의 국민당 정부가 곤혹스럽겠지? 그러나 여전히 장제스는 귀를 닫고 있었어. 장제스의 시대는 이렇게 저물어가고 있었어.

마오쩌둥의 대장정, 중국 민중의 마음을 얻다

중국공산당은 1927년의 4·12 사건으로 큰 타격을 입었어. 공산당은 7월 13일, "더 이상 국공합작을 계속 진행할 수가 없다"고 선언했지. 장제스는 콧방귀를 뀌면서 공산주의자의 씨를 말리기 위한 진압 작전을 계속 벌였어.

궁지로 몰린 쥐는 고양이를 무는 법이야. 공산당도 죽기 살기로 저항했지. 마침내 중국공산당은 혁명을 일으키기로 했어. 여러 도시에서 무장봉기가 일어났어. 그러나 쥐는 고양이를 이길 수 없었단다. 모든 봉기가 실패한 거야. 장제스의 군대는 마지막 남은 공산주의자들까지 완전히 제거하려고 강하게 밀어붙였어. 중국공산당은 생존 자체가 위태로운 상황에 놓였지. 갈 데가 없는 공산당은 산으로 숨어 들어갔단다.

만주사변이 터지고 두 달 정도가 지난 1931년 11월 7일, 중국공산당은 장시江西성의 루이진瑞金 지역에 정부를 만들었어. 이 정부가 중국 최초의 공산 정부인 장시 소비에트란다. 정식 명칭은 중화소비에트공화국이야. 훗날 만들어지는 중화인민공화국과는 다른 나라지. 이 중화소비에트공화국의 주석이 바로 마오쩌둥이었단다.

이 소비에트 정부는 소련과 무관한 정부였어. 사실 그전까지 중국공산당은 소련의 지휘를 많이 받았단다. 쉽게 말해 소련에서 건너온 지도자들이 중국 공산혁명을 계획했던 거야. 도시에서 노동자 무장봉기를 일으켰던 것도 소련이 공산화했던 방식을 따른 셈이지. 그러나 이 장시 소비에트는 소련 공산당의 혁명 방식을 따르지 않고 농민들을 혁명의 주체로 끌어들였어. 아직도 농업 인구가 대부분인 중국에서는 농민들을 포섭해야 공산혁명을 일으킬 수 있다고 판단한 거지. 마오쩌둥의 군대에는 농민들이 속속 들어왔어. 이 마오쩌둥의 군대가 중국공농홍군中國工農紅軍, 즉 홍군이야.

장시 소비에트는 장시 성 일대를 해방구로 만들었어. 모든 땅을 몰수해 재분배했고, 그 결과 많은 농민들이 장시 소비에트를 지지했지. 국민당을 피해 많은 공산주의자들이 장시 소비에트로 몰려왔어. 힘없고 가난한 농민들도 소문을 듣고 소비에트를 찾아왔어. 장시 소비에트는 곧 인구 수백만 명의 나라로 성장했단다.

장제스가 가만히 있지 않았겠지? 장제스는 장시 소비에트를 제거하기 위해 군대를 보냈어. 그러나 어찌된 일인지 병력도 훨씬 많은 장제스의 군대가 얼마 되지 않는 홍군에게 맥없이 당하고 말았어. 치고 빠지는 식의 홍군 게릴라 전술을 이기지 못한 거야.

그러나 홍군이 항상 장제스의 대군을 이길 수는 없었어. 장제스는 무기와 군대를 보충해 장시 소비에트를 압박했어. 게다가 게릴라 전술을 고집해온 마오쩌둥이 권력투쟁에서 밀려나는 바람에 홍군의 전투 방식도 전면전으로 바뀌었지. 결국 홍군이 무너졌어. 1934년 11월 5일, 장시 소비에트의 수도인 루이진이 정부군에게 점령됐단다. 이로써 장시 소비에트는 4년

혁명가 마오쩌둥 1931년 장시 소비에트를 만들 당시 마오쩌둥의 모습이다. 마오쩌둥은 이 소비에트의 주석이었다.

만에 문을 닫고 말았지.

장시 소비에트가 무너지기 한 달 전인 1934년 10월, 마오쩌둥은 루이진을 빠져나갔어. 그는 새로운 소비에트를 세울 곳을 찾기 위해 중국 북서부 쪽으로 행군을 시작했어. 이렇게 해서 시작된 게 그 유명한 '대장정'이란다. 마오쩌둥 일행은 이때부터 2년간 무려 1만 2,000킬로미터를 행군했어. 18개의 산맥을 넘었지.

1936년 12월, 마오쩌둥 일행은 대장정을 마무리하고 산시 성 옌안延安에 도착했어. 대장정을 시작할 때만 해도 30만 명이었던 병력은 3만 명으로 줄어 있었지. 그러나 그 3만 명은 300만 명이 넘는 부대와도 능히 싸울 만큼 막강한 군대로 성장해 있었어. 대장정을 하면서 여러 지역에서 민중을 공산당의 편으로 끌어들인

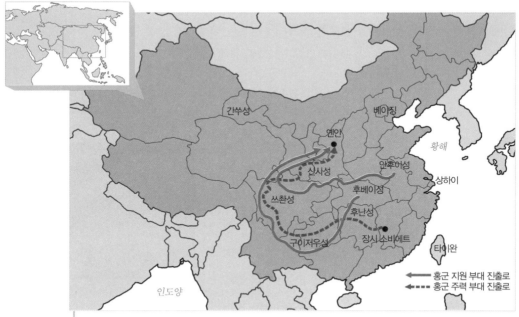

마오쩌둥의 대장정 마오쩌둥의 홍군은 2년간 1만 2,000킬로미터를 행군하며 중국 민중을 공산당의 편으로 끌어들였다.

것도 큰 성과였지. 이 과정에서 당 내부의 권력투쟁도 종지부를 찍었어. 마오쩌둥이 공산당 최고 지도자로 우뚝 선 거야.

만주사변을 일으킨 일본은 이 무렵 중일 전쟁을 준비하고 있었어. 중국 국민들은 이념에 관계없이 모두가 일본과 싸워야 한다고 생각했어. 그러나 장제스는 일본과 싸우기보다는 공산당 토벌에만 열을 올리고 있었단다. 마오쩌둥은 대장정 중에도 내전을 중지하고 일본과 함께 싸우자고 장제스에게 제의하기도 했어. 장제스는 콧방귀를 뀌었지. 그렇잖아도 장제스의 독재에 마음이 상해 있던 중국 민중의 마음은 갈수록 마오쩌둥으로 기울고 있었어.

그러건 말건 장제스는 또다시 대대적인 공산당 토벌을 계획하고 있었어. 그러나 이 계획은 실행에 옮기지 못했단다. 예기치 못한 사건이 발생했거든. 바로 시안 사건이야.

제2차 국공합작과 중국의 공산화

1936년 12월 12일이었어. 난징에 있던 장제스가 산시 성의 시안으로 장쉐량을 찾아왔어. 장제스는 공산군과 싸우고 있던 장쉐량을 격려하려고 시안으로 갔던 거야. 그런데 갑자기 장쉐량이 장제스를 체포했어. 전혀 예상하지 못했던 일이라 장제스는 별 저항도 하지 못했어.

장쉐량은 이때 국민당 군대의 부사령관이었고, 북동 지역 국민당 군대의 총사령관이었어. 그래, 장제스의 부하란 얘기야. 다시 말해 부하가 상사를 체포해 감옥에 가둔 사건이 발생한 거지. 이 사건을 '시안 사건'이라고 불러. 장쉐량이 왜 이런 짓을 저질렀을까?

장쉐량은 일본에 대한 적개심이 아주 컸단다. 왜 그런지는 이미 알지? 그의 아

버지인 장쭤린이 일본의 음모로 폭사했거든. 시안 사
건이 일어날 무렵에는 일본의 중국 침략이 더욱 노골
적으로 변해가고 있었어. 당연히 장쉐량은 일본과 싸
워야 한다고 생각했지. 그러나 장제스는 이때까지도
반일투쟁에 대해 아주 소극적이었단다. 장제스는 오
로지 공산주의자와의 싸움만 염두에 두고 있었어.

장쉐량은 공산군과 비밀협정을 맺었어. 당분간 서로
싸우지 말고 공동으로 항일투쟁을 벌이자는 내용이었
지. 이에 따라 장쉐량은 공산군과의 싸움을 중단했어.
이런 사실도 모르고 장제스는 장쉐량의 공산군 공격이 지지부진하다고 생각했지.
시안까지 직접 넘어온 것도 공산군 토벌에 힘을 더 쏟으라고 장쉐량을 격려하기
위해서였단다.

장쉐량이 감옥에 갇힌 장제스를 찾아갔어. 장쉐량은 장제스에게 항일투쟁에 나
서던지, 아니면 죽음을 선택하라고 했어. 장쉐량은 중국 민중이 국민당 정부가 항
일투쟁에 나설 것을 원하고 있다며 장제스를 설득했어. 장제스의 마음이 움직였
던 것일까? 아니면 생명의 위협에서 벗어나기 위한 궁여지책이었을까? 장제스는
공산군과 함께 일본과 싸우겠다고 약속했단다.

12월 25일 장제스는 난징으로 돌아왔어. 다행히 장쉐량과의 약속을 그대로 이
행했어. 이때 장제스와 협상을 벌인 인물은 저우언라이朱恩來였어. 장제스는 공산
당을 공식적으로 인정키로 했어. 이로써 또다시 국민당과 중국공산당이 공동 전
선을 맺었지. 이게 바로 제2차 국공합작이란다.

1937년 7월 7일 중일 전쟁이 시작됐어. 이미 살펴본 대로 일본은 순식간에 베

이징을 점령했어. 국민당 정부의 수도인 난징도 곧 일본의 수중에 떨어졌지. 장제스는 수도를 충칭으로 옮기고 일본과의 싸움을 계속했어. 중국 정부가 없는 난징을 일본은 맘껏 유린했고, 무려 30만 명의 민간인을 집단 학살했어. 이 사건이 난징 대학살이야. 이미 얘기했지?

처음에는 밀리기만 하던 중국이 곧 반격에 나섰어. 국공합작 군대는 일본군의 보급로를 차단하며 저항했어. 과거에 국민당 군대가 마오쩌둥 군대의 게릴라 전술에 크게 당했던 것을 기억하지? 바로 그 게릴라 전술 때문에 일본군은 큰 곤욕을 치렀단다.

엎치락뒤치락, 두 나라의 전투는 계속됐고, 전쟁은 곧 소강상태로 접어들었어. 외부와의 싸움이 뜸해졌지? 그러자 국민당과 공산당의 분열이 다시 시작됐어. 그들은 공동의 적 일본을 앞에 두고, 또다시 자신들의 세력을 키울 궁리만 했어. 결국 공산당과 국민당 사이에 내분이 터지고 말았어. 진주만 공격이 터진 해인 1941년 10월 양측은 전투를 시작했고, 이로써 제2차 국공합작도 깨지고 말았단다.

그 후 제2차 세계대전이 터지자 중국은 연합군으로 공식 참전했어. 이 무렵 세계의 여러 국가들은 장제스의 국민당 정부를 정식으로 인정하고 있었단다. 장제스가 이 전쟁에 참전함으로써 무엇을 얻으려고 했는지 짐작할 수 있겠지? 그래, 이참에 강대국으로부터 군사 원조를 받아 공산당 세력을 완전히 몰아낸 뒤 중국 전역을 지배하겠다는 게 장제스의 야심이었어.

그러나 최종 승리는 마오쩌둥이 거

마오쩌둥과 장제스 제2차 세계대전이 끝난 뒤 충칭에서 마오쩌둥(왼쪽)과 장제스가 중국 통일 방안에 대한 회담을 갖고 축배를 드는 모습이다.

중화인민공화국의 탄생 1949년 10월, 마오쩌둥이 중화인민공화국의 수립을 선포하고 있다. 소련에 이어 두 번째로 큰 공산주의 국가가 탄생했다.

머쥐었어. 장제스의 생각과 달리 제2차 세계대전이 끝날 때까지 공산당은 건재했어. 장제스는 반공을 국가 이념으로 삼고, 다시 한 번 공산당을 토벌하는 데 전력을 기울였지. 그러나 중국 민심은 이미 장제스를 떠나 있었어.

1947년부터 마오쩌둥의 군대가 세력을 키웠고, 1949년 1월에는 홍군에서 인민해방군으로 이름을 바꾼 공산 군대가 베이징을 점령했단다. 장제스는 타이완으로 도망갈 수밖에 없었어. 그해 10월 1일 마오쩌둥은 베이징에 중화인민공화국을 세웠단다. 이 나라가 오늘날의 중국이야. 장제스는 어떻게 됐느냐고? 타이완에 국민당 정부를 세우고 초대 총통이 됐어. 그는 끝까지 중국과 대립하다 1975년 세상을 떠났단다.

🔍 만주가 도대체 어디일까?

만주만큼 동아시아 3국의 역사에 공통적으로 나타나는 지역도 없을 거야. 고조선과 부여, 고구려, 발해 때까지만 해도 만주는 한반도에 포함돼 있었어. 그 후 요, 금, 청 왕조가 만주를 차지했고, 다음에는 일본이 괴뢰국인 만주국을 세우면서 실질적으로 장악했어.

만주란 지역명은 일본이 처음 사용했어. 중국은 청 왕조 때부터 동북 지역에 있는 3개의 성이란 뜻에서 동북 3성이라고 불렀단다. 중국어 표기에 따르면 이 동북 3성은 둥베이東北 지방이 된단다. 랴오닝遼寧, 지린, 헤이룽장을 가리키는 말이지.

물론 때로는 만주의 개념이 더 넓게 사용되기도 해. 오늘날 러시아 땅에 해당하는 우수리 강과 아무르 강 이남 지역을 만주에 넣는 거지. 이때의 만주는 외만주라고 부른단다.

만주의 위치 오늘날의 헤이룽장 성, 지린 성, 랴오닝 성 등 3성을 합친 동북 3성이 만주다.

아시아의 독립 물결

제1차 세계대전이 끝난 후 패전국의 식민지는 모두 독립했지? 서아시아의 많은 나라들, 그러니까 이라크와 시리아, 요르단과 같은 나라들이 그때 탄생했어. 오스만 제국이 패전국이기 때문에 영국과 프랑스가 나눠 위임통치를 한 거야. 제2차 세계대전이 끝난 후에는 승전국의 식민지도 독립을 쟁취했단다. 이 무렵 아시아에 민족주의 열풍이 불었기 때문이지. 영국과 프랑스 같은 승전국은 아시아 민족주의자들의 거센 저항 앞에 물러설 수밖에 없었어.

동아시아의 상황은 이미 살펴봤어. 서아시아는 제1차 세계대전 후 오늘날의 지도가 이미 만들어졌고, 중앙아시아는 1930년대 소련의 공화국으로 편입됐지? 따라서 여기서는 동남아시아와 남아시아의 상황을 살펴보도록 할게.

동남아시아 국가들의 독립

동남아시아의 독립 역사는 비슷한 점이 많아. 대부분 영국과 프랑스,

296

네덜란드의 식민지였다가 제2차 세계대전 때 일본에게 점령됐지. 일본이 패망하자 '옛 주인'들이 돌아와 식민 통치를 하려고 했어. 여전히 제국주의를 버리지 못한 거야. 당연히 아시아 민중의 저항은 거셌어.

말레이시아는 영국의 지배를 다시 받았어. 영국은 1948년 2월 말레이시아 전역을 묶어 말라야 연방을 출범시켰지. 그 후 말라야 연방은 영국으로부터 완전하게 독립하기 위한 협상을 끈질기게 벌였고, 결국 1957년 8월 마침내 완전한 독립을 쟁취했단다. 말라야 연방은 말레이시아인들이 주도하여 브루나이, 싱가포르 등을 포함하는 말레이시아 연방을 세우려고 했어. 브루나이는 연방 가입을 반대하며 무장봉기를 일으켰어. 할 수 없이 브루나이를 뺀 채로 말레이시아 연방이 1963년에 만들어졌어. 2년 뒤, 싱가포르가 연방에서 탈퇴해 독립을 선언했어.

사실 싱가포르는 말레이시아에서 추방을 당했단다. 싱가포르를 구성하고 있는 민족은 말레이시아 계열이 아니야. 말레이시아인들이 자기들끼리만 단결하겠다는 게 추방의 이유였어. 당시 많은 나라들이 싱가포르의 생존을 걱정했어. 땅덩어리도 작고, 기반 시설도 없으며, 자원도 부족했기 때문이지. 그러나 싱가포르는 세계가 놀랄 정도로 경제 성장을 이뤄냈단다.

인도네시아도 일본의 점령지였어. 일본이 항복을 선언한 직후인 1945년 8월 17일, 인도네시아의 민족 지도자 수카르노가 독립을 선언했지. 그러자 '옛 주인'인 네덜란드가 돌아와 독립파를 탄압했어. 우여곡절 끝에 독립파와 네덜란드는 타협했고, 1949년 인도네시아 연방 공화국이 출범했어. 네덜란드와도 연방 관계를 유지하기로 했지. 그러나 독립파는 그 후 네덜란드와의 관계를 모두 청산했고, 1956년, 마침내 완전한 독립국이 됐단다. 일본이 패망한 틈을 타 독립한 나라로는 또 필리핀이 있어. 필리핀은 1945년 독립했고, 이듬해 7월 독립 정부를 세웠지.

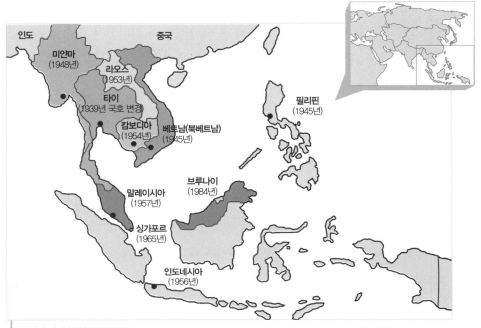

인도 중국

미얀마
(1948년)

라오스
(1953년)

타이
(1939년 국호 변경)

캄보디아
(1954년)

베트남(북베트남)
(1945년)

필리핀
(1945년)

브루나이
(1984년)

말레이시아
(1957년)

싱가포르
(1965년)

인도네시아
(1956년)

동남아시아 독립 유럽 국가들의 식민지였던 모든 국가들이 제2차 세계대전이 끝난 후 독립을 쟁취했다.

인도차이나 반도로 가볼까?

이 지역에서 유일하게 식민 통치를 받지 않은 타이는 1932년 입헌군주제를 도입했어. 7년 후인 1939년에는 국호를 시암에서 오늘날의 타이로 바꿨지.

미얀마도 일본의 점령지였어. 원래 영국의 식민지였던 미얀마는 1920년대에 민족주의 지도자 아웅산을 중심으로 반영투쟁을 본격적으로 전개했었어. 1940년대 초에 일본을 끌어들여 영국을 내쫓았지만 일본에게 점령을 당한 꼴이었어. 다시 항일투쟁이 시작됐지. 제2차 세계대전에서 패망한 일본이 물러가자 '옛 주인' 영국 군대가 다시 돌아왔어. 미얀마는 영국과 긴 협상 끝에 1948년 1월 4일 독립을 얻어냈어. 미얀마는 독립한 나라 이름을 버마 연방이라고 했단다.

영국과 네덜란드의 식민지였던 국가들은 비교적
수월하게 독립을 얻었어. 그러나 프랑스는 끝까지 식
민지를 되찾으려고 했어. 착취도 심했지. 베트남, 캄
보디아, 라오스가 그런 나라들이었어. 세 나라는 프랑
스와의 격렬한 투쟁 끝에 독립할 수 있었지.

프랑스는 1941년 캄보디아에 말을 잘 듣는 왕을
임명했어. 그 인물이 바로 노로돔 시아누크지. 그러나
시아누크는 프랑스로부터 독립하기 위해 투쟁에 나

노로돔 시아누크 프랑스에
의해 1941년 캄보디아의 왕이
되었으나 독립투쟁에 나섰다.

섰어. 캄보디아는 마침내 1954년 2월 입헌군주제 국가로 독립했어. 그 후 보수 세
력, 공산 세력, 우익 세력 등 여러 세력이 뒤엉켜 1970년대까지 내전이 거듭됐어.
각 세력이 정권을 잡을 때마다 나라 이름도 바뀌었지. 라오스도 1953년 10월 입
헌군주제 국가로 독립했어. 그러나 그 후 내전이 터졌고, 베트남이 공산화된 직후
공산 정권이 들어섰지.

캄보디아와 라오스의 역사는 베트남과 관계가 깊어. 베트남의 역사는 다음 장에
서 자세하게 살펴볼 거야. 다만 베트남에서도 일본이 패망한 후 프랑스 군대가 들
어왔고, 베트남 공산주의자들과 전투를 벌였다는 점은 기억해둬. 그게 바로 인도
차이나 전쟁이란다.

간디의 나라, 인도의 독립운동

이제 인도 상황을 들여다볼까? 인도뿐만 아니라 세계의 성인으로 추
앙받는 간디에 대해 살펴보도록 할게.

1930년 무렵 영국 정부가 소금에 터무니없이 높은 세금을 부과했어. 인도 민중

은 반발했지. 마침내 간디가 나섰어. 1930년 3월, 간디는 세금을 없애라며 아쉬람에서 단디까지 375킬로미터를 행진했어. 그의 시위 행렬에 참여하는 인도 민중이 급격하게 늘었어. 간디가 24일간의 행진을 마쳤을 때는 10만 명으로 불어나 있었지. 이 사건이 유명한 단디 행진이란다.

인도인들이 지치지 않고 반영투쟁을 하고 있는 와중에 제2차 세계대전이 터졌어. 영국은 인도의 참전을 요구했지. 간디는 단호하게 '반대'라고 선언했어. 영국 정부는 간디를 비롯해 인도국민회의의 지도자들을 모두 감옥에 넣어버렸어. 그러자 인도의 민중들이 들고 일어났어. 이때부터 몇 년간 인도는 그야말로 혼란, 그 자체였어. 인도인들은 영국인을 테러하기 시작했고, 그들이 머무는 공관을 불태웠어. 영국 정부는 학살을 서슴지 않았어.

제2차 세계대전이 끝날 무렵 인도국민회의는 다시 독립운동에 불을 지폈어. 결국 1947년 8월 15일, 영국 정부는 완전히 인도에서 손을 뗐고, 인도는 영국 연방에 속한 독립국으로 홀로 설 수 있었단다. 안타까운 점은, 바로 이때 이슬람교도를 믿는 사람들이 파키스탄으로 독립했다는 거야. 인도는 1950년, 파키스탄은 1956년 각각 새로운 헌법을 만들어 공화국으로 재탄생했어.

간디의 최후는 그리 행복하지 않았어. 앞에서 벵골 분할령에 대해 설명했지? 그전부터 힌두교도와 이슬람교도 사이에 갈등이 있었지만, 그 후로 갈등은 더욱 심해졌단다.

간디와 단디 행진 간디는 영국 정부의 소금세 폐지를 촉구하며 행진을 벌였다. 목적지에 도착한 간디가 바닥의 소금을 쥐고 있다.

간디는 오늘날까지도 '힌두의 신'으로 추앙받을 만큼 모든 인도인의 존경을 받았어. 간디는 종교에 관계없이 모든 인도인이 하나가 되기를 원했지. 바로 이 사상을 반대한 과격 힌두교도가 간디를 암살하고 말았던 거야. 인도가 독립을 쟁취하고 약 6개월이 지났을 때였지. 간디는 조국의 독립을 목격하고 세상을 떠났으니 그나마 다행인 것일까?

러일 전쟁이 한창이던 1904년 8월, 대한제국은 일본의 협박을 못 이기고 제1차 한일협약을 체결했어. 이 조약에 따라 미국인 더럼 화이트 스티븐스가 한국 정부의 외교 고문이 됐지. 그는 1882년 일본의 미국 공사관에서 근무하면서 일본과 인연을 맺은 뒤 친일파가 됐어.

더럼 화이트 스티븐스는 일본이 한국을 병합해야 한다고 주장하던 인물이었어. 문제는, 그가 외교 고문을 끝내고 미국으로 돌아간 후에도 그런 주장을 반복했다는 데 있었지. 1908년 3월, 그는 미국에서 귀국 기자회견을 가졌는데, "한국인들이 일본의 식민 통치를 찬성하고 있다"고 말했단다. 기가 막히지? 미국에 살던 한국인들은 크게 분노했어. 결국 재미 교포인 전명운과 장인환 열사에 의해 죽음을 맞았단다.

1905년 이토 히로부미가 고종 황제를 강요해 을사 조약을 체결했지? 이 조약에 따라 대한제국은 일본의 보호국으로 전락했어. 이듬해에는 서울에 통감부가 설치됐지. 고종은 을사 조약의 부당함을 세계에 알리기 위해 1907년 네덜란드 헤이그에서 열린 제2차 만국평화회의에 특사를 파견했어. 그러나 이준, 이상설, 이위종 등 고종의 특사는 회의에 참석하지도 못했어. 당시 일본과 동맹을 맺은 영국이 방해했기 때문이야. 이준 열사는 호텔에서 숨진 채 발견됐어. 울분을 참지 못하고 자결한 것으로 추정되고 있지. 특사 파견 사건으로 고종은 강제로 끌어내려졌어.

1908년 오스만 제국의 청년투르크당이 혁명에 성공했어. 청년투르크당은 미드하트 법을 부활시키는 등 강력한 개혁에 나섰어.

헤이그 특사들 고종의 명을 받아 헤이그 만국평화회의에서 을사 조약의 부당함을 폭로하려 한 특사들. 왼쪽부터 이준, 이상설, 이위종.

이듬해인 1909년 10월, 대한제국의 안중근 열사가 초대 통감 이토 히로부미를 암살했어.

안중근 열사는 현장에서 러시아 경찰에게 붙잡혔고, 곧 일본으로 넘겨졌어. 안중근 열사는 뤼순의 일본 감옥에 투옥됐어. 형식적인 재판이 이어졌고, 예상했던 대로 사형이 선고됐어. 1910년 3월 26일 안중근 열사는 형장의 이슬로 사라졌어. 그러나 재판을 받을 때나 감옥에서나 '대한국인'으로서 항상 당당했던 그의 모습은 오늘날까지도 귀감으로 남아 있지.

한국인의 영웅 안중근 열사는 한국을 식민지로 만든 원흉 이토 히로부미를 암살해 한국 민중의 기상을 세계에 알렸다.

반면 대표적인 매국노 이완용은 을사 조약에 이어 1907년에는 제3차 한일신협약을 체결했어. 이윽고 그것도 모자라 나라를 팔아넘겼어. 1910년 8월 29일, 일본은 대한제국을 병합했어. 조선 왕조는 순종을 끝으로 27명의 왕을 배출한 채 519년 만에 역사 속으로 사라졌단다.

이 무렵 중국도 급격하게 바뀌고 있었어. 1911년에는 신해혁명에 성공함으로써 중화민국 정부가 들어섰어. 이듬해인 1912년에는 청 왕조가 역사 속으로 사라졌지. 한반도는 조선 왕조가 무너지고 일본에게 병합됐지만, 중국은 왕조가 무너지는 대신 공화국이 들어선 셈이야.

일본의 한반도 식민 지배 기간을 일제강점기라고 부르는데, 보통 3단계로 구분한단다. 일반적으로 1910년대를 무단통치, 1920년대를 문화통치민족분열통치, 1930년대 이후를 민족말살통치 시대로 규정하지. 무단통치는 말 그대로 헌병과 경찰을 동원해 한국 민중을 억압한 식민 통치를 말해. 1919년의 3·1운동을 계기로 일본은 다소 느슨한 문화통치를 표방했지만 일본의 아시아 지배 야욕이 본격화한 1930년대 이후부터는 한국 민족성을 모두 말살하려고 했지.

무단통치 시대부터 살펴볼까? 일본은 1910년 10월 통감부를 폐지하고, 새로이 조선총독부를 설치했지. 총독부의 잔인한 식민 통치가 시작된 거야. 그러나 이 무단통치는 채 10년을 채우지 못했어. 바로 3·1운동 때문이었지.

제1차 세계대전이 터진 후 영국과 프랑스는 중동 문제를 놓고 국제 사기극을 시작했어. 1916년에는 사이크스·피코 비밀협정을 통해 오스만 제국을 나눠 갖기로 했고, 1917년에는 밸푸어 선언을 통해 유대인의 국가를 약속했지. 아랍인들은 사기극에 놀아났어. 이 사기극이 있고 2년이 지난 1919년 3월 1일, 한반도에서 3·1운동이 일어났어.

3·1운동의 힘은 막강했어. 일본은 한국 민중을 무조건 억누르면 안 된다는 사실을 깨달았어. 무단통치 때의 강압적인 분위기를 완화했지. 언론, 출판, 집회의 자유도 부분적으로 허용했고, 헌병 대신 경찰이 일선 치안을 담당하도록 했지. 조금 부드러워진 것 같지? 바로 이 점 때문에 1920년대 이후의 식민 지배 방식을 문화통치라고 부른다고 했지? 그러나 실제로 문화적인 통치를 한 것은 아니야.

1919년 8월, 제3대 조선총독에 사이토 마코토가 부임했어. 그는 한국의 전통문

항일독립운동 1919년의 3·1운동은 일본의 식민 통치에 반대하고 독립을 쟁취하기 위한 한국 민중의 투쟁이었다. 사진은 3·1운동 당시 만세를 외치며 행진하는 시위 군중의 모습이다.

화를 존중하고, 한국인과 일본인을 차별하지 않겠다고 약속했어. 이 약속에 따라 조선총독부에 한국인이 취직하기도 했고, 초등학교 교장에 한국인이 임명되기도 했어. 동아일보, 조선일보 등 한국어로 된 신문 발간이 허용됐지. 문화통치가 맞는 게 아니냐고? 내막을 들여다볼까? 경찰의 수가 늘었고, 한국인을 감시하는 기관도 늘었어. 교묘하게 독립운동을 탄압했다는 증거겠지?

언론도 마찬가지야. 한글 신문을 허가해주기는 했지만, 맘에 들지 않는 기사는 모두 삭제했고, 언론인들을 수시로 감옥에 집어넣었어. 한국 전통문화를 존중한다면서 일본어 교육을 더욱 강요했어. 어용학자들을 동원해 일본이 우월하다는 이른바 식민사관植民史觀을 주입하는 것도 잊지 않았지.

결국 문화통치의 본질은 한국 민중을 우민화愚民化하는 거였어. 일본은 경제적으로도 더 많은 것을 짜냈어. 대표적인 게 1920년부터 시작된 산미증식계획이지. 일본은 한반도의 농지 대부분을 일본인 지주가 소유하게 했고, 그곳에서 생산된 쌀을 모두 일본으로 가져갔어. 사정이 이러니 한국의 경제는 발전할 수가 없었지.

문화통치의 본질을 꿰뚫고 있는 한국 민중의 독립운동은 더욱 거세졌어. 그 가운데 청산리 전투는 빼놓을 수 없는 쾌거란다.

1920년 10월 21일, 김좌진 장군이 이끄는 북로군정서군과 홍범도 장군이 이끄는 대한독립군이 만주에서 일본군과 교전을 치렀어. 이 첫 전투를 시작으로 양측은

청산리 전투의 승리 1920년 10월 김좌진 장군이 이끈 북로군정서군이 청산리 전투에서 승리한 직후 찍은 기념사진이다.

일본의 6·10만세운동 진압 일본 경찰이 6·10만세운동을 벌이는 한국 민중을 진압하고 있다. 이 운동은 사전에 치밀하게 계획된 전민중적인 항일운동이었다.

10여 차례 전투를 벌였는데, 모두 독립군이 승리를 거뒀단다. 당시 독립군은 3,000여 명, 일본군은 5만 명이 넘었어. 그러나 10여 차례의 전투에서 독립군은 100명도 전사하지 않은 반면 일본군은 3,000명 이상이 목숨을 잃었단다. 청산리 전투는 무장 독립운동 사상 가장 큰 전과를 올린 청산리 전투란다.

1923년 오스만 제국이 해체되고 터키 공화국이 출범했어. 1년 후 중국에서는 제1차 국공합작이 이뤄졌지. 다시 1년이 지난 1925년에는 이란에서 팔레비 왕조가 출범했어. 모두 제 갈 길을 가고 있었지. 한반도에서도 격렬한 반일 투쟁이 잇달아 일어났단다. 이를테면 1926년의 6·10만세운동과 1929년의 광주학생운동이 대표적이지. 좌우 이념을 뛰어넘는 독립운동기관도 탄생했어. 바로 1927년에 만들어진 신간회新幹會야. 중국 상하이에는 대한민국임시정부가 세워졌단다.

1930년대로 접어들면서 동아시아 정세는 복잡해졌어. 일본은 더 이상 야욕을 숨기지 않았지. 1931년 만주사변이 터진 후 일본은 '문화'라는 단어를 더 이상 입에 올리지 않았어. 일본은 본격적으로 한반도를 중국과 전쟁을 치르기 위한 후방 기지로 만들기 시작했지. 이때부터 일본은 민족성을 말살하는 정책을 강요했단다.

우선 내선일체內鮮一體 사상을 강요했어. 조선과 일본이 하나의 몸이라는 뜻이지. 전국 마을마다 일본 신을 모시는 신사를 설치한 뒤 한국 민중에게 신사참배를 강요했어. 모든 한국인들은 "나는 일본 천황의 백성인 황국신민이다"라고 강제로 암송해야 했지. 아이들은 더 이상 한글 교육을 받을 수 없었고, 학교도 모두 일본식으로 바뀌었어.

8·15 해방 일본의 식민 통치에서 해방된 8월 15일, 서대문형무소에 투옥되었던 독립운동가들이 풀려나 해방을 환호하는 모습이다.

중일 전쟁이 터진 후 일본은 그야말로 발악을 하기 시작했어. 한글의 사용을 전면 금지했고, 창씨개명을 통해 이름도 일본식으로 고치도록 했지. 동아일보와 같은 민족 신문은 모두 폐간해버렸어. 국가총동원령을 만들어, 전쟁에 쓸 수 있는 모든 것을 빼앗아 갔어.

1941년 일본은 진주만을 폭격했어. 태평양 전쟁이 본격화했지. 전세는 곧 일본에게 불리하게 돌아갔어. 일본은 1942년부터 젊은 남자들을 모두 군대로 끌고 갔어. 심지어 중년의 남성까지도 탄광이나 공장으로 끌고 갔단다. 전쟁이 막바지에 이른 1944년 1월에는 대학생들을 학도병이라 부르며 전쟁터로 내몰았고, 8월에는 한국의 여성들을 전쟁터로 내보내 성노예로 만들었어. 1945년에는 냄비 하나까지 모두 징발해갔지.

1945년 8월 일본이 항복함에 따라 한국은 해방을 맞았어. 그러나 35년간 일본 지배를 받은 한반도는 너무 파괴돼 있었어. 그 후로도 한반도는 한동안 혼란의 역사를 겪는단다. 일본 제국주의의 식민 통치 후유증이라고 할 수 있겠지?

13장

냉전과 분쟁을 벗어나 번영의 시대로

(1950년경 ~ 2000년경)

제2차 세계대전이 끝났어. 인류는 더 이상 전쟁이 터지지 않기를 바랐지. 아직까지는 그런 희망이 어느 정도 유지되는 것 같아. 제3차 세계대전이 터지지 않고 있으니 말이야. 그러나 민족, 종교, 이념 간의 분쟁은 오히려 악화되고 있는 느낌이야. 과격 집단의 테러도 더 빈번해지고 있지.

세계대전이 끝난 이후의 현대 아시아 초기 역사를 지금부터 살펴볼 거야. 미국과 소련에 의해 시작된 냉전은 이념 분쟁의 대표적 사례로 볼 수 있어. 한반도와 베트남이 대표적인 냉전의 피해국이지.

반면 중동 지역에서 일어난 전쟁은 민족과 종교 분쟁의 대표적 사례야. 아랍 민족과 유대 민족, 이슬람교와 기독교의 전쟁이었지. 마치 십자군 전쟁 시대로 돌아간 느낌이야. 중동의 혼란은 오늘날까지도 계속되고 있어. 그 때문에 이번 장은 중동에서부터 시작할 거야.

이번 장에는 '통박사의 한반도 넓게 보기'가 따로 없어. 현대로 접어들면서 세계 역사와 떼어 놓고 한반도만을 살펴보는 게 무의미하기 때문이야. 자, 이제부터 아시아의 현대 역사를 살펴볼까?

중동, 화약고가 되다

오늘날 중동, 그러니까 서아시아 지역은 세계에서 가장 위험한 화약고가 됐어. 잇단 내란과 전쟁으로 민중의 삶은 피폐해졌어. 테러가 난무하기 때문에 마음 놓고 여행할 수도 없어.

과거 이 지역은 모두 오스만 제국의 영토였어. 그랬던 곳을 열강들이 멋대로 쪼개놓는 바람에 오늘날, 이 지경에 이른 거란다. 그렇기 때문에 중동이 화약고가 된 이유를 알려면 우선 20세기 초반 열강의 사기극부터 이해해야 할 거야. 그 사기극에 대해서는 이미 설명했지?

이런 상황에서 강대국들의 계획대로 유대인의 국가 이스라엘이 탄생했어. 이로써 중동 지역은 전쟁터로 변하게 됐어. 중동 전쟁의 한축이 아랍 민족이라면 또 한축은 바로 유대 민족의 이스라엘이야. 이 때문에 이스라엘의 역사부터 살펴보는 게 좋을 거야.

유대인의 시오니즘과 팔레스타인

19세기부터 유럽에서는 범게르만주의, 범슬라브주의와 같은 민족주의가 유행했어. 유럽에 살고 있는 유대인들도 그 영향을 받았어. 유대인들이 민족 국가를 세우기 위해 펼친 민족주의운동을 시오니즘이라고 해. 시오니즘은 약속된 땅인 시온으로 돌아가야 유대인에 대한 전 세계의 박해가 끝난다는 이념이지. 시온은 고대의 가나안, 즉 팔레스타인을 가리킨단다.

유대인들은 1887년 스위스 바젤에서 제1회 시오니스트 대회를 가졌어. 시오니즘은 이때부터 전 세계의 유대인에게 퍼져나갔지. 시오니즘을 철석같이 믿었던 유대인들은 시오니스트 대회가 열리기 전부터 이미 팔레스타인으로 이주했단다. 제1차 세계대전이 시작되는 1914년 무렵, 이미 9만여 명의 유대인이 팔레스타인에 살고 있었어.

사실 유대인의 역사도 비참한 편이라고 할 수 있어. 고대 로마 시대 때 예루살렘을 빼앗긴 후 유럽 전역으로 흩어졌지. 중세 시대 때는 전염병이나 대화재, 지진 같은 사건만 터지면 유대인을 범인으로 지목해 집중 박해했지. 근대 이후로도 유대인은 박해를 당해 왔어. 예수 그리스도를 죽였으면서도 선민사상을 품은 민족이라는 이유 때문이지. 그러니 그들이 '고향'으로 돌아가고 싶지 않겠어?

문제는, 열강들이 사기극을 벌였다는 데 있어. 밸푸어 선언을 기억하고 있지? 제1차 세계대전이 끝

이스라엘 건국 1948년 텔아비브에서 이스라엘 민족주의자들이 독립선언서에 서명하고 있다. 맨 왼쪽이 초대 이스라엘 총리를 지낸 다비드 벤구리온이다.

나자 많은 유대인들이 이 선언에 따라 팔레스타인으로 갔어. 그들은 그곳에서 자치 조직을 만들고 나라를 세울 준비를 했지. 맥마흔 선언에 따라 팔레스타인에 아랍 국가를 건설하겠다는 꿈을 품었던 아랍 민족은 당연히 반발했어. 1929년에는 아랍 민족들이 대대적인 시위를 벌이기도 했단다.

이스라엘 국기 이스라엘은 시오니스트들의 깃발을 국기로 채택했다. 중앙의 육각 별은 다윗의 방패를 상징한다.

아랍인들의 입장에서 보면 하늘에서 날벼락이 떨어진 기분일 거야. 아랍 민족이 팔레스타인에 정착한 것은 유대인이 떠나간 고대 로마 시대 이후야. 2,000년 가까이 팔레스타인을 고향으로 여기며 살고 있었으니 아랍인들도 "우리 땅이다!"라고 주장할 만하지?

영국은 고민에 빠졌어. 양쪽에 모두 독립국가 건설을 약속해놨으니 그럴 만도 하겠지. 그러거나 말거나 팔레스타인으로 이주하는 유대인은 점점 늘어났어. 특히 1930년대 이후 독일 나치의 박해가 심해지면서 이민자의 수는 폭증했어. 제2차 세계대전이 터지기 직전인 1939년 무렵, 팔레스타인의 유대인 수는 40만 명으로 늘어났단다.

아랍인들도 강하게 반발했어. 곳곳에서 폭동이 일어났고, 게릴라전도 벌어졌단다. 제2차 세계대전이 터지자 두 민족의 갈등은 잠시 줄어드는 듯했어. 그러나 전쟁이 끝날 무렵에는 다시 충돌했단다. 아랍인은 영국과 유대인에 반대했고, 유대인은 영국과 아랍에 반대했지.

결국 영국이 두 손을 들었어. 1945년 제2차 세계대전이 끝나고 국제연합[UN]이 탄생했어. 영국은 팔레스타인 문제를 국제연합에게 넘겼단다. 국제연합도 골치 꽤나 아팠지. 오죽하면 11개 나라의 대표들로 팔레스타인특별위원회까지 만들었겠니?

어쨌든 1947년 11월, 국제연합 팔레스타인특별위원회는 팔레스타인을 쪼개 두 민족의 나라를 각각 건설하는 분할 방안과 두 민족의 연방 국가를 만들자는 연방 방안을 내놓았어. 이 무렵 최고의 강대국으로 떠오른 미국은 분할 방안을 지지했어.

분할 방안에 따르면 기독교, 이슬람교, 유대교 모두의 성지인 예루살렘은 싸움을 방지하기 위해 국제연합이 관리하는 지역으로 남게 돼. 두 민족 모두에게 나라를 세우도록 허용하고, 예루살렘은 공동 관리하니 분할 방안이 합리적인 것 같지? 그러나 내면을 들여다보면 생각이 달라질 거야. 비옥한 지역을 대부분 유대인이 차지하고 아랍인들은 사막 지대만 얻게 되거든. 바로 이 점 때문에 아랍인들은 분할 방안에 반대했지만 유대인들은 분할 방안을 지지했어. 미국을 상대로 치열한 로비를 벌였고, 마침내 1947년 11월 29일 국제연합 총회에서 분할 방안이 통과됐단다. 유대인은 팔레스타인 땅의 70퍼센트 이상을 차지했어.

1948년 5월 14일 유대인들은 정식으로 나라를 세웠어. 이 나라가 바로 이스라엘이야. 유대인들은 민족의 꿈을 이뤘어. 그러나 중동의 대혼란은 이때부터 시작됐단다.

이스라엘의 건국과 중동 전쟁

이스라엘이 건국되기 몇 년 전부터 중동과 아프리카 일대의 아랍 민족이 단결하기 시작했어. 그들은 1945년 3월 국제기구를 만들기도 했어. 바로 아랍연맹이야. 아랍연맹의 목표는 아랍 민족의 독립과 권리를 지키는 거였어. 아랍연맹이 출범할 당시에는 이집트, 시리아, 레바논, 요르단, 이라크, 사우디아라비아, 예멘 등 7개국이 가입했어. 이집트가 전체 아랍 국가들의 대부 역할

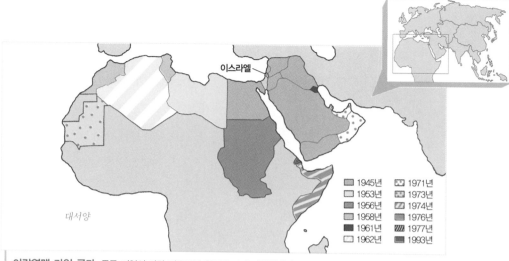

아랍연맹 가입 국가 중동 지역의 아랍 민족주의 확산에 따라 아랍연맹이 구성됐다. 아랍연맹은 1974년까지 이스라엘과 네 차례의 중동 전쟁을 치른 이후에도 계속 유지되고 있다.

을 했지. 본부도 이집트의 수도 카이로에 뒀단다.

아랍연맹은 아랍 민족주의를 표방했어. 당연히 이스라엘과는 사이가 좋지 않았겠지? 아랍연맹은 내부 갈등도 심했단다. 가령 1979년에는 이스라엘과 평화조약을 체결했다는 이유로 이집트가 회원 자격을 박탈당하기도 했지. 다행히 그 후 이집트가 다시 아랍연맹에 가입할 수 있었지만, 말도 많고 탈도 많은 기구인 것은 사실이야. 어쨌든 아랍연맹은 1993년까지 22개국이 가입했고, 현재도 유지되고 있단다.

이런 상황에서 이스라엘이 건국됐으니 결코 평화롭게 넘어가지는 않을 것 같지? 맞아. 예상한 대로야. 이스라

공격받는 예루살렘 제1차 중동 전쟁은 아랍 국가들의 공격으로 시작됐다. 이스라엘의 예루살렘이 공격받고 있는 장면이다.

이스라엘 군인들 제1차 중동 전쟁이 터지자 모든 이스라엘인들이 무기를 들었다. 사진은 전쟁이 터진 직후의 이스라엘 병사들.

엘이 건국되고 이틀이 지난 1948년 5월 16일, 이집트 전투기들이 이스라엘을 폭격했어. 이 폭격을 시작으로 이집트, 시리아, 레바논, 요르단, 이라크 등 5개국으로 구성된 아랍 연합군은 이스라엘로 진격했어. 그래, 전쟁이 터진 거야! 이 전쟁이 바로 제1차 중동 전쟁이지. 아랍·이스라엘 전쟁이라고도 부르고 팔레스타인 전쟁이라고도 부르지. 중동 전쟁은 총 4차에 걸쳐 치러진단다.

처음에는 선공을 한 아랍 연합군이 이기는 듯했어. 그러나 이스라엘 국민이 모두 전쟁에 투입돼 아랍 군대에게 강력하게 저항했어. 아랍 연합군의 공격이 주춤한 사이, 이스라엘은 미국과 영국으로부터 첨단 무기를 지원받아 군대를 재정비했어.

이스라엘의 반격이 개시됐어. 이스라엘은 아랍 연합군의 수장인 이집트의 수도 카이로를 폭격했어. 이윽고 요르단과 시리아에도 폭탄을 퍼부었지. 결국 아랍 연합군이 항복할 수밖에 없었어. 1949년 2월, 휴전협정이 체결됐어. 그래, 이스라엘이 승리한 거야. 이스라엘은 이 전쟁을 '이스라엘 독립 전쟁'이라고 부른단다.

이스라엘은 전 세계에 독립국 이스라엘의 위용을 과시했어. 전체 팔레스타인의 80퍼센트를 이스라엘의 영토로 만들었지. 완벽한 이스라엘의 승리인 셈이야. 반면 아랍인들의 비극은 더 심해졌어. 팔레스타인에서 쫓겨난 아랍인들은 난민이 돼 떠돌아다녀야 했지. 이때부터 발생한 팔레스타인 난민은 100만 명을 넘는단다.

3년이 지난 1952년 7월, 이집트에서 혁명이 일어나 왕정이 무너지고 공화국이

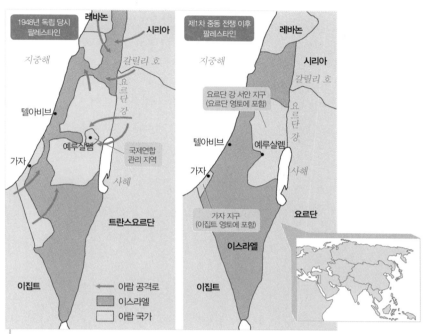

제1차 중동 전쟁과 영토 변화 이스라엘은 전쟁 초기에 고전했지만 곧 아랍 연합군을 물리쳤고, 영토도 넓혔다.

탄생했어. 4년 후, 혁명의 주역 가말 압델 나세르가 초대 대통령이 되었어. 미국과 영국은 가말 압델 나세르가 소련과 가깝게 지낸다는 이유로 경제 원조를 하지 않았어. 그러자 가말 압델 나세르는 영국과 프랑스가 장악하고 있던 수에즈 운하를 국유화하는 전략으로 맞섰지. 그는 나아가 이스라엘로 향하는 배들이 수에즈 운하를 이용하지 못하게 했고, 티란 해협도 봉쇄했어.

영국과 프랑스, 이스라엘의 속이 탔겠지? 세 나라는 비밀리에 모여 함께 이집트를 치기로 했어. 1956년 10월 29일, 먼저 이스라엘이 이집트의 시나이 반도를 침략했어. 2일 후에는 영국과 프랑스가 전쟁을 조정하겠다는 핑계를 대며 전쟁에 뛰어들었어. 두 나라의 폭격기가 수에즈 운하에 마구 폭탄을 퍼부었지.

이집트가 세 나라를 상대로 이길 수는 없었어. 다행히 미국이 나섰어. 미국은 영국과 프랑스가 침략 행위를 했다며 비난했어. 자칫 제3차 세계대전으로 이어질 수도 있다는 걱정 때문에 소련도 미국의 입장을 지지했어. 두 강대국이 국제연합을 움직였어. 국제연합은 긴급 특별총회를 갖고 영국, 프랑스, 이스라엘 군대가 이집트에서 철수하라는 결의문을 채택했단다.

영국과 프랑스는 머쓱해 하며 군대를 철수시켰어. 이스라엘 군대는 이듬해 3월에 철수했지. 이 전쟁이 제2차 중동 전쟁이야. '수에즈 전쟁'이라고도 부르고, '시나이 전쟁'이라고도 부르지. 아랍인들은 '삼국 침략'이라고 부른다는구나.

아랍 민족주의의 확산과 제3차 중동 전쟁

제3차 중동 전쟁은 1967년 6월 5일 시작됐어. 단 6일 만에 이집트, 시리아, 요르단 등 세 아랍 국가들이 참패했기 때문에 '6일 전쟁'이라고도 부르지. 이 전쟁을 이해하려면 당시 중동의 상황을 먼저 알고 있어야 할 거야.

제2차 중동 전쟁이 끝난 이후, 1958년 2월 시리아와 이집트가 아랍연합공화국으로 합치기로 했어. 나라 이름에서 알 수 있듯이 아랍 민족주의를 표방한 국가야. 사실 이 무렵 중동에는 그 어느 때보다 아랍 민족주의가 확산되고 있었어. 중동 전쟁의 영향 때문이겠지.

영국의 지원을 받는 하심 가문의 이라크에서도 아랍 민족주의가 득세하기 시작했어. 아랍연합공화국이 탄생하던 바로 그해 7월, 아랍 민족주의자들이 쿠데타를 일으켰어. 이게 이라크혁명이야. 그러나 새로운 민족주의 정부의 앞길은 순탄하지 않았어. 아랍 민족의 큰형님 위치가 흔들릴까봐 이집트는 교묘하게 이라크를 억

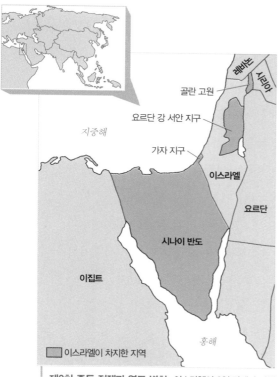

골란 고원

레바논

시리아

요르단 강 서안 지구

지중해

가자 지구

이스라엘

요르단

시나이 반도

이집트

홍해

■ 이스라엘이 차지한 지역

제3차 중동 전쟁과 영토 변화 이스라엘이 6일 만에 승리했으며 가자 지구, 골란 고원, 요르단 강 서안 지구를 빼앗았다.

압했고, 쿠르드인은 이라크로부터 독립하겠다며 반란을 일으켰지. 1961년에는 쿠웨이트마저 독립을 선언했어. 이라크는 쿠웨이트의 독립을 막을 수 없었단다.

나약한 정권을 심판하자며 쿠데타가 또 일어났어. 1963년 바트당아랍부흥사회당이 정권을 잡았지. 바트당은 1943년 시리아에서 처음 만들어진 뒤 중동 여러 국가로 퍼진 정당이야. 공교롭게도 시리아에서도 같은 해 바트당이 정권을 잡았단다. 시리아는 오늘날까지도 바트당이 정권을 잡고 있

지만 이라크의 바트당은 2003년 이라크 전쟁으로 무너졌어.

어쨌든 이라크와 시리아는 아랍 민족주의를 표방했어. 다른 나라들은 어떨까?

이라크와 더불어 하심 가문이 통치하는 요르단도 바뀌고 있었어. 요르단은 제1차 중동 전쟁에서 아랍 연합군의 일원으로 싸웠지? 게다가 전쟁 과정에서 같은 아랍 민족인 팔레스타인 난민들이 대거 요르단으로 도피했단다. 이런 역사를 밟으면서 요르단은 정치 노선을 아랍 민족주의로 바꿨어. 팔레스타인 아랍인들의 대표적인 저항기구인 팔레스타인해방기구PLO도 바로 이 요르단에서 1964년 만들어졌단다.

분노한 이집트 국민들 제3차 중동 전쟁이 터지자 이집트 국민들이 대거 시위를 벌여 결사 항전을 선언하고 있다.

레바논도 정치 노선이 복잡한 나라 가운데 하나야. 레바논은 원래 시리아의 영토였지만 1944년 독립을 얻었지. 문제는, 아랍 민족주의자와 친서방파가 대립하고 있었다는 거야. 어쨌든 레바논도 제1차 중동 전쟁에 아랍 연합군으로 참전했고, 그 후 팔레스타인 난민들이 많이 정착한 지역이란다.

정리하자면, 중동의 대부분 지역에서 아랍 민족주의가 힘을 얻고 있었어. 그러나 두 차례의 전쟁에서 아랍인들은 참패를 했지. 그렇다면 전면전으로는 승리를 확신할 수 없겠지? 아랍인들은 새로운 전술이 필요했어. 그게 바로 게릴라 전술이야. 팔레스타인해방기구가 결성된 1964년 무렵, 아랍 게릴라들이 시리아, 요르단 등 대표적인 아랍 민족주의 국가에서 본격적으로 활동하기 시작했단다.

특히 시리아는 아랍 게릴라들의 본거지가 됐어. 이 때문에 이스라엘은 항상 시리아를 감시해야만 했지. 결국 1967년 4월, 이스라엘이 군대를 이끌고 시리아를 공격했어. 이때까지만 해도 전면전이 터지지는 않았어.

또다시 이집트가 개입했어. 아랍 세계의 영원한 큰형님으로 남고 싶은 이집트의 가말 압둘 나세르 대통령이 시나이 반도에 병력을 집결시켰어. 이스라엘과의 긴장이 고조되기 시작했지. 결국 전쟁이 터졌어.

6월 5일, 이스라엘 전투기들이 이집트 군기지를 집중 폭격하기 시작했어. 단 3시간 만에 이집트의 공군기지는 완전히 파괴돼버렸어. 이때 파괴된 전투기만

300여 대에 육박했단다. 이스라엘은 내친 김에 6일 요르단과 시리아의 군기지도 폭격했어. 400여 대의 전투기가 파괴됐지. 기습 공격이었기 때문에 세 나라는 속수무책으로 당하고 말았어.

6월 8일 이스라엘 육군이 2차 공격에 나섰어. 이스라엘은 이집트의 시나이 반도를 점령하고, 요르단의 요르단 강 서안 지역, 시리아의 골란 고원을 공격했어. 세 아랍 국가는 반격할 군대도, 여유도 없었어. 국제연합이 즉시 전쟁을 중단할 것을 결의하자 세 아랍 국가와 이스라엘은 받아들였단다. 전쟁이 시작된 시점부터 전쟁이 끝날 때까지 단 6일밖에 걸리지 않았지.

제3차 중동 전쟁의 결과 이스라엘의 영토가 훨씬 넓어졌어. 이스라엘은 새로 얻은 땅에 대대적으로 유대인을 이주시켰단다.

제4차 중동 전쟁과 석유파동

1973년 10월 6일, 또다시 중동 전쟁이 터졌어. 그래, 제4차 중동 전쟁이야. 이 전쟁은 '석유 전쟁'으로 불리기도 한단다.

제4차 중동 전쟁은 이집트와 시리아가 연합해 이스라엘을 기습 공격하면서 시작됐어. 소련으로부터 로켓과 미사일을 지원받은 이집트는 전투에서 큰 승리를 거뒀어. 그러나 소련의 개입에 긴장한 미국이 이스라엘을 적극 지원하면서 상황이 달라졌어. 이스라엘은 시리아의 골란 고원을 집중 공격했고, 시리아가 대패했어. 승부는 원점으로 돌아갔어. 전쟁이 길어지기 시작했지.

또다시 국제연합이 나섰어. 1974년 1월, 정전협정이 체결됐고 국제연합군이 파견됐어. 그래, 제4차 중동 전쟁이 끝난 거야. 아니, 어쩌면 전쟁은 지금부터 시작이라고 할 수 있어. 석유를 놓고 아랍 세계가 서방 세계와 싸우기 시작했거든. 무슨

제4차 중동 전쟁 이집트의 선공으로 제4차 중동 전쟁이 시작됐다. 이집트 부대가 임시 다리를 만들어 수에즈 운하를 건너고 있다.

소리냐고?

제3차 중동 전쟁에서 이스라엘이 수월하게 아랍 국가들을 격파할 수 있었던 것은 무엇보다 미국과 영국, 독일의 지원이 있었기 때문이야. 당시 석유를 생산하는 아랍국들은 이들 서방 국가에 대한 석유 수출을 금지했어. 강력한 항의 표시였지만 이란과 같은, 비非아랍국들이 석유를 수출하는 바람에 별 힘을 못 쓰고 끝나버렸지.

1968년 1월, 아랍 산유국들은 비장한 각오로 아랍석유수출국기구, 즉 오아펙OAPEC을 만들었어. 그전부터 있던 석유수출국기구OPEC보다 아랍 민족주의 성격이 훨씬 강한 국제기구라 할 수 있지. 바로 이 오아펙이 제4차 중동 전쟁이 터지자 전면에 나섰어. 이 때문에 제4차 중동 전쟁을 석유 전쟁이라 부르는 거란다.

10월 16일, 오아펙에 소속된 6개의 아랍 산유국이 원유 값을 17퍼센트 올린다고 발표했어. 원유 값만 올린 게 아니야. 아랍 산유국들은 이 조치만으로는 서방 세계가 위기감을 느끼지 않을 거라고 생각했나봐. 바로 다음날 또 한 번의 폭탄선언이 이어졌어. 이스라엘이 아랍 점령 지역에서 철수할 때까지 매달 5퍼센트씩 원유 생산을 줄이겠다는 거야.

전 세계에 비상이 걸렸어. 이미 중동에서 나온 석유를 가장 중요한 에너지원으로 사용하고 있는데, 공급량은 줄이고 가격은 올리겠다니 비상이 걸리지 않겠어? 많은 나라들이 빨리 전쟁이 끝나 아랍 산유국들이 예전으로 돌아가기를 바랐어.

이듬해 제4차 중동 전쟁이 끝났지? 아랍 산유국들도 예전으로 돌아갔을까? 아니야. 오아펙의 석유 전쟁은 끝나지 않았어. 1974년 1월 1일, 오아펙은 원유 가격을 다시 높여버렸단다. 불과 몇 달 사이에 원유 값은 종전보다 70퍼센트나 올랐어! 전 세계 경제는 크게 후퇴했지. 석유가 없으니 제품을 많이 만들 수도 없고, 물가는 하늘 높은 줄 모르고 치솟았어. 불황과 인플레이션으로 세계 경제는 큰 위기에 빠졌단다. 이 사건을 제1차 석유파동_{오일쇼크}이라고 해.

전 세계가 공황 상태로 빠져들자 아랍 국가들도 자신의 힘에 놀랐어. 그들은 석유가 그렇게 강력한 무기였다는 사실을 몰랐던 거야. 이제 그 위력을 실감했어. 바로 이때부터 중동 지역의 석유에 대해 미국, 영국, 프랑스, 소련 등이 개입할 여지가 줄어들기 시작했단다. 석유 주권을 아랍 국가들이 되찾은 거지.

그로부터 4년이 지난 1978년 12월, 이란이 원유 수출을 중단하는 사건이 발생했어. 국제 원유 가격은 다시 폭등했고, 또다시 세계 경제가 휘청거렸지. 이 사건을 '제2차 석유파동'이라고 불러. 아랍 국가들과 이스라엘 사이의 갈등 때문에 발생한 사건은 아니지만, 그 결과 세계 경제가 큰 혼란 속에 빠졌으니 이번에도 '파동'이란 이름이 붙은 거란다.

　자, 어쨌든 네 차례에 걸친 중동 전쟁은 끝이 났어. 그러나 평화는 아직도 멀리 있었지. 중동 전쟁 이후의 중동 역사에 대해서는 조금 있다가 살펴볼게.

통박사의 역사 읽기

🔍 팔레스타인해방기구

　제3차 중동 전쟁에서 아랍 진영이 패하자 팔레스타인의 아랍인들은 절망했어. 세 차례의 전쟁에서 참패를 당하자 팔레스타인 아랍인들은 스스로 문제를 해결하기로 했어. 그렇게 해서 1964년 팔레스타인 아랍인들이 결성한 기구가 팔레스타인해방기구라고 했지?

아라파트　팔레스타인 해방기구 의장으로 아랍 민족과 유대 민족의 공존을 모색했다.

　팔레스타인해방기구는 제4차 중동 전쟁이 끝난 1974년, 국제사회로부터 팔레스타인을 대표하는 기관으로 인정받았어. 바로 그해, 팔레스타인해방기구 의장인 야세르 아라파트가 유엔 총회에서 팔레스타인 국가의 건설을 선언했단다. 야세르 아라파트는 그 후, 온건 노선을 걸으면서 이스라엘과의 공존을 모색했어. 그 결과 1996년에는 팔레스타인에 마침내 팔레스타인 자치정부를 세울 수 있었지. 물론 아직도 그곳은 무척 혼란스러워. 그래도 서로가 공존하는 날이 언젠가는 오겠지?

냉전 시대의 아시아

 이스라엘이 건국되고 제1차 중동 전쟁이 터진 해인 1948년 3월, 미국 의회는 마셜 플랜 _{유럽부흥계획}을 통과시켰어. 유럽 국가들이 제2차 세계대전의 피해를 복구하도록 120억 달러를 지원하겠다는 게 마셜 플랜이야. 이 사건을 시작으로 미국을 중심으로 한 자유주의 진영, 소련을 중심으로 한 사회주의 진영이 본격적으로 대립하기 시작했지. 바로 냉전이 시작된 거야.

 냉전은 전 세계를 꽁꽁 얼어붙게 했어. 유럽에서는 독일이 냉전의 피해자가 됐고, 중남부 아메리카에서는 쿠바가 냉전의 틈바구니에 끼어 핵 전쟁 지대가 될 뻔했지. 그러나 가장 피해가 컸던 대륙은 아시아야. 한반도 전역이 전쟁으로 황폐화됐고, 베트남은 서방 세계뿐만 아니라 같은 공산주의 진영인 중국과도 전쟁을 치러야 했지. 중국은 소련과 치열하게 대립했어. 일본은 냉전을 이용해 경제 대국으로 성장했어. 냉전 시대, 아시아의 풍경을 짚어볼까?

6 · 25 전쟁과 일본의 발전

1950년 6월 25일 새벽 4시, 북한 군대가 선전포고도 없이 탱크를 이끌고 군사분계선인 38도선을 넘어 남침을 시작했어. 한반도에 전쟁이 터진 거야. 이 6·25 전쟁은 냉전이 실제 전쟁으로 폭발한 첫 사례였단다. 소련과 중국은 북한을 도왔고, 국제연합과 자유주의 진영 국가들은 남한을 도왔지.

사실 이 전쟁은 일찌감치 예견돼 있었어. 일본의 패망 이후 북위 38도선을 경계로 북에는 소련군, 남에는 미군이 주둔했어. 두 나라 군대가 한반도에 머문 까닭은 일본 군대를 무장해제 시키고, 남북 총선거를 통해 통일 정부를 세우는 것을 돕기 위해서였어. 그러나 소련은 북한을 지배하고, 나아가 남한까지 집어삼키려고 했지. 소련은 즉각 남과 북의 왕래와 통신을 모두 끊어버렸어!

이스라엘이 건국된 해인 1948년 5월 10일, 남한에서만 총선거가 실시됐어. 3개월 후인 8월 15일에 남한의 독자적인 정부인 대한민국이 건설됐어. 이에 맞서 북한에서는 9월 9일, 조선민주주의인민공화국이 세워졌지. 그래, 남북이 확실하게 분단된 거야. 당시 국제연합은 남한의 대한민국만을 한반도의 유일한 정부로 인정했단다.

그 후 북한의 김일성 정권은 전쟁 준비에 돌입했어. 소련이 무기는 물론 군사 고문까지 파견해 전쟁 준비를 도왔지. 소련은 1949년 중국이 공산화하자 즉각 동맹을 맺어 한반도에서의 전쟁 준비에 끌어들였어.

반면 남한에서는 1949년에는 미군이 철수했고, 1950년 1월에는 미국이 군사적으로 한반도를 보호하지 않겠다는 선언까지 했단다. 미국 국무장관 애치슨이 공석에서 "미국의 태평양 방위선에서 한반도와 타이완을 제외한다!"고 선언한 거야. 이 애치슨 선언은 한반도에서 전쟁이 터져도 책임지지 않겠다는 뜻이나 다름

없었어.

이런 상태에서 한반도에 전쟁이 터졌던 거야. 그다음은 이미 잘 알고 있을 거야. 남한의 군사력은 터무니없이 약했고, 남한 정부는 대전으로 급히 피난을 떠나야 했지. 남한 정부는 많은 서울 시민들이 피난을 떠나지

한강철교 폭파 이승만 정부가 대전으로 피난하며 한강 철교를 폭파하는 장면이다. 서울 시민들이 미처 피난을 떠나지 못했는데도 다리를 폭파해버렸다.

못했는데도, 북한군이 따라올까봐 한강 다리를 폭파해버렸어. 자기 목숨 하나 챙기기에 급급한 정부라는 욕을 먹어도 할 말이 없겠지?

북한군은 3일 만에 서울을 점령했어. 그 후로도 북한군의 공세는 계속됐고, 7월 무렵에는 남한 정부가 대구까지 밀려났지. 미국이 국제연합을 움직여 남한을 돕기로 의결하고 16개국에서 군대를 파견했어. 남한 군대와 국제연합군은 낙동강을 되찾고 다시 북쪽으로 진격했고, 미국의 더글러스 맥아더 장군이 이끄는 연합군은 9월 15일 인천 상륙 작전에 성공했지.

연합군은 9월 28일 서울을 되찾았고 10월 압록강, 11월 두만강으로 진격했어. 중국의 코앞까지 전선이 확대되자 중국이 참전했어. 이듬해 1월 4일, 반격에 나선 중국과 북한 연합군이 서울을 다시 점령했단다. 그 후 전쟁은 장기전으로 돌입했어. 전쟁을 끝내기 위한 협상이 7월부터 시작됐지만, 이 협상도 장기전이 됐지. 1953년 7월 27일에 가서야 마침내 휴전협정이 체결됐어.

전쟁은 끝났지만 상처는 아주 컸어. 한반도는 완전히 폐허가 돼버렸고, 공장이나 도로와 같은 기반 시설은 절반 정도가 파괴됐단다. 무려 200만 명이 이 전쟁에

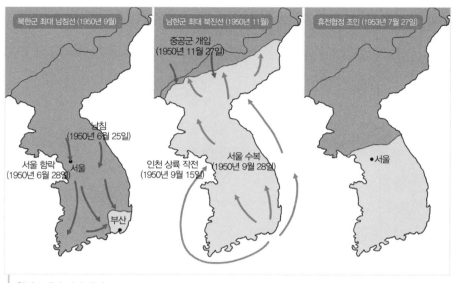

| 북한군 최대 남침선 (1950년 9월) | 남한군 최대 북진선 (1950년 11월) | 휴전협정 조인 (1953년 7월 27일) |

중공군 개입
(1950년 11월 27일)

남침
(1950년 6월 25일)

서울 함락
(1950년 6월 28일)

인천 상륙 작전
(1950년 9월 15일)

서울 수복
(1950년 9월 28일)

부산

• 서울

한반도에서 터진 냉전 북한은 선전포고도 없이 남침을 감행했다. 이 6·25 전쟁은 냉전이 아시아에서 터진 첫 사례다.

서 희생됐어. 그러나 한반도의 이 전쟁이 쓰러져가던 일본을 살렸단다. 분단의 원인을 제공한 게 일본인데, 정작 일본은 이 전쟁으로 되살아난 셈이야. 좀 씁쓸한 대목이지.

제2차 세계대전에 패한 일본은 그 후 미군의 통치를 받았어. 당시 일본에 진주한 미군의 사령관이 더글러스 맥아더 장군이었단다. 그래, 인천 상륙 작전을 지휘한 인물이지. 맥아더는 차근차근 일본을 개혁해나갔어. 무엇보다 일본의 군대를 무력하게 만들었어. 다시 전쟁을 일으킬 꿈을 꾸지 못하게 하려는 의도였지. 정부와 유착하는 재벌도 없애버렸어. 미국은 일본을 아시아의 평화 지대로 만들려고 했던 거야.

그러나 한반도에 전쟁이 터지면서 계획에 큰 차질이 빚어졌어. 만약 한반도가 공산주의 진영에 넘어가면 그들은 곧 일본까지 들이닥칠 거라고 미국은 판단했지. 미국은 부랴부랴 계획을 바꿨어. 일본을 자유 진영의 강력한 동반자로 만들기 위해 모든 지원을 아끼지 않았어.

미국의 지원하에 일본은 한반도에 댈 군수물자를 만들기 위해 모든 공장을 가동했어. 다시 공업이 급속하게 발전했고, 일본은 공업 대국이 됐지. 만약 6·25 전쟁이 터지지 않았더라면 일본이 오늘날처럼 경제 대국이 될 수 없었을지도 몰라. 이래저래 일본은 한국의 덕을 톡톡히 보고 있는 셈이지.

인도차이나 전쟁과 미국의 베트남 개입

인도차이나 반도의 지도를 보면 해안 쪽으로 길게 나 있는 국가가 보일 거야. 냉전 시대, 또 하나의 피해국인 베트남이란다. 베트남은 제2차 세계대전이 끝난 1년 후부터 20세기가 끝나는 1999년까지 전쟁에 휩싸여 있었어. 굵직굵직한 전쟁만 모두 세 건이나 됐지. 이 전쟁을 모두 합쳐 인도차이나 전쟁이라고 한단다. 베트남은 초강대국들과 맞붙은 인도차이나 전쟁에서 모두 승리를 거둔단다.

잠시 베트남의 역사를 떠올려봐. 1789년에는 중국 청나라의 속국이 됐고, 100여 년 후인 1884년에는 프랑스의 식민지가 됐어. 제2차 세계대전 때는 일본의 지배를 받았지?

자, 제2차 세계대전이 끝나고 일본이 물러갔어. 베트남은 아주 어수선했지. 이때 공산주의자 호찌민^{호치민}이 이끄는 베트남독립동맹^{베트민}이 1945년 8월 북베트남에서 혁명을 일으켰어. 베트민들은 프랑스의 식민 지배에 오랫동안 저항투쟁을 해왔기에 민중들에게 큰 지지를 받았어. 호찌민은 하노이에 수도를 두고 베트남

민주공화국을 출범시켰단다.

북베트남과 달리 남베트남의 상황은 좀더 복잡해. 이 무렵 영국이 남베트남을 관리하고 있었는데, 프랑스가 "베트남은 원래 우리 땅이다"라며 다시 주인 행세를 하기 시작한 거야. 영국은 빠져나갔고, 프랑스가 돌아왔어.

프랑스는 예전처럼 남베트남 민중을 다시 착취하기 시작했어. 사이공에서 민중이 들고 일어섰어. 프랑스

호찌민 공산주의 혁명가로 1945년 베트남민주공화국을 세우고 대통령에 취임했다.

군대는 탱크와 장갑차를 앞세워 민중 봉기를 진압했지. 무고한 사람들이 많이 죽었어. 분노한 남베트남 공산주의자들이 마침내 무력투쟁을 시작했어. 물론 북베트남이 전적으로 이 투쟁을 지원했지.

남베트남 공산주의자들이 가진 무기라 해봐야 총이 전부였어. 탱크와 장갑차로 무장한 프랑스 군대와 맞서는 것 자체가 큰 모험이었지. 공산주의자들은 치고 빠지는 식의 게릴라 전술로 맞섰어. 이 전술이 먹혀들었고, 프랑스 군대는 당황하기 시작했어.

베트남 민중도 게릴라들을 전폭적으로 지지했어. 사기가 오른 베트남 게릴라들이 1953년부터 대대적인 반격에 나섰어. 마침내 1954년 5월 7일, 디엔비엔푸 전투에서 베트남 게릴라들은 프랑스 군대를 싹

전투에 나서는 프랑스 탱크 전투 직전의 프랑스군의 탱크. 프랑스군은 탱크와 장갑차로 무장했지만 디엔비엔푸 전투에서 결정적 패배를 당해 베트남에서 물러났다.

쓸어버렸단다. 인도차이나의 작은 나라 베트남의 게릴라들이 강대국 프랑스의 정규 군대를 물리친 거야! 프랑스 군대는 혼란에 빠졌고 프랑스는 전쟁을 그만두기로 했어. 양측은 스위스 제네바에서 휴전협정^{제네바 협정}을 체결했어. 이 협정에 따라 프랑스는 눈물을 머금고 베트남에

행군하는 베트민군 남베트남 공산주의자들은 북베트남의 지원과 베트남 민중의 전폭적 지지를 받으며 프랑스와 전쟁을 치러 승리를 거뒀다.

서 철수해야 했지. 베트남 게릴라들이 프랑스와 싸워 대승을 거둔 이 전쟁이 바로 제1차 인도차이나 전쟁이란다.

제네바 협정에는 남북 베트남이 동시에 총선거를 실시한다는 약속도 들어 있었어. 총선거에 따라 하나의 독립국으로 출범하겠다는 뜻이지. 그러나 이 약속은 지켜지지 않았어. 총선거를 돕기로 한 프랑스가 나 몰라라 한 거야. 게다가 미국이 이때부터 베트남에 개입하기 시작했어. 미국은 남베트남에 반공주의자인 응오딘지엠을 앞세워 친미 정부를 세웠단다. 1955년 남베트남에 베트남공화국이 탄생함으로써, 북쪽은 공산 정부, 남쪽은 자유 정부가 들어섰어.

베트남공화국은 남북 총선거를 거절했어. 물론 이념이 다르기에 선거를 거부할 수도 있어. 문제는, 베트남공화국 정부가 아주 부패했다는 거야. 이 정부는 말 그대로 미국의 꼭두각시 노릇을 했어. 심지어 정부 인사들이 기독교를 믿는다는 이유로 국민 대부분이 믿는 불교를 탄압하기도 했단다. 남베트남 민중은 이 정부에 등을 돌리기 시작했어.

이번에도 공산주의자들이 움직였어. 그들은 남베트남민족해방전선^{베트콩}이란 혁

명기구를 만든 뒤 무력투쟁을 시작했지. 미국이 다급해졌어. 남베트남이 공산화하면 인도차이나 반도 전체가 공산화할 위험이 크다고 생각했기 때문이야. 미국 정부는 즉각 베트남에 군대를 파견했어. 미군은 처음에는 남베트남의 베트콩만 상대했지만 곧 전략을 바꿨어. 베트콩을 지원하고 있는 북베트남을 치기로 한 거야. 그러나 북베트남을 공격할 명분이 없었어. 하늘이 미국을 도운 것일까? 바로 그때 미국을 노하게 만든 사건이 발생했단다. 이른바 '통킹 만 사건'이야.

1964년 8월 2일, 북베트남의 통킹 만 영해에서 미국 구축함이 북베트남 해군으로부터 어뢰 공격을 받았어. 이틀 후 양측은 또다시 교전을 벌였어. 미군이 사망하지는 않았지만, 미국이 공격을 받았다는 사실 때문에 이 사건은 세계적인 이슈가 됐지. 미국 안에서도 북베트남을 그대로 둬서는 안 된다는 여론이 높아지기 시작했어. 미국 의회는 즉각 베트남과의 전쟁을 인준했지.

미국 군대가 대대적으로 베트남에 상륙했어. 그래, 제2차 인도차이나 전쟁이 터진 거야. 흔히 우리가 '베트남 전쟁'이라고 부르는 게 바로 이 전쟁이란다. 그런데 이 통킹 만 사건이 터지고 7년이 지난 1971년 6월, 미국의 대표적인 신문 가운데 하나인 뉴욕타임스가 세계를 놀라게 한 특종 보도를 했어. 통킹 만 사건이 조작됐다는 거야! 보도에 따르면 두 나라 사이에 교전은 없었어. 전쟁을 일으키기 위해 미국이 없는 사건을 만들어낸 거지.

베트남 전쟁과 크메르루주

베트남 전쟁은 베트남인들에게 민족적 기상과 자긍심의 상징이야. 약소국으로서 미국이라는 강대국과 맞서 승리한 전쟁이기 때문이지. 그러나 미국에게 베트남 전쟁은 오늘날까지도 가장 치욕적인 전쟁으로 여겨지고 있어. 베트남의 공산화를 막으려는 의도야 이해하지만, 그렇다고 해서 전쟁을 일으키려고 통킹 만 사건을 조작할 필요까지는 없었지. 도덕적으로 이 전쟁은 국제사회의 지지를 얻지 못했어. 실제로 우리나라는 미국의 우방으로서 참전했지만 영국, 프랑스, 독일 등 유럽의 강대국들은 이 전쟁에 참전하지 않았단다.

통킹 만 사건 이후 미군이 본격적으로 남베트남에 주둔하자 북베트남도 군대를 남쪽으로 배치했어. 베트콩은 게릴라 전술로 미군을 상대했지. 남베트남 국민들은 미국과 친미 정부에 등을 돌렸어. 그들은 스스로 첩자를 자처해 베트콩을 도왔단다. 이러니 미군이 싸우기가 쉽지 않았겠지?

미국은 군사 대국답게 첨단 무기를 투입했어. 항공기로 북베트남의 주요 시설을 폭격했고, 풀숲이나 밀림 속에 숨어 있는 베트콩을 토벌하기 위해 고엽제와 제초제를 살포했지. 이런 약품들은 독성이 아주 강해. 풀만 말려 죽이는 게 아니라 사람까지 죽음에 이르게 하지. 오늘날까지도 고엽제 피해자들이 남아 있는 걸 보면 얼마나 독성이 강한지 알겠지?

1968년 새해가 시작되자 베트콩의 게릴라 공격이 더욱 격렬해졌어. 베트콩은 사이공 시내에 있는 미국 대사관을 습격했지. 이 테러 공격으로 수많은 사상자가 나왔어. 미국은 베트콩의 공격이 있을 때마다 파병하는 병사의 수를 늘렸어. 그러나 승리를 확신하는 미군은 없었어. 아마 미군은 보이지 않는 적과 싸우는 느

베트콩의 게릴라전 베트콩의 게릴라전은 풀숲이나 밀림에서 전개되었다. 베트콩이 작은 돛단배인 샘판을 타고 밀림 속에서 게릴라전을 준비하고 있는 모습이다.

미군의 전투 부대 첨단 무기를 갖춘 미국은 베트남 전쟁을 하는 동안 병력을 계속 증가시켰으나 끝내 승리할 수 없었다. 사진은 미군 전투 부대의 모습.

낌이었을 거야.

전쟁은 그 후로도 한동안 계속됐어. 수시로 전투가 벌어졌고, 피해자는 속출했지. 미국과 북베트남은 휴전 협상을 벌이기 시작했어. 그러나 협상도 쉽지 않았어. 무려 5년을 끈 뒤에야 양측은 1973년 1월 27일, 정전협정을 체결할 수 있었단다.

미국은 40억 달러를 북베트남에게 원조하고, 군대도 철수하기로 했어. 미국이 참패한 거야! 미국으로부터 '버림받은' 남베트남은 이제 홀로 싸워야 해. 물론 정전협정에는 북베트남이 남베트남을 침략하지 않겠다는 서약이 들어 있었어. 그러나 그 서약은 지켜지지 않았어. 미국이 워터게이트 사건 등 국내 정치로 어수선한 틈을 타 1975년 3월 10일, 북베트남이 남베트남을 전면 공격했어.

북베트남은 파죽지세로 남베트남을 장악해나갔어. 미국은 북베트남에게 군대를 철수하라고 경고했지만 북베트남은 귀를 닫아버렸어. 청 왕조의 중국, 프랑스, 미국과 싸워 베트남 땅에서 몰아낸 베트민들은 자신감에 차 있었어. 4월 21일 남베트남의 대통령 응우옌반티에우(구엔 반 티우)가 도망갔고, 4월 29일 북베트남 군대가 남베트남의 수도인 사이공을 포위했어. 하루 동안 치열한 전투가 벌어졌어. 마침내 4월 30일, 북베트남 군대가 사이공을 점령했어. 이로써 제2차 인도차이나 전쟁이 끝났지.

베트민이 베트남을 통일하자 남베트남 정부와 군대에 협력했던 사람들이 해외로 빠져나갔어. 대대적인 숙청을 피해 떠난 거야. 1980년대까지 베트남에서 나온 보트피플만 해도 100만 명이 넘었어. 게다가 이 전쟁 이후에도 또 한 번의 전쟁이 일어났어. 이번엔 주변 국가들, 즉 캄보디아와 라오스 지역에서도 진행됐지. 따라서 인도차이나 전쟁이 모두 끝날 무렵에는 인도차이나 반도 전체가 쑥대밭이 돼버렸단다. 미친 시대였다고밖에 볼 수 없겠지?

제3차 인도차이나 전쟁을 살펴보기 전에, 캄보디아로 건너가볼까? 그곳에서 전쟁의 불씨가 만들어졌거든.

통킹 만 사건이 터지고 3년이 지난 1967년, 캄보디아의 급진적 공산주의 단체인 크메르루주가 만들어졌어. 크메르루주는 곧 쿠데타를 일으켰고, 북베트남이 사이공을 함락시킨 1975년 4월에는 수도인 프놈펜을 점령했지.

크메르루주는 사상 유래 없는 폭압 통치를 했어. 당시 크메르루주의 지도자는 폴 포트란 사람인데, 그는 극단의 공산주의와 민족주의를 표방했어. 자본주의와 외세에 연관된 사람을 숙청하고, 모든 국민을 집단농장에 집어넣었어. 반발하는 사람은 무조건 죽여버렸지. 크메르루주가 통치하던 약 4년 간, 150만 명이 희생됐다니, 얼마나 잔인했는지 알겠지?

서방 세계는 물론 같은 공산 진영에서도 크메르루주에 대한 비난이 쏟아졌어. 특히 베트남은 크메르루주가 캄보디아에 살고 있는 베트남인들을 학살한다며 강하게 반발했단다. 결국 베트남은 1978년 12월, 크메르루주를 공격

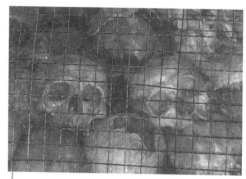

학살의 흔적 크메르루주 정권에 의한 학살은 세계를 경악시켰다. 당시 희생된 사람들의 유골들이다.

했어. 크메르루주는 타이 국경으로 쫓겨났고, 캄보디아에는 베트남에 우호적인 헹 삼린 정부가 들어섰지.

크메르루주는 중국에 지원을 요청했어. 이미 동맹을 맺은 사이라 중국이 지원에 나섰어. 1979년 2월 17일, 중국이 베트남 북서부를 전격 침략했고, 이로써 제3차 인도차이나 전쟁^{중공·베트남 전쟁}이 시작됐단다.

사실 중국과 베트남은 전쟁을 하고도 남을 만큼 사이가 좋지 않았어. 첫째, 중국의 지배를 받았던 베트남 국민이 중국을 아주 싫어했어. 둘째, 베트남 정부도 중국계 베트남인과 화교들을 탄압했어. 베트남 정부는 1978년 5월 그들을 추방하기도 했단다. 셋째, 이 무렵 중국과 소련이 국경 문제로 다투고 있었는데, 베트남이 소련을 지지했어. 중국은 호찌민이 베트남 전역을 통일하는 데 전적으로 지원했었지? 열심히 도와줬는데, 베트남은 소련을 지지한 셈이야. 이러니 중국이 화가 나겠지?

이 전쟁은 금세 끝났어. 3월 5일, 중국이 베트남의 랑송이란 도시를 점령한 뒤, 즉시 철수했기 때문이야. 중국은 "본때를 보여줬으니 우리는 물러가겠다!"라고 발표했어. 그러나 당시 전투에서 중국 군대의 피해는 아주 컸단다. 게다가 중국은 캄보디아에 주둔한 베트남 군대를 쫓아내지도 못했어. 사실상 중국이 패했다는 뜻이야.

두 나라는 그 후로도 여러 차례 국경 지대에서 전투를 벌였어. 그러다가 1989년 9월 베트남 군대가 캄보디아에서 물러남으로써 평화 분위기가 조성되기 시작했지. 두 나라는 1999년 최종 평화협정을 체결해 현재의 국경선을 확정지었단다.

마오쩌둥의 중국, 소련과 대립각을 세우다

아시아의 냉전 이야기를 하면서 중국을 빠뜨릴 수는 없을 거야. 중국 또한 소련과 마찬가지로 공산주의 진영에서는 중요한 존재잖아? 소련이 멸망한 현재 미국과 맞서는 유일한 군사 대국이자 사회주의 국가가 바로 중국이야.

중국, 더 정확히 말해 중화인민공화국^{중공}은 1949년 탄생했어. 중국은 곧 소련과 동맹을 맺었어. 이 무렵 전 세계는 소련을 중심으로 한 공산 진영과 미국을 중심으로 한 자유 진영이 팽팽한 냉전을 벌이고 있었단다. 소련으로서는 든든한 지지자를 얻은 셈이고, 신생 공산국가 중국은 든든한 후원국을 얻은 셈이지. 그러나 머지않아 두 나라가 갈라서기 시작했어.

1953년 니키타 세르게예비치 흐루쇼프가 소련 공산당 서기장에 취임했어. 흐루쇼프는 자신의 전임 서기장이었던 스탈린을 독재자라고 비난했어. 사실 틀린 말은 아니야. 스탈린만큼 강압적인 독재를 한 통치자도 드물지. 그러나 평소 소련의 혁명 지도자들을 존경하던 중국의 마오쩌둥은 화가 났어. 마오쩌둥은 흐루쇼프야말로 무기력한 인물이라고 비난을 퍼부었어.

흐루쇼프는 그 후 미국을 비롯해 서방 세계와 대화를 시도했어. 냉전을 완화하고 평화 분위기를 조성하기 위해 나름대로 노력하기도 했어. 마오쩌둥은 흐루쇼프의 행보를 수정주의라고 비판했어. 1957년 흐루쇼프는 15년 이내에 미국 경제를 따라잡겠다고 선언했어. 또다시 마오쩌둥의 비위가 상했어. 오기가 발동했던 것일까? 마오쩌둥은 수년 안에 중국을 농업국가에서 공업국가로 탈바꿈시키고, 15년 이내에 당시 세계 2위 경제 대국인 영국의 강철 생산량을 따라잡겠다고 선언했단다.

이 선언에 따라 1958년 시작된 게 대약진운동이야. 말 그대로 중국의 경제를 크게 끌어올리려는 운동이었지. 농촌은 모두 집단농장^{인민공사}으로 변했고, 강철 생산량을 늘리기 위해 별의별 묘안을 다 끌어다 썼어. 그러나 개인에게 지나치게 많은

실용주의자 덩샤오핑 개혁과 개방 정책을 실시한 덩샤오핑은 '흑묘백묘론'을 제시하며 실용주의를 강조했다.

양의 생산 할당량을 부과한 게 문제였어. 오히려 생산량은 줄었고, 자연재해까지 덮쳐 3년 만인 1960년 대약진운동은 실패로 끝났지. 이 기간 최소한 2,000만 명 이상이 굶어죽었단다.

소련에서 사회주의 혁명이 성공했을 때만 해도 민중들은 '누구나 잘사는 사회'를 꿈꾸며 한껏 부풀어 있었어. 그러나 얼마 지나지 않아 그런 사회는 꿈일 뿐이라는 게 밝혀졌지. 소련의 삶의 수준은 최하위였고, 생산성은 밑바닥을 기었어. 중국에서도 공산주의가 실패라는 사실이 입증된 거야.

중국 민중의 삶은 비참했어. 특단의 개혁이 없으면 중국의 미래는 암울하다는 이야기가 나오기 시작했어. 개혁주의자들이 서서히 정치 무대로 나오기 시작했지. 그런 개혁주의자 가운데 대표적인 인물이 바로 덩샤오핑鄧小平이었단다.

덩샤오핑은 중국 경제가 살아나려면 자본주의적인 요소를 무조건 배격해서는 안 된다고 주장했어. 상황을 봐 가면서 때로는 자본주의 요소도 받아들여야 한다는 거지. 덩샤오핑의 생각은 흑묘백묘론黑猫白猫論에 잘 나타나 있어. 검은 고양이든, 흰 고양이든 쥐만 잘 잡으면 훌륭한 고양이라는 뜻이야. 어떤 요소를 도입하더라도 중국 경제만 발전시키면 되는 것 아니냐는 생각을 읽을 수 있지. 덩샤오핑은 이 흑묘백묘론을 1979년에 발표했어. 그렇지만 이미 그전부터 이런 생각을 하고 있었던 것 같지?

덩샤오핑은 서서히 권력을 장악하기 시작했어. 누가 위기감을 느꼈을까? 그래, 마오쩌둥이야. 마오쩌둥은 소련과 덩샤오핑을 싸잡아 비난했어. 덩샤오핑이 수정주의자라는 거지. 제3차 중동 전쟁이 일어나기 1년 전인 1966년이었어. 마오쩌둥은 중국의 낡은 사상과 문화를 모두 뜯어고쳐야 한다고 주장했어. 이때부터 피바람이 중국 전역을 휩쓸기 시작했지. 이 사건이 바로 문화대혁명이란다.

문화대혁명과 홍위병 마오쩌둥은 권력을 되찾기 위해 문화대혁명을 단행했다. 당시 뿌려진 포스터에서 최전선에 나선 홍위병을 볼 수 있다.

마오쩌둥은 학생들로 구성된 홍위병红衛兵 부대를 창설했어. 이윽고 전국 마을마다 홍위병이 조직됐지. 홍위병은 문화대혁명을 선전하고, 적들을 색출해 고발하는 일을 했어. 눈이 시뻘개진 홍위병은 마을 구석구석을 돌며 낡은 문화로 보이는 것과 자본주의적이 요소가 있는 것은 모두 찾아냈어. 공산주의가 아닌 다른 사상을 가진 지식인들을 잡아들였고, 수정주의자라는 죄명을 들이대며 처형했어. 왕조 시대 때부터 대대로 평화롭게 내려오던 시골 마을은 낡은 문화라며 해체해버렸어.

마오쩌둥은 1969년 4월 전국인민대표대회에서 권력을 다시 장악할 수 있었어. 절대적 권력을 얻은 마오쩌둥은 문화대혁명이 종결됐다고 선언했어. 그러나 '사인방'이라 불리는 그의 측근들, 왕훙원王洪文, 장춘차오張春橋, 장칭江靑, 야오원위안姚文元이 여전히 큰 권력을 휘두르고 있었지. 문화대혁명은 1976년 9월 마오쩌둥이 사망하고, 10월 사인방이 체포되면서 완전히 끝났단다. 이 기간 수십만 명이 목숨을 잃었고, 중국의 전통문화는 파괴돼버렸어. 상층부의 권력투쟁이 얼마나 큰 부작용을 낳는지 알겠지?

중소 국경 분쟁 전투 중국과 소련은 우수리 강 중류 전바오 섬을 두고 1969년부터 2005년까지 자주 분쟁을 했다. 전투 중인 중국군과 소련군의 모습.

중국과 소련은 동맹으로 시작해 원수로 끝났어. 소련은 중국에 대해 모든 경제 원조를 끊어 버렸고, 중국은 소련이 수정주의 국가라며 맹비난했어. 두 나라가 멀리 떨어져 있으면 말싸움으로 그쳤을 거야. 그러나 두 나라는 국경을 마주하고 있지. 뭔가 사건이 터지지 않겠니?

마오쩌둥이 문화대혁명의 종결을 선언하던 해 3월 2일, 중국과 소련 군대가 정면으로 충돌했어. 우수리烏蘇里 강 중류에 있는 전바오珍寶 섬이 어느 나라의 것이냐를 놓고 갈등을 벌이다 결국 전투가 벌어진 거야. 두 나라의 군대는 3월 15일에 또다시 충돌했어. 두 차례의 전투로 양쪽 모두 큰 타격을 입었어. 많은 병사들이 전사했지.

상황이 급박하게 돌아가기 시작했어. 중국과 소련 모두 국경 지대에 최소한 50만 명이 넘는 병사를 각각 배치했어. 국경 분쟁이 전면전으로 번질 위기에 놓인 거야. 두 나라의 군대는 7월과 8월, 잇달아 대규모 전투를 벌였어. 중국과 소련은 핵무기를 사용할 생각까지 했단다. 1969년의 두 나라의 국경 분쟁은 이처럼 전 세계를 긴장시켰어.

이 국경 분쟁은 1990년대 소련이 개혁과 개방을 추진하면서 해결의 기미가 보이기 시작했어. 2005년 6월, 소련의 후임인 러시아가 중국과 협상을 맺고 분쟁을 끝냈단다.

🔍 중국에서 참새가 사라졌다?

1958년 4월 19일, 중국에서 '참새 섬멸 작전'이 시작됐어. 중국의 모든 국민이 참새 잡기에 동원됐지. 첫 3일 간 40만 마리의 참새가 죽었어. 1년간 희생된 참새는 모두 2억 1,000만 마리였어. 중국에서 참새가 보이지 않게 됐어. 작전이 성공한 셈이지. 그러나 문제가 생겼어. 해충이 들끓기 시작한 거야. 수확량도 뚝 떨어졌고, 굶어죽는 사람이 늘어났어.

그제야 중국 당국은 참새 섬멸 작전을 중단했어. 이 어이없는 해프닝은 마오쩌둥의 다음과 같은 한마디에서 비롯됐단다. "참새는 수천 년간 우리의 양식을 훔친 해로운 새다"라고 말했는데, 그게 발단이 돼 이런 작전을 펼친 거야. 참새는 쥐, 파리, 모기 등과 함께 인민에게 해로운 '4해 害'로 정해졌고, 대대적인 섬멸 작전이 벌어졌던 거지.

냉전의 해체와 제3세계의 등장

냉전 시대, 미국의 자본주의 진영에도 끼지 않고 소련의 공산주의 진영에도 끼지 않은 나라들이 꽤 있어. 우리나라는 미국 동맹국이었으니 여기에 해당하지 않지만 아프리카와 서아시아, 동남아시아, 인도 등 여러 나라들이 여기에 해당하지. 이런 나라들을 제3세계라고 불러. 제3세계에 속한 국가들은 좌우 이념 어디에도 속하지 않고, 독자적인 목소리를 냈단다.

1955년 4월 18일 인도네시아 반둥에서 아시아와 아프리카 29개국 대표단이 모였어. 대표단은 미국과 소련 진영, 어느 쪽도 지지하지 않는다는 중립 선언을 했어. 힘없는 국가들이 모여 무슨 일을 이루겠느냐고? 천만에. 이 반둥회의 아시아·아프리카회의 는 상당한 파장을 불러 일으켰단다.

반둥회의에 참가한 각국 대표단은 공동선언문을 발표했어. 평화 10대 원칙으로

소련의 해체 1991년 소련이 공식 해체됨으로써 냉전은 종료됐다. 12개 국가가 모여 독립국가연합을 만들었다.

불리는 이 선언문에는 세계 평화를 실현하기 위한 방법들이 제시돼 있어. 이를테면 군비축소, 상호불가침, 내정불간섭 등이 그런 내용이지. 이 반둥회의 정신에 따라 아시아와 아프리카의 여러 나라들이 냉전이 끝날 때까지 중립을 유지했단다.

냉전은 소련이 해체된 1991년, 공식적으로 끝이 났어. 냉전의 한축이 사라졌기 때문이야. 아시아의 공산주의 국가들은 어떻게 변화했을까? 중국부터 살펴볼까?

중국은 일찌감치 소련에 등을 돌렸어. 1954년에는 인도의 총리 네루와 함께 이른바 평화 5원칙을 발표하기도 했지. 반둥회의에서 발표한 평화 10대 원칙이 이 5원칙을 바탕으로 만들어진 거란다. 중국은 스스로를 소련 진영인 제2세계가 아니라 독립적인 제3세계라고 주장했어. 소련과의 국경 분쟁이 터진 후로는 "소련의 패권주의를 막기 위해 제3세계를 적극 지원하겠다!"라고 선언하기도 했지.

당시 마오쩌둥은 서방 세계를 싫어했어. 따라서 중국의 가장 큰 적은 '공식적으로는' 미국이었지. 그러나 사실상 소련을 가장 큰 적, 소련의 패권주의를 가장 경계해

덩샤오핑과 마가릿 대처 1984년 9월 덩샤오핑과 영국의 마가릿 대처 수상이 베이징에서 만나 홍콩 반환 문제를 논의하고 있다. 중국은 1997년 홍콩을 돌려받았다.

야 할 이념으로 생각하고 있었단다. 바로 이 점 때문에 중국이 먼저 서방 세계의 문을 두드렸어. 미국과 일본을 끌어들여 소련의 위협에 대응하려는 전략이었지. 중국은 1978년 일본과 중일 평화우호조약을 체결했고, 1979년에는 미국과 국교를 정상화했어. 국제사회에 모습을 드러낸 중국은 1981년에는 타이완의 국민당 정부가 차지하고 있던 국제연합 안전보장이사회의 상임이사국 자리를 넘겨받기도 했어.

1976년 마오쩌둥이 사망하자 그의 뒤를 이어 1인자가 된 덩샤오핑은 개혁과 개방을 외쳤어. 그의 이념은 흑묘백묘론에 모두 들어 있지. 1982년 공산당 전당대회에서 덩샤오핑은 서방 세계와 협력하겠다는 점을 공식적으로 선포했단다.

그 후 중국의 개혁과 개방 속도는 빨라졌어. 그러나 덩샤오핑을 비롯한 공산당 지도자들은 경제 분야에서만 개혁을 추진했을 뿐 정치 개혁까지 나아가진 않았단다. 1987년에 공산당 총서기 후야오방이 민주적 개혁을 추진하려다 반대파들에 밀려 해임됐어. 2년 후인 1989년 4월, 후야오방이 세상을 떠났다는 소식이 전해지자 그의 죽음을 애도하는 사람들이 베이징 톈안먼 광장에 모였어. 이들은 후야

오방의 명예회복과 민주화를 요구하며 시위를 벌이기 시작했어. 시위 대열에 합류하는 사람들이 급속도로 늘어났어. 1989년 6월 4일 새벽, 중국 정부는 진압에 나섰어. 베이징의 톈안먼 광장에서 시위를 벌이던 시민들을 무차별 진압한 거야. 탱크와 장갑차가 광장 한복판을 다니며 시위자들을 짓밟았지.

세계는 경악했어. 미국과 국제기구들은 경제 지원을 중단했지. 한동안 다시 양측 사이에 갈등이 팽팽했어. 그러다 중국이 반체제 인사를 석방하고 화해하겠다는 손짓을 보이면서 갈등이 좀 누그러졌지.

오늘날 중국은 세계에서 유일한 중국식 사회주의 체제를 고수하고 있어. 정치이념은 공산주의 체제를 유지하지만 경제체제는 자본주의를 도입하고 있기 때문이지. 앞으로 중국이 어떻게 바뀔지, 전 세계가 주목하고 있단다. 중국은 영국이 조차했던 홍콩을 1997년, 포르투갈이 조차했던 마카오를 1999년 돌려받았어. 다만 타이완은 아직도 독립국으로서의 지위를 유지하고 있지.

중국이 공산당 전당대회에서 개혁과 개방을 표방하고 4년이 지난 1986년, 베트남 공산당 정부도 도이모이 정책을 선언했어. 쇄신刷新이란 뜻인데, 폐쇄적인 베트남 경제를 개방 경제로 바꾸고, 자본주의 요소를 도입하겠다는 게 주요 내용이야. 그 후 베트남은 쌀 생산과 수출에 주력했어. 매년 1톤 이상의 쌀을 수출한 결과 현재 베트남은 세계 3위의 쌀 수출국이 됐단다.

베트남도 중국처럼 사회주의를 고수하고 있어. 그렇지만 국제 세계를 향해 활짝 문을 열어놓고 있단다. 이미 대부분의 국제기구에 가입했을 뿐만 아니라 외교 관계를 체결한 국가도 160여 개국이나 돼.

베트남 전쟁 때 북베트남이 베트콩들에게 군수물자를 지원하는 통로가 라오스였어. 그 때문이 미국이 라오스를 무차별 폭격하기도 했지. 도미노 이론처럼 라오스는 베트남이 공산화된 이후인 1975년 8월 공산국가가 됐어. 라오스는 아직도 폐쇄성을 버리지 못하고 있어. 다만 변화의 조짐은 보이고 있지. 1997년 동남아시아국가연합^{ASEAN}에 가입한 뒤 개혁과 개방 정책을 추진하고 있단다.

중앙아시아에도 변화가 있었어. 1991년 소련이 붕괴하자 카자흐스탄, 우즈베키스탄, 투르크메니스탄, 타지키스탄, 키르기스스탄이 모두 독립한 거야. 오랫동안 공산주의자들의 지배를 받아왔지? 당연히 이 나라들은 민주주의를 표방하고 있단다.

통박사의 역사 읽기

🔍 도미노 이론

첫 번째 말을 무너뜨리면 잇달아 그다음 말들이 넘어지는 게임을 '도미노 게임'이라고 불러. 이 게임에 착안해 만들어진 게 '도미노 이론'이야.

냉전이 막 시작된 1954년, 미국 국무장관 덜레스는 "중국, 북한, 북베트남에 이어 남베트남까지 공산화되면 주변국도 공산화한다"라고 말했어. 그는 이런 현상을 도미노의 말판이 차례차례 쓰러지는 것에 비유했지. 이 때문에 도미노 이론이란 말이 붙은 거야.

틀린 이야기는 아니야. 실제 소련이 "한 나라에서 공산혁명이 성공하면 다른 나라로 전파해야 한다"라고 주장했거든. 문제는, 이 도미노 이론을 근거로 미국이 지나치게 아시아에 개입했다는 거야. 그 결과 수십 만 명이 목숨을 잃는 전쟁으로 이어졌지.

중동, 종교와 민족 분쟁이 계속되다

이제 어느 덧 2000년대로 접어들고 있어. 중동 전쟁도 끝났고, 냉전도 끝났어. 평화로운 시기가 왔을까? 아니야. 다시 중동으로 가 보려고 해. 그곳의 갈등이 여전히 해결되지 않고 있기 때문이야.

미국이 개입한 1970년대 이후에는 중동과 미국 사이의 갈등도 추가됐어. 2001년의 미국 국제무역센터를 폭파한 9·11 테러 사건과 이라크 전쟁이 그 때문에 발생한 거야.

1979년 이란에서 발생한 혁명이 중동의 정치 상황을 많이 바꿔놓았어. 소련은 이란혁명의 정신이 퍼질까봐 아프가니스탄을 집어삼켰고, 이란과 이라크는 전쟁을 벌였어. 미국은 이라크를 지원했다가, 그 지원을 철회했으며 나중에는 이라크의 사담 후세인 대통령을 제거했어. 복잡하지? 중동 전쟁 이후 서아시아가 어떻게 돌아가고 있는지부터 찬찬히 살펴볼까?

중동에 잠시 찾아온 평화

1973년의 4차전을 끝으로 더 이상의 중동 전쟁은 터지지 않았어. 그러나 이스라엘과 아랍 국가들의 갈등은 조금도 해소되지 않았어. 테러도 훨씬 심해졌지. 그러나 평화를 향해 한걸음씩 나가고 있었던 것도 사실이야. 제4차 중동 전쟁이 끝나고 4년이 지났을 때 세계가 놀라는 사건이 발생했어.

1977년 11월 19일, 이집트의 무하마드 안와르 사다트 대통령이 이스라엘을 방문했어. 당시 이스라엘의 메나헴 베긴 총리도 이집트를 답방했어. 철천지원수였던 두 나라가 대화를 시작한 거야! 평화가 급진전되는 것처럼 보이지? 미국의 지미 카터 대통령이 나섰어. 카터 대통령은 1978년 9월, 미국 메릴랜드 주에 있는 대통령 별장 캠프데이비드에 사다트와 베긴을 초대했어. 세 명은 머리를 맞대고 평화협정을 체결하기 위한 협상을 벌였단다.

그러나 사다트와 베긴이 평화협정을 체결하려 한다는 사실이 알려지자 서아시아는 발칵 뒤집혔어. 이스라엘 강경파는 아랍과의 협상을 받아들일 수 없다고 맞섰고, 아랍 강경파는 이집트가 아랍 민족을 배신했다며 반발했지. 게다가 사다트와 베긴도 좀처럼 쉽게 타협하지 않았어. 평화협정은 물 건너가는 듯 했어.

카터 대통령이 또 나섰어. 그는 이집트로 건너가 사다트 대통령을 설득했고, 이어 이스라엘로 날아가 베긴 총리를 설득했어. 마침내 사다트와 베긴이 평화협정을 받아들였어. 1979년 3월 미국 워싱턴에서 역사적인 중동

중동 전쟁의 종결 1978년 9월 미국 카터 대통령의 중재로 이스라엘 베긴 총리(맨 왼쪽)와 이집트 사다트 대통령(맨 오른쪽)이 만났다. 양측은 1년 후, 중동 평화조약을 체결했다.

평화조약^{캠프데이비드 협정}이 체결됐단다.

이 조약에 따라 이스라엘은 시나이 반도를 이집트에게 돌려줬고, 이집트는 이스라엘을 독립국으로 인정했어. 그러나 이스라엘은 요르단과 시리아로부터 빼앗은 땅을 돌려주지 않았고, 팔레스타인에 대해서는 아예 언급도 하지 않았단다. 바로 이런 점 때문에 아랍 민족이 이 협정에 크게 반발했어. 아랍 민족은 이집트를 아랍 세계의 적으로 지목하고, 아랍연맹에서 축출하기도 했지. 심지어 사다트 대통령이 암살되기도 했단다.

팔레스타인해방기구와 이스라엘의 화해도 이뤄지지 않았어. 팔레스타인해방기구는 1971년 요르단 국왕 ^{후세인 1세} 세력의 박해를 피해 레바논 베이루트로 기지를 옮긴 상태였어. 이스라엘은 중동 평화조약을 체결했으면서도 팔레스타인해방기구를 뿌리 뽑겠다며 침략 행위를 멈추지 않았단다. 1982년 6월 이스라엘은 레바논을 향해 진격했어. 국제연합은 철수하라고 했지만 이스라엘은 막무가내였지. 팔레스타인해방기구는 2개월 후인 8월, 베이루트를 떠나 튀니지로 피신가야 했단다.

팔레스타인 당사자들의 만남 1993년 9월 이스라엘의 라빈 총리(왼쪽)와 팔레스타인해방기구의 아라파트 의장(오른쪽)이 평화협정에 서명했다. 그러나 아직도 팔레스타인 지역의 평화는 정착되지 않았다.

그 후로도 팔레스타인 아랍인과 유대인 사이에 충돌이 잦았어. 1980년대 이후 서안 지구와 가자 지구에서는 아랍인들이 자발적으로 봉기를 일으키기도 했지. 이 봉기를 '인티파다'라고 불렀어. 이스라엘에 대한 무장투쟁을 주도하는 단체인 하마스도 여러 차례 테러를 저질렀지.

갈등은 끝나지 않을 것 같았어. 그러나 1993년 세상 사람들은 뜻밖의 소식을 접했어. 이스라엘과 팔레스타인해방기구가 싸움을 중지하기로 한 거야!

알아쿠사 모스크 예루살렘에 있는 이슬람교 사원. 예루살렘에는 이슬람교, 기독교, 유대교의 사원과 교회가 모여 있다.

1993년 9월 13일, 미국 백악관에서 이스라엘의 이차하크 라빈 총리와 팔레스타인해방기구의 아라파트 의장이 공동으로 성명을 발표했어. 두 나라가 상대방의 존재를 모두 인정하겠다는 거야. 이 합의가 그 유명한 오슬로 평화협정오슬로 자치안이란다. 두 명은 곧 다시 만나 팔레스타인 잠정 자치 협정에 서명했어.

오슬로 평화협정에 따라 아라파트와, 그를 따르는 아랍인들은 팔레스타인에 귀환했어. 1996년에는 팔레스타인 아랍인들이 모여 선거를 실시했고, 처음으로 팔레스타인 자치정부가 들어섰지. 팔레스타인 자치정부의 초대 수반은 아라파트가 맡았어. 자, 이제 정말 팔레스타인에 평화가 찾아온 것일까?

글쎄, 그렇게 보이지는 않아. 팔레스타인 자치 선거가 실시되기 한 해 전인 1995년, 이스라엘의 이차하크 라빈 총리가 암살됐단다. 아랍인에게 유대인의 땅을 내줬다며 격렬하게 반발한 극단적 유대인의 총에 죽음을 맞은 거야. 게다가 라빈 총리에 이어 네타냐후, 샤론 등 모든 총리가 유대인 우월주의 노선을 따르고 있단다.

이스라엘은 최근 국제연합 관할하에 두기로 했던 예루살렘마저도 유대인의 땅으로 만들려고 하고 있어. 유대인과 아랍인 거주 지역을 나누기 위해 거대한 벽을 세우기도 했지. 유대인의 반아랍주의가 심해지는 만큼 아랍인들의 반유대인 정서도 확산되고 있어. 무장 단체인 하마스의 폭탄 테러도 끝나지 않았지. 팔레스타인의 평화는 정녕 이뤄질 수 없는 것일까?

이란혁명, 서구를 몰아내다

오늘날 이란 하면 서방 세계와 담을 쌓은 나라로 기억하는 사람들이 많아. 꼭 들어맞는 건 아니지만 어느 정도는 사실이야. 이란이 이슬람 원리주의를 표방한 이슬람 공화국이거든. 그러나 이란이 이렇게 변한 것은 얼마 되지 않았어.

20세기 중반까지만 해도 이란은 왕정 국가였어. 팔레비 왕조는 미국 등 서방 세계와 아주 가깝게 지냈었지. 석유 장사로 큰돈도 벌었어. 그러나 이란 국민들은 팔레비 왕조를 지지하지 않았어. 이란에는 이슬람 시아파 신도가 많았는데, 그들은 미국 문화가 유입되는 걸 아주 싫어했단다. 이슬람의 전통이 무너지기 때문이야. 그러나 팔레비 왕조는 시아파 신도들을 탄압하기만 했어.

1979년 2월 11일, 마침내 시아파의 지도자인 아야톨라 루홀라 호메이니가 혁명을 일으켰어. 이 혁명이 바로 이란혁명이란다. 혁명은 성공했고, 팔레비 왕조는 무너졌지. 이란혁명이 성공하자 팔레비 왕조와 사이좋게 지냈던 미국은 이란에서 철수해야 했어. 바로 이때부터 이란은 중동에서 반미투쟁의 중심지 역할을 했단다. 현재까지도 이때의 정권이 이어지고 있지.

이란혁명의 주역 호메이니는 1979년 2월 이란혁명에 성공한 뒤 반미·반서방 정책을 추진했다.

이란혁명이 성공하자 서아시아의 정치 지도가 많이 변했어. 그 과정을 볼까? 우선 이라크부터!

이란·이라크 전쟁 이란혁명의 영향이 이라크로 전파될 것을 우려한 후세인이 미국의 지원을 받아 일으킨 전쟁이다. 이 전쟁은 10여 년간 계속됐다.

1958년 이라크혁명으로 왕정이 무너지고 공화국이 들어섰어. 1963년에는 바트당이 권력을 잡았지. 바트당은 아랍 사회주의를 표방하고 있는데, 정통 사회주의와는 많이 다른 이념이야. 따라서 사회주의자들도 바트당에게는 적이 됐단다. 이라크의 바트당은 사회주의자를 포함한 모든 적을 처형해버렸어. 그야말로 피도 눈물도 없는 통치였지.

1979년 바트당의 지도자 사담 후세인이 이라크의 대통령에 취임했어. 이란혁명이 일어난 바로 그해야. 미국은 이란에서 쫓겨났지? 미국이 어디로 갔겠어? 바로 이라크였단다. 당시 사담 후세인은 미국에 대해 우호적인 감정을 가지고 있었어. 바트당이 사회주의자를 제거한 것도, 소련과 냉전을 벌이고 있던 미국에게는 맘에 드는 조치였을 거야.

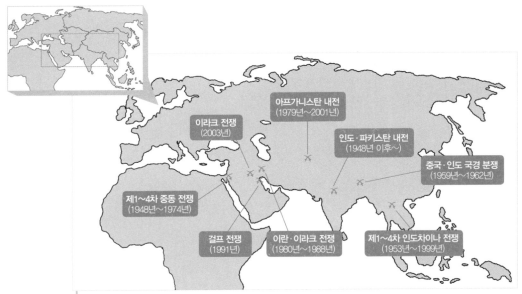

20세기 중반 이후의 분쟁 중동과 인도, 중앙아시아, 인도차이나 반도에서 이념과 민족 분쟁이 그치지 않았다.

    권력을 잡은 후세인은 이란혁명의 영향이 이라크로 전파되는 것을 우려했어. 게다가 이란과 이라크는 오래전부터 사이가 좋지 않았단다. 이란은 페르시아 민족으로, 시아파를 믿지? 반면 이라크는 아랍 민족으로, 수니파를 믿고 있었어. 민족과 종교가 모두 다른 셈이지. 이란과 한판 붙어보고 싶지만, 이란의 군사력은 아주 강했어. 망설이고 있는 사담 후세인에게 미국이 전쟁 자금을 빌려주기로 했어. 미국이란 든든한 지원군도 생겼겠다, 더 망설일 게 없겠지?

    1980년 9월, 후세인은 이란으로 군대를 진격시켰어. 이렇게 해서 이란·이라크 전쟁이 시작됐단다. 그런데 미국은 왜 이라크를 부추겼을까? 바로 이란혁명 때문이었어. 이란의 새 지도자 호메이니는 미국 등 서방 세계를 적대시했고, 이란에서 석유개발 회사를 운영하며 막대한 돈을 벌고 있던 미국을 쫓아버렸지. 이란혁명의 영향으로 사우디아라비아와 바레인 등에서도 시아파의 반란이 일어났어. 미국으로서는 어떻게든 이란의 콧대를 꺾어놓아야 할 필요가 있었겠지? 그러나 전쟁은 쉽게 끝나지 않았어. 무려 10여 년간 지루하게 계속됐어. 이라크의 전쟁 빚만 늘어났어. 전쟁이 끝날 무렵 이라크의 빚은 무려 700만 달러를 넘어섰어. 바로 그 시점부터 이라크와 미국의 관계가 틀어지기 시작했단다.

이란혁명은 이라크 너머 레바논에도 영향을 미쳤어. 그 과정을 살펴보기 전에 레바논의 역사를 잠시 짚어볼까?

레바논은 독립 당시 친서구파가 정권을 잡았어. 아랍 민족주의자들이 강력하게 반발했겠지? 그러던 중 중동 전쟁이 터졌고, 수십만 명의 팔레스타인 난민이 레바논 남부 지역에 정착했어. 레바논 남부는 팔레스타인 게릴라군의 소굴로 변하기 시작했어. 팔레스타인해방기구도 1970년에는 레바논 베이루트로 본부를 옮겼단다. 레바논 정부는 즉각 팔레스타인해방기구를 탄압했어. 아랍 민족주의자들이 강하게 반발했고, 1975년에는 대규모 내전으로 악화됐지.

바로 이 레바논 내전에 이란이 시아파를 확산시키려고 끼어들었어. 이제 레바논 내전은 기독교와 수니파 이슬람, 시아파 이슬람 등 여러 종교가 뒤섞이고 이스라엘과 팔레스타인해방본부, 시리아가 얽힌 아주 복잡한 전쟁이 돼버렸어. 내란 와중에 레바논 대통령이 암살되기도 했어. 이 내란은 1990년 정전협정을 맺으면서 일단락됐단다. 물론 갈등은 여전하지만 말이야.

아프가니스탄의 비극

이 무렵 이란혁명은 서아시아는 물론 중앙아시아 입구의 아프가니스탄에도 큰 영향을 미쳤어. 그 결과 아프가니스탄은 커다란 비극에 빠졌고, 오늘날까지 비극은 끝나지 않았단다. 그 이야기를 해볼까?

이란의 혁명이 곱지 않은 나라가 또 있었어. 바로 소련이었어. 이란의 북동쪽에는 아프가니스탄이 있어. 이란혁명이 일어나기 1년 전, 아프가니스탄에서 쿠데타가 일어났어. 하피줄라 아민이란 인물이 이끄는 공산당이 다우드 정권을 끌어내렸어. 정권을 잡은 하피줄라 아민은 공산당 외에 다른 정당을 인정하지 않았고, 이슬람 세력을 탄압했어. 이슬람 민중들은 강하게 반발했어. 이런 상황에서 서방 세계뿐만 아니라 공산주의까지 배격한 이란혁명 정신이 슬슬 아프가니스탄으로 번지고 있었어. 결국 아민 정권에 대한 이슬람 민중들의 저항은 반란으로 이어졌어.

바로 이때 소련이 나섰어. 소련은 아민을 그대로 두면 자칫 아프가니스탄에서도 혁명이 일어나 이슬람 공화국이 탄생할 수도 있다고 생각했어. 이참에 아프가니스탄을 확실한 소련의 위성국가로 만들기로 했지.

이란혁명이 일어난 해 12월 27일, 소련군이 탱크를 앞세우고 아프가니스탄을 침략했어. 아민의 군대는 소련의 상대가 되지 못했어. 소련은 아민을 끌어내리고 카르말이란 인물을 앞세워 괴뢰정부를 만들었지. 그래, 아프가니스탄이 소련의 위성국가가 된 거야.

아프가니스탄 민중들의 반발은 더욱 커졌어. 이슬람 세력의 저항운동이 시작됐지. 이때 만들어진 저항 단체가 바로 무자헤딘이야. 무자헤딘은 소련과 괴뢰 정권을 몰아내기 위한 무장투쟁을 벌였어. 이때는 냉전 시대였지? 소련의 세력이 커질 것을 염려한 미국이 무자헤딘을 적극 지원했어.

무자헤딘의 투쟁이 본격화했지만 소련은 아프가니스탄에서 철수할 기미를 보이지 않았어. 변화가 생긴 것은 미하일 고르바초프가 1985년 소련 공산당 서기장이 되면서부터였어. 미하일 고르바초프는 대대적인 개혁과 개방 정책을 추진한 인물이야. 그는 소련의 위성국가들에게도 자유를 줬단다. 아프가니스탄에 있는 소련 군대도 1989년 2월 철수했어.

소련이 물러갔으니 아프가니스탄에 평화가 찾아왔을까? 아니야. 오히려 혼란이 더욱 커졌어. 소련의 괴뢰정부가 여전히 존재하고 있었던 데다 여러 파벌들이 권력 다툼을 벌였기 때문이지. 1992년 4월, 무자헤딘이 괴뢰정부를 몰아내고 정권을 잡는 데 성공했어. 평화를 찾았을까? 이번에도 아니야. 무자헤딘 내부에서 또다시 권력 다툼이

아프가니스탄의 탈레반 2001년 6월, 아프가니스탄의 헤라트 지역을 배회하고 있는 탈레반 병사들. 바로 이 해에 탈레반은 미국과 영국 연합군의 공격으로 쫓겨났다.

시작된 거야. 수니파와 시아파가 싸웠고, 온건파와 강경파가 싸운 거야. 아프가니스탄은 또다시 무정부 상태가 됐어.

1994년 10월, 아프가니스탄 남부 칸다하르 지역에서 또 하나의 이슬람 조직이 만들어졌어. 바로 탈레반이야. 탈레반은 이슬람 수니파를 믿고 있었고, 무자헤딘 정권이 타락했다고 생각했어. 탈레반은 먼저 아프가니스탄 남부 지역을 장악했어. 이윽고 수도인 카불로 진격했지.

1996년, 마침내 탈레반이 무자헤딘을 몰아내고 아프가니스탄을 장악한 뒤 이슬람 공화국을 선포했어. 탈레반은 이슬람 극단주의자들이었단다. 모든 것을 과거

오사마 빈 라덴 알 카에다의 지도자로, 2001년 9·11 테러의 배후로 지목됐다. 미국은 오사마 빈 라덴을 찾는다는 이유로 아프가니스탄을 침공했다.

로 돌려놨어. 아이들은 잔혹하게 학대했고, 여성들은 외출을 하지 못하게 했어. 여학교는 모두 폐쇄해 버렸지. 언론? 그런 것은 존재하지도 않았어. 텔레비전도 금지했단다.

이런 정권을 국민이 좋아할 리 없겠지? 처음에 탈레반을 지지했던 아프가니스탄 국민이 머잖아 등을 돌려버렸어. 그러자 탈레반은 폭력을 동원해 통치를 하기 시작했어. 탈레반은 정말 잔인했어. 수많은 사람들이 목숨을 잃었지. 아프가니스탄 민중은 소련의 지배를 받을 때보다 더 공포에 떨어야 했단다.

이번엔 무자헤딘을 중심으로 여러 조직이 탈레반을 몰아내기 위해 반탈레반 동맹을 결성했어. 미국을 비롯한 서방 세계가 반탈레반 동맹을 지원했지. 반탈레반 동맹은 게릴라전을 펼치며 탈레반 정권을 위협했어.

2001년 9월 11일, 이슬람 과격주의자들의 테러로 미국의 국제무역센터가 폭파됐어. 이 테러를 배후조종한 인물은 알 카에다의 오사마 빈 라덴이었지. 미국은 탈레반 정권이 오사마 빈 라덴을 보호하고 있다며 탈레반에게 오사마 빈 라덴을 내놓으라고 요구했어. 탈레반은 거절했지.

10월 7일, 미국과 영국의 전투기가 아프가니스탄을 폭격했어. 대부분의 군사 기지가 완전히 파괴돼버렸지. 이윽고 두 나라의 육군이 아프가니스탄에 상륙해 오사마 빈 라덴 수색 작전을 벌였어. 오사마 빈 라덴은 찾을 수 없었지만 탈레반 정권은 몰아낼 수 있었어. 한 달 뒤인 11월, 아프가니스탄에 여러 파벌이 참여한 임시정부가 구성됐단다. 그로부터 10여 년이 지난 2011년 5월, 미국은 오사마 빈 라덴을 찾아냈어. 미군은 파키스탄에 은거하던 오사마 빈 라덴을 공격해 사살했어. 그러나 아프가니스탄의 평화는 아직도 갈 길이 많아. 탈레반은 국경 지대에서 여전히 저항하고 있지. 그래, 아직 비극은 끝나지 않은 거야.

이라크, 미국에 짓밟히다

1970년대 이후 중동의 역사는 아주 복잡해. 전쟁과 내란이 이어졌고, 여러 파벌이 권력투쟁을 벌였지. 이슬람교와 기독교가 대립했고, 아랍과 서방 세계가 충돌했어. 많은 국가에서 많은 사건이 터졌어. 테러도 속출했지. 그 모든 것을 살펴볼 수는 없지만 반드시 알아둬야 할 이야기도 있어. 현재도 진행 중인 이라크 사태란다.

이란·이라크 전쟁에 대해서는 이미 살펴봤지? 당시 이라크는 미국의 지원을 받고 있었어. 그러나 전쟁이 지나치게 오래 지속된 게 문제였어. 전쟁이 끝난 1988년, 이라크의 빚은 700만 달러를 넘어섰다고 했지? 후세인은 난국을 타개할 돌파구를 찾아야 했어. 이럴 때 가장 손쉬운 해법이 전쟁이야. 후세인도 그 해법을 택했지.

소련이 아프가니스탄에서 철수하고 1년이 지난 1990년 8월 2일, 이라크는 전격적으로 쿠웨이트를 침략했어. 왜 쿠웨이트냐고? 쿠웨이트는 1961년 독립했는데, 그전까지는 이라크와 '한 국가'로서 영국의 위임통치를 받았단다. 이라크는 두 나라가 원래 한 몸이었으니 다시 합쳐도 상관없다고 생각한 거야. 물론 더 중요한 이유는 따로 있었어. 바로 석유야. 당시 이라크는 쿠웨이트와 유전을 놓고 대립하고 있었단다. 이라크는 쿠웨이트를 합병하면 유전도 확보할 수 있다고 생각했어.

이라크의 공격에 쿠웨이트 왕실은 사우디아라비아로 피신해 망명정부를 세웠어. 이라크는 쿠웨이트를 합병해 19번째 주로 선언했지. 여기까지는 이라크의 계산대로 됐어. 그러나 그다음부터는 이라크가 의도하지 않은 방향으로 사태가 흘러갔단다. 미국이 이라크를 응징하기로 한 거야.

미국이 사담 후세인의 이라크를 지원한 것은 이란을 치라는 뜻이었지? 그런데 이라크는 군사력을 키워 중동 지역의 최대 군사 강국으로 성장하고 있었어. 그런 이라크가 쿠웨이트까지 합병해버리면 중동 지역에서 미국과 서방 세계의 입지가 많이 줄어들 거야. 이란에서 물러나야 했던 미국으로서는 이라크의 성장을 수수방관할 수 없었겠지. 미국이 국제연합을 움직이기 시작했어.

바그다드 폭격 미국은 이라크가 대량살상무기를 제조하고 있다며 무차별 공격을 퍼부었다. 바그다드가 폭격을 받아 불타고 있다.

국제연합 안보이사회는 이라크에 대해 1991년 1월 15일까지 쿠웨이트에서 군대를 철수시키라고 명령했어. 사담 후세인이 그 명령을 따를 리가 있겠니? 미국은 본때를 보여줘야겠다고 결심했어. 이틀 뒤인 1월 17일 미국 공군기가 이라크의 주요 도시를 폭격하기 시작했어. 2월 24일에는 지상군이 투입돼 이라크 군과 전투를 벌였지. 이때의 작전 이름이 '사막의 폭풍'이었단다.

불과 4일 만에 이라크 군은 20만

명이 죽었어. 그러나 미국을 주축으로 한 다국적군은 불과 378명이 죽었을 뿐이야. 상대가 안 되는 싸움이지? 다국적군은 2월 28일 전쟁이 끝났다고 선언했어. 불과 42일 만에 전쟁이 끝난 거야. 이 전쟁이 바로 걸프 전쟁이란다.

전쟁에서 패한 이라크는 쑥대밭이 돼버렸어. 국제연합은 이라크에게 첫째 쿠웨이트에게 전쟁 배상금을 줄 것, 둘째 대량살상무기를 모두 없앨 것, 셋째 핵무기 개발 계획을 백지화할 것을 명령했어. 사담 후세인이 아무리 날고 긴다고 해도 이 요구 사항을 받아들일 수밖에 없었지.

얼마 후 사담 후세인은 대량살상무기와 그런 무기를 만드는 공장을 모두 없앴다고 발표했어. 그러나 미국은 사담 후세인의 말을 믿지 못하겠다고 했어. 마침 2001년 9·11 테러 사건이 터졌지. 이 9·11 테러에 대해 전 세계가 분노하고 있을 때였어. 그 분위기를 이용한 것일까? 미국의 부시 대통령은 이라크가 테러 단체를 지원하고 있다고 주장했어. 부시 대통령은 후세인을 제거해야 중동과 세계 평화가 찾아온다고 말했지.

이라크를 공격할 명분이 필요했어. 부시 대통령은 후세인이 거짓말을 했으며 이라크에는 여전히 대량살상무기가 있다고 주장했단다. 어떤 나라는 이 주장에 동의했고, 어떤 나라는 증거가 없다고 맞섰어. 그러거나 말거나, 미국은 동맹국 영국과 함께 2003년 3월 20일 이라크 바그다드를 대대적으로 폭격하기 시작했어. 작전명은 '이라크의 자유'였단다.

이 이라크 전쟁은 미국의 압도적인 우위 속에 26일 만에 끝났어. 사담 후세인은 전범 재판에 회부돼 처형됐지. 그러나 이라크 어디에서도 대량살상무기 제조 시설은 발견되지 않았어. 미국이 애초 이런 사실을 알고 있으면서도 무리한 공격을 한 것 아니냐는 의혹이 제기됐어. 그러나 절대 강국 미국에게 더 이상 시비를 거는 나라는 없었단다.

2006년 5월 20일, 이라크에 새로운 정부가 출범했어. 서방 세계와 가까운 정부 겠지? 미국을 반대하는 세력은 테러와 시위로 맞섰어. 이라크의 평화가 실현되려면 앞으로도 꽤 많은 시간이 필요할 거야.

통박사의 역사 읽기

🔍 불상이 이슬람교를 모독한다?

2001년 3월 8일과 9일, 이틀간 탈레반 정권은 세계가 경악할 만행을 저질렀어. 아프가니스탄 중부 바미안 지역에는 오래된 암벽 불상이 아주 많아. 이곳이 간다라 미술의 중심지였기 때문이 지. 여러 불상 가운데 높이가 53미터에 이르는 암벽 불상은 순례자들이 자주 찾는 세계문화유산이었단다.

탈레반은 대포와 미사일을 동원해 이 불상과, 높이가 38미터에 이르는 또 다른 불상을 폭파시켰어. 세계는 경악했어. 그러나 만행을 저지른 후 탈레반 정권은 태연하게 말했어. 불상이 이슬람교를 모독하기 때문에 폭파했다는 거야. 이제 우리는 이 문화유산을 영원히 볼 수 없게 됐

파괴된 세계문화유산 아프가니스탄 탈레반 정권은 이슬람교를 모독한다며 세계문화유산인 바미안 석불들을 파괴해 버렸다.

어. 무함마드가 이 사실을 안다면 칭찬이 아니라 탈레반을 심판하지 않을까?

아시아의 미래

　이제 아시아 역사 여행이 끝났어. 아시아의 과거, 특히 근대·현대사는 아주 파란만장했지. 20세기 초반까지의 아시아 역사는 제국주의의 침탈에 맞선 아시아 민중의 저항 투쟁 역사였다고 해도 과언이 아니야. 일본을 제외한 거의 대부분의 나라가 열강의 침탈로 식민 지배를 받았거나 반식민지 상태가 됐기 때문이지.

　20세기로 접어든 후 아시아에서도 여러 차례 전쟁이 터졌어. 한반도 전쟁과 베트남 전쟁은 냉전이 폭발해 생긴 전쟁이었지. 중동 전쟁은 아랍인과 유대인 사이에 오랫동안 쌓여 왔던 민족과 종교 갈등이 전쟁으로 터진 사례지. 인도·파키스탄 분쟁, 이란·이라크 전쟁 또한 종교 갈등 때문에 터진 전쟁이라고 볼 수 있어. 같은 공산권이면서도 중국과 소련이 국경 분쟁을 일으키기도 했지.

　21세기로 접어든 지금 이런 방식의 전면전은 많이 줄어들었어. 그러나 여전히 많은 전쟁이 계속되고 있지. 특히 중동에서는 좀처럼 민족 갈등이 사라질 기미가 보이지 않고 있어.

1993년의 오슬로 평화협정에 따라 이듬해 팔레스타인 자치정부가 팔레스타인 지역에 들어섰어. 이제 민중 봉기, 즉 인티파다는 더 이상 필요 없게 됐다고 생각하겠지? 그러나 팔레스타인 자치정부에 대한 세부 협의가 진행 중이던 2000년 9월, 제2차 인티파다가 발생했단다. 당시 훗날 이스라엘 총리가 되는 샤론이 동예루살렘의 한 사원을 방문했는데, 팔레스타인인들이 그 방문을 반대하면서 봉기를 일으켰던 거야. 이 사건을 계기로 이스라엘 군대가 다시 팔레스타인 자치 지역을 무단 점령했어. 그다음은 어떤 식으로 진행됐는지 뻔하지? 팔레스타인 아랍인들의 폭동과 테러가 다시 시작됐고, 이스라엘의 보복 공격이 이어졌어. 팔레스타인 지역은 피로 붉게 물들었지.

팔레스타인이 아니더라도 중동의 정치는 매우 불안해. 이라크 전쟁은 끝났지만 이라크 내에서 반대파들의 테러는 여전히 기승을 부리고 있어. 이슬람원리주의자들의 테러도 계속되고 있지. 과거에는 주로 미국과 유럽 선진국만을 노렸던 테러가 최근에는 아시아, 유럽, 미국을 가리지 않고 일어나고 있어. 심지어 우리나라 국민도 이 테러에 희생된 적이 있잖아? 중동의 평화가 언제쯤이면 찾아올까?

자, 눈을 돌려 경제 분야를 볼까? 보통 21세기를 경제 시대라고 불러. 과거에는 지배층이 일방적으로 국민들에게 명령을 내렸어. 정치권력을 독점했기에 가능한 일이었지. 그러나 21세기에는 그런 지배자가 더 이상 존재할 수 없어. 그런 지배자가 있는 국가의 경제가 발전할 수 없기 때문이지. 소련이 무너진 이유를 떠올려 봐. 여러 이유가 있겠지만 무엇보다 경제가 살아나지 못했기 때문이야. 경제가 살아나지 못하니 국민의 삶도 밑바닥을 길 수 밖에 없었던 거야. 중동 분쟁도 따지고 보면 석유 이권을 둘러싼 갈등이 가장 큰 원인일 수도 있어. 결국 아시아의 경제

이야기를 하지 않을 수가 없겠지?

2000년대 이후 아시아의 경제 비중은 전 세계의 60퍼센트를 차지하고 있어. 게다가 날이 갈수록 이 비중은 더 커지고 있단다. 세계 경제에서 아시아가 얼마나 중요한 위치를 차지하고 있는지 알겠지?

예를 들어볼까? 일본은 전 세계에서 미국 다음으로 국내총생산^{GDP}이 많은 나라야. 물건을 살 수 있는 능력을 뜻하는 구매력으로 국내총생산을 평가했을 때는 중국과 일본이 미국에 이어 공동 세계 2위가 된단다. 그다음 4위는 인도야. 2~4위를 모두 아시아 국가들이 차지한 거지.

이처럼 아시아 대륙이 세계 경제의 중심으로 부상하고 있는 것은 그동안 피와 땀을 흘린 결과라고 할 수 있어. 1960~1970년대, 세계가 놀랄 만큼 급속한 속도로 경제성장을 한 아시아의 국가들을 신흥공업국이라고 불렀지. 한국을 포함해 싱가포르와 홍콩, 타이완 등이 여기에 해당하는데, 이 네 국가를 '아시아의 네 마

두바이의 부르즈 칼리파 중동의 뉴욕이라 불리는 두바이에 있는 건물이다. 세계에서 가장 높은 초고층 빌딩으로 우리나라의 건설 기업이 건축했다.

리 용'이라고 부르기도 했어. 이 네 나라는 오늘날 선진국의 대열에 진입했어. 이를테면 우리나라만 보더라도 경제협력개발기구OECD가 우리나라를 고소득 국가로 분류해 놓고 있단다.

2000년대 이후 아시아에서 신흥공업국 자리는 중국, 인도, 말레이시아, 타이, 필리핀 등에게 넘어갔어. 이 가운데 중국과 인도는 광활한 영토와 막대한 인구를 보유하고 있어, 벌써부터 전 세계 경제를 좌우하고 있지.

이밖에도 서아시아, 즉 중동의 여러 국가들은 전통적으로 부유한 국가로 여겨지고 있어. 가령 사우디아라비아, 카타르, 아랍에미리트 연방 등은 석유 자원만 가지고도 부자 나라가 됐지. 특히 아랍에미리트 연방에 소속된 토후국인 두바이는 석유 자본을 인프라와 물류, 항공, 관광 등 여러 분야에 공격적으로 투자해 유명해졌지. 두바이는 오늘날 '중동의 뉴욕'이라고 불려. 그만큼 경제가 발달했다는 증거겠지? 두바이는 세계에서 가장 높은 빌딩인 부르즈 칼리파를 2010년 1월 세우기도 했어. 이 건물은 높이가 828미터인데, 시공사는 우리나라 건설기업이었단다.

최근에는 동남아시아도 세계의 주목을 받고 있어. 인도차이나 반도를 포함한 동남아시아의 다섯 나라, 즉 타이, 인도네시아, 말레이시아, 필리핀, 베트남을 '아시아의 다섯 호랑이'라고도 부른단다. 이들 나라가 21세기로 접어든 후 경제가 발전했기 때문이야. 물론 아직까지는 개발도상국이지만, 미래에는 경제 대국이 될 가능성이 커.

동남아시아 경제의 시작은 동남아시아국가연합, 즉 아세안이야. 1967년 8월 인도네시아, 싱가포르, 말레이시아, 필리핀, 타이 등 5개국이 인도네시아 자카르타에서 모여 만든 기구야. 그 후 브루나이, 베트남, 라오스, 미얀마, 캄보디아가 추가로 가입해 오늘날에는 10개국이 아세안에 가입한 상태이지.

아세안은 동남아시아 국가들이 정치, 경제, 문화 등 전 분야에서 협력과 발전을 이끌어내기 위해 만든 기구였어. 정치와 군사 성격이 강했지만 냉전이 끝난 후에는 경제 문제를 많이 논의하고 있지. 아세안 회원국 가운데 최초 5개국과 타이 등 모두 6개국은 2003년 1월 아세안자유무역 협정AFTA을 출범시키기도 했어. 유럽연합EU, 북미자유무역 협정NAFTA이 각각 유럽과 아메리카를 하나의 경제 블록으로 만드는 작업인 것처럼 아세안자유무역 협정 또한 동남아시아를 단일 경제 블록으로 만드는 작업이란다. 아세안자유무역 협정 회원국들은 관세율을 최소 수준으로 낮추고 무역 장벽을 없애는 데 초점을 맞추고 있단다. 이를 통해 15년 이내에 동남아시아를 완전한 자유무역 지대로 만들자는 방안을 추진하고 있어.

동아시아에는 경제 대국 일본과, 이제 막 선진국의 문턱에 진입한 한국, 신흥공업국의 지위에 있지만 사실상 세계 경제를 좌우하는 중국 등 3개국이 있어. 아세안과 이 3개국이 경제 블록을 만드는 방안도 나왔어. 1997년 아세안 30주년 기념 회의에 한중일 3개국의 정상이 초대된 자리에서 이런 의견이 나왔지. 이 경제 블록을 '동아시아 경제권'이라고 부른단다.

활발하게 경제가 돌아가는 것 같지? 그러나 모든 나라가 그런 것은 아니야. 아시아에는 아직도 경제 사정이 아주 나쁜 나라들이 많아. 가령 크메르루주의 잔혹한 통치로 유명한 캄보디아는 전 세계에서 가장 못 사는 국가 가운데 하나야. 라오스, 동티모르 같은 나라들도 경제 사정은 그리 좋지 않지. 군사정부가 아직도 권력을 장악하고 있는 미얀마는 정치가 너무 혼란스러워 경제가 발전할 여지가 없어. 이런 나라들은 경제 마인드부터 길러야 할 거야.

급속한 경제 발달에 따른 부작용도 만만찮아. 빈부격차는 여전히 해소되지 않고 있고, 어떤 나라에서는 오히려 더 심해지고 있지. 게다가 무턱대고 개발하는 바람에 환경이 크게 파괴되는 경우도 많아. 공장과 도로와 같은 인프라를 구축하기 위해 산을 허물고 강을 메우다 보니 생태계는 훼손되고 멸종하는 동식물도 늘어나고 있지. 급속한 환경오염 때문에 돌연변이 생물도 나타나고 있어. 실제 그런 사례도 나타났단다.

1984년 12월 3일 자정을 넘길 무렵이었어. 인도의 보팔이란 도시에서 인류 최악의 산업재해가 발생했단다. 당시 그곳에는 미국 출신의 세계적 화학기업 유니언카바이드의 살충 농약 공장이 있었어. 그곳에서 메틸이소시안산염^{MIC}이라는 유독 가스가 무려 42톤이나 흘러나온 거야. 보팔의 가스 사고로 2,800여 명의 주민들이 목숨을 잃었어. 그러나 더 큰 문제는 사고가 발생한 지 20년이 지났지만 후유증이 아직까지도 이어지고 있다는 거야.

당시 누출된 화학 물질이 원인이 된 각종 질병이 끊이지 않고 있어. 이 사고가 원인이 돼 암이나 다른 만성질병으로 목숨을 잃은 사람이 2만 명을 넘은 것으로 추정되고 있어. 현재 20만 명 이상이 여전히 병을 갖고 있지. 생태계도 완전히 파괴됐어. 주변의 땅과 물은 모두 중금속에 오염됐단다. 그야말로 죽음의 도시가 돼버린 거야. 돌연변이 생물이 나온 것은 말할 것도 없겠지? 이 사태는

보팔 가스 사고 현장 1984년 인도에 있는 미국의 유니언카바이드 공장에 사고가 나 화학가스가 유출되면서 수천 명이 희생됐다.

아직도 해결되지 않고 있어. 소송이 진행 중이지만 유니언카바이드가 보상을 마친 사람은 고작 1퍼센트 정도밖에 되지 않는다는구나.

넘어야 할 과제는 분명히 앞으로도 많은 것 같지? 그러나 확실한 점은 있어. 바로 아시아의 미래가 아주 밝다는 거야. 물론 우리 아시아인들이 모두 함께 힘을 합쳐야 가능한 일이겠지?

외우지 않고 통으로 이해하는
통아시아사 2

초판 1쇄 인쇄 2011년 8월 24일
초판 5쇄 발행 2022년 4월 1일

지은이 김상훈
펴낸이 김선식

경영총괄 김은영
콘텐츠사업8팀장 김상영 **콘텐츠사업8팀** 최형욱, 강대건, 김지원
마케팅본부장 권장규 **마케팅4팀** 박태준, 문서희
미디어홍보본부장 정명찬
홍보팀 안지혜, 김민정, 이소영, 김은지, 박재연, 오수미
뉴미디어팀 허지호, 박지수, 임유나, 송희진, 홍수경
저작권팀 한승빈, 김재원 **편집관리팀** 조세현, 백설희
경영관리본부 하미선, 박상민, 김민아, 윤이경, 이소희, 이우철, 김혜진, 김재경, 최완규, 이지우
외부스태프 교정·교열 김익선, 지도일러스트 차승민

펴낸곳 (주)다산북스 **출판등록** 2005년 12월 23일 제313-2005-00277호
주소 경기도 파주시 490
전화 02-702-1724(기획편집) 02-6217-1726(마케팅) 02-704-1724(경영관리)
팩스 02-322-5717 **이메일** dasanbooks@dasanbooks.com
홈페이지 www.dasanbooks.com **블로그** blog.naver.com/dasan_books
종이 한솔피엔에스 **출력·인쇄** 갑우문화사 **후가공** 이지앤비 특허 제10-1081185호

ISBN 978-89-6370-641-2 04900
       978-89-6370-648-1 (세트)

다산북스(DASANBOOKS)는 독자 여러분의 책에 관한 아이디어와 원고 투고를 기쁜 마음으로 기다리고 있습니다.
책 출간을 원하는 아이디어가 있으신 분은 다산북스 홈페이지 '투고원고'란으로 간단한 개요와 취지, 연락처 등을 보내주세요.
머뭇거리지 말고 문을 두드리세요.